Ernest Wood Rhodes

Defensor's Liber Scintillarum

With an interlinear Anglo-Saxon Version

Ernest Wood Rhodes

Defensor's Liber Scintillarum
With an interlinear Anglo-Saxon Version

ISBN/EAN: 9783337082765

Printed in Europe, USA, Canada, Australia, Japan

Cover: Foto ©ninafisch / pixelio.de

More available books at **www.hansebooks.com**

Defensor's
Liber Scintillarum

WITH

AN INTERLINEAR ANGLO-SAXON VERSION

MADE EARLY IN THE ELEVENTH CENTURY

EDITED

WITH INTRODUCTION AND GLOSSARY

FROM THE

ROYAL MS. 7 C iv. IN THE BRITISH MUSEUM

BY

E. W. RHODES, M.A.

LANGTON FELLOW OF THE OWENS COLLEGE
VICTORIA UNIVERSITY, MANCHESTER

LONDON:
PUBLISHED FOR THE EARLY ENGLISH TEXT SOCIETY
BY N. TRÜBNER AND CO., 57 AND 59 LUDGATE HILL.

MDCCCLXXXIX.

CONTENTS.

CHAP.		PAGE
	INTRODUCTION	v
I.	(De Caritate . be soðre lufe) .	1
II.	De Patientia . be geþylde	7
III.	De Dilectione dei et proximi . be lufe godes 7 nihstan	13
IV.	De Humilitate . be eadmodnysse .	18
V.	De Indulgentia . be forgifnysse	23
VI.	De Conpunctione . be onbryrdnysse	26
VII.	De Oratione . be gebede .	30
VIII.	De Confessione . be andetnysse	36
IX.	De Penitentia . be dædbotnysse	41
X.	De Abstinentia . be forhæfednysse .	49
XI.	De Relinquentibus Saeculum . be forlætendum worulde .	57
XII.	De Timore . be ege . .	64
XIII.	De Virginitate . be fæmnhade .	68
XIV.	De Iustitia . be rihtwisnysse .	71
XV.	De Inuidia . be andan	75
XVI.	De Silentio . be swigean .	77
XVII.	De Superbia . be ofermodinysse	82
XVIII.	De Sapientia . be wisdome . . .	85
XXI.	—(De Fornicatione)	86
XXII.	De Perseuerantia . be þurhwununge .	90
XXIII.	De Securitate . be orsorhnysse	91
XXIIII.	De Stultitia . be dysignysse .	94

CHAP.		PAGE
XXV. De Auaritia . be gitsunge		98
XXVI. De Uirtute . be mægene .		100
XXVII. De Uitiis . be leahtrum .		102
XXVIII. De Ebrietate . be druncennysse		104
XXVIIII. De Decimis . be teoðungum		107
XXX. De Cupiditate . be grædignysse		110
XXXI. De Disciplina et Increpatione . be lare 7 þreaunge .		113
XXXII. De Doctoribus siue Rectoribus . be lareawum oþþe be gelæredum oþþe reccendrum oþþe be gymendum		116
XXXIII. De Fide . be geleafan oþþe truwan .		126
XXXIV. De Spe . be hopan oþþe be hihte		129
XXXV. De Gratia . be gife .		131
XXXVI. De Discordia . be twirædnysse		133
XXXVII. De Juramento . be aþsware		135
XXXVIII. De Cogitationibus . be geþancum		137
XXXVIIII. De Mendacio . be leasunge		142
XLII. —(De Voluntate) .		142
XLIII. De Indumentis . be reafum		143
XLIIII. De Misericordia . be mildheortnysse .		145
XLV. De Conpassione Proximi . be efenþrowunge nihstan .		147
XLVI. De Elatione . be upahafenysse .		151
XLVII. De Uita Hominis . be life mannes		153
XLVIII. De Muneribus . be gifum oþþe lacum		154
XLVIIII. De Elemosina . be ælmessan		155
L. De Tribulatione . be gedrefednysse .		160
LI. De Primitiis siue Oblationibus . be frymþum oþþe offrungum		165
LII. De Tristitia . be unrotnysse		167
LIII. De Pulchritudine . be frægernysse		168
LIIII. De Conuiuiis . be gebeorscipum		169
LV. De Risu et Fletu . be hlehtre 7 be wepe .		171
LVI. De Honore Parentum . be wurþscipe maga		173
LVII. De Filiis . be bearnum		175

CONTENTS.

CHAP.		PAGE
LVIII.	De Diuitibus et Pauperibus . be welegum 7 þearfum	177
LVIIII.	De Acceptione Personarum . be onfangenysse swegea	183
LX.	De Itinere . be siþfæte	185
LXI.	De Sensibus . be andgytum	187
LXII.	De Seruis et Dominis . be þeowum 7 hlafordum	188
LXIII.	De Consortis Bonorum et Malorum . be midwununge godra 7 yfebra	191
LXIIII.	De Amicitia et Inimicitia . be freondscipe 7 be feondscipe	193
LXV.	De Consiliis . be geþeahtum	199
LXVI.	De Defunctis . be forþgewitenum	201
LXXV.	—(De Ligatione)	202
LXXVI.	De Exemplis . be bysenum	203
LXXVII.	De Discipulis . be leorningcnihtum	204
LXXVIII.	De Temptatione et Martyrio . be costunge 7 martirdome	207
LXXVIIII.	De Uerbo Otioso . be worde idelum	212
LXXX.	De Breuitate huius Uitae . be sceortnysse þyses lifes	214
LXXXI.	De Lectione . be rædingum	217

De Vitiis et Peccatis.

Apostrapha de Muliere nequam	223
Item de Muliere Bona et Mala	224
De Predestinatione Electorum et Reproborum	226
De Modis Peccatorum	228
De Grauibus Peccatis et Leuibus	230
Quomodo Peccata geruntur	231
De Duplicatione Peccaminum	234
Item de Expletione Peccatorum	235

CORRECTIONS.

P. 8, l. 16; p. 11, l. 13; p. 16, l. 20, *for* oncnawen *read* oncwawen.
P. 20, l. 20, *for* brydde *read* brysdde.
P. 25, l. 2, *for* ne *read* we.
P. 36, l. 2, *for* afligcðe *read* afligede.
P. 40, l. 12, acofriað has an accent over the o.
P. 42, l. 16, *for* l(an)ge *read* l(cn)ge.
P. 50, l. 10, *for* if *read* lif.
P. 50, l. 16, *for* flæse *read* flæsc.
P. 52, ll. 12, 14, *for* seworden, gynd *read* geworden, synd.
P. 56, l. 19, *over* defic- *read* ateor-.
P. 58, l. 1, *for* æccros *read* æceras.
P. 58, l. 15, *for* capiti *read* capti.
P. 61, l. 10, *for* gehlypende *read* gehlyweude.
P. 83, l. 2, *for* apostare *read* apostatare.
P. 83, l. 18, *for* hreccan *read* hneccan.
P. 90, l. 1, *read* þurhwununge.
P. 130, l. 3, *for* hope *read* hopa.
P. 137, l. 7, *for* ascumgendre *read* ascunigendre.
P. 144, l. 5, *for* gehylpe *read* gehlywe.
P. 152, l. 15, *for* nanes *read* nanre.
P. 170, l. 6, *for* gehlypð *read* gehlywð.
P. 172, l. 15, *for* beortan *read* heortan.
P. 174, l. 3, *for* gehlypð *read* gehlywð.
P. 177, l. 2, *for* gulfulle *read* galfulle.
P. 192, l. 9, *for* betwut *read* betwuh.

INTRODUCTION.

The present volume includes the 'Liber Scintillarum,' Latin, and Anglo-Saxon interlinear version, and some pieces of a similar nature, 'De Vitiis et Peccatis,' which together form the contents of the Royal MS. 7 C iv. in the British Museum. The former work consists of sayings collected from the 'Holy Scriptures' and the 'Fathers,' and arranged under certain heads, such as 'patience,' 'humility,' 'avarice,' 'folly,' etc. Its value in the Middle Ages was doubtless very great, as it contained, in a small compass, the opinions of the 'Fathers' on so many varied questions, men's vices and virtues, their duty to themselves, to their neighbour and to God. Any one who glances at the list of contents of the work will see how interesting are many of the questions dealt with, and how typical of mediæval thought. It would be out of place here to dwell on these points, but I may, perhaps, be allowed to call attention to the interesting chapters on 'Abstinence,' 'Forsaking the World,' 'Teachers or Rulers,' 'Drunkenness,' 'Tithes,' 'Feasts,' 'Servants and Masters,' 'Temptation and Martyrdom,' and 'Reading.'

The nature of the work—a compilation from the 'Fathers' —which needed for its production a scholar of wide reading and great laboriousness, probably led later times to fix on

Bede as its author. Whatever may be the reason, we find the 'Liber Scintillarum' given without any explanation, as if it were a recognised work by Bede, in vol. vii. of the edition of his works, published at Basle in 1563. All guesses at the authorship were, however, rendered unnecessary by Mabillon's discovery[1], in 1685, of a manuscript at Monte-Cassino, containing a preface by the author, in which he gives his name, 'Defensor,' not, as he modestly assures us, 'ob gloriam vanam sed ut quicunque legit memoriam mei habeat.' He was, he informs us, a monk of the monastery founded at Ligugé, near Poictiers by St. Martin, and undertook the labour of collecting the 'Scintillae' at the wish of his instructor Ursin, abbot of the monastery.

As we know that Ursin, who afterwards became bishop of Autun, and wrote a life of S. Leger, lived about the end of the seventh century, we may with some confidence fix the date of the composition of the 'Liber Scintillarum' by his pupil, Defensor, early in the eighth century. This would agree with the fact that the last of the 'Fathers' quoted by the latter is Isidore of Seville, who died about 632 A.D.

All the information we have about Defensor and his work is in the above-mentioned preface. In the following passage from it we learn the mode in which he collected the 'Scintillae,' his object, and the reason he called his book the 'Liber Scintillarum:' 'Jussioni et doctrinae obtemperare volens, paginas quasque scrutans, sententiam fulgentem, sicuti inventam quasi margaritam aut gemmam avidius collegi. Quemadmodum guttae multae fontem efficiunt, sic de diversorum voluminibus congregans testimonia, hunc libellum condere tentavi. Veluti de igne procedunt scintillae, ita hunc minutae

---

[1] Mabillon, Museum Italicum, vol. i. p. 123.

sententiae pluresque libri inveniuntur fulgentes, ad quarum inter hoc scintillarum volumen, quod qui legere vult, laborem sibi amputat, ne per caeteras paginas iterandum lassescat. Hic habentur quod reperiri desiderat, sed ne id opus quasi sine auctore putetur apocryphum, unicuique sententiae per singula proprium scripsi auctorem [1].'

The Latin text of the 'Liber Scintillarum' has been printed several times; the latest edition is that of Migne in vol. 88 of his 'Patrologiae Cursus Completus.'

The first notice of the manuscript containing the interlinear Anglo-Saxon version is by Junius, who in the preface to his 'Gothic Glossary' says he has made extracts from it, and he thinks he has never found anywhere an interlinear version so carefully and accurately executed.

Wanley mentions the extracts by Junius, gives the titles of the chapters [2], and describes the original manuscript [3].

Its history is given on the first and the nineteenth leaf. It belonged formerly to the monks of Christ Church, Canterbury, and at the destruction of the monasteries became the property of John Apsley de Thokeham, who kept it twenty years (1567). Afterwards Master Lumley had it, and from him it passed into the Royal Library.

The manuscript is not in a perfect state; a few leaves are disarranged, several are wanting, and the margins of many are cut off. Fortunately it is rarely that letters are cut off as well. The following is the proper order of the leaves: 1–23, 28, 29, 30, 24, 31, 25, 26, 27, 32–93, 97, 94, 95, 98, 99, 96, 100–106.

The Anglo-Saxon interlinear version has never been printed

---

[1] Mabillon, Annal. Bened. vol. ii. p. 704. The preface given by Fabricius, 'Bibl. Med. et Inf. Aetatis,' is slightly different.

[2] Hickes' 'Thesaurus,' vol. ii. p. 86. [3] Ibid. vol. ii. p. 180.

before, but the most important words and grammatical forms were given by Kluge in 'Englische Studien,' vol. ix. p. 35, and his list has been of constant use to me.

My aim has been to give an accurate copy of the manuscript, all additions of my own being put in brackets. My text was made from a transcript kindly lent me by Prof. Skeat, and was then, or afterwards when in proof, carefully compared with the MS. The Latin text is printed in italics, with the contractions, which I have expanded, in Roman letters, whilst the opposite holds good for the Anglo-Saxon. The punctuation of the manuscript is adhered to; but in order to split up the chapters, each writer has a separate paragraph for the quotations taken from him. These are always preceded by his name, and 'dixit,' e.g. 'Eusebius dixit,' or in the case of quotations from the Gospels, by 'Dominus dicit in euangelio.' In the manuscript this part is always written in large illuminated capitals, except when the quotations are from the 'Vita Patrum.'

The Latin accents are retained, though I have been unable to determine what principle governed the scribe in his use of them. When they are used they are used correctly, but it is impossible to say why the scribe marked the accented syllable in some words but not in others.

The words in the footnotes are alternatives for the Latin, rarely for the Anglo-Saxon. In the manuscript the former are written above the Latin, preceded by i. = id est, or ł = vel, whilst the latter are generally placed in the margin. Occasionally an elliptical word is supplied above the line, in which case s = scilicet is written before it.

The handwriting both of the Latin and the Anglo-Saxon is that of the early part of the eleventh century, and the language of the interlinear version belongs to the same period. The chief feature of the latter is its remarkable accuracy; there are very few mistakes, and these only trifling ones. The strangest is on page 47, line 16, where the translator has for '*sicut nec auris esca nec guttur uerba cognoscit*,' 'swa swa ne gold mettas ne þrotu wordu oncnæwð.'

Latin compound verbs are usually rendered by Anglo-Saxon verbs, in which the component parts of the Latin are accurately represented. This makes the text especially rich in new compounds, although we cannot be sure in all cases that the Anglo-Saxon compound could be used with exactly the same meaning as the Latin. Many of the words in the interlinear version are not to be found in the Anglo-Saxon dictionaries, or are found with no references. Among the latter are some thirty words quoted from Somner or Lye, by Bosworth in his Anglo-Saxon Dictionary, which were probably taken from Junius' manuscript dictionary.

There are not many phonetic or grammatical peculiarities, for in both sounds and grammar the language is that of ordinary late West-Saxon. I have noted whatever forms are unusual and seem worthy of attention, although many of them are probably errors made by the scribe.

a represents æ, e.g. stafe, p. 119, l. 15.
ā „ ǣ, gemane, p. 1, l. 3; þar, p. 9, l. 9; slape, p. 117, l. 13; but slǣp occurs, p. 57, l. 6.
ǣ „ ē, hǣr (hic), p. 21, l. 4.
ǣ „ ēa, þǣwum, p. 2, l. 12.
ē „ ēa, hehnysse, p. 84, l. 7; hegra, p. 120, l. 15: ē perhaps represents īe in this instance; gelefan, p. 129, l. 1; ongeen, p. 12, l. 16.

o represents u, folfremed, p. 8, l. 7; onderfou, p. 4, l. 1; ongleawnysse, p. 5, l. 5.

ō „ ā, onmode, p. 18, l. 18.

ū „ ē, bœc, p. 17, l. 6.

u „ o in the past tense and past participles of some weak -ian verbs,—lufude, p. 14, l. 7; p. 14, l. 16; gehiwude, p. 16, l. 4; afandud, p. 15, l. 4; gestaþelud, p. 15, l. 16; geswutelud, p. 10, l. 7; gefystlude, p. 7, l. 15; festrud, p. 222, l. 15.

ea „ æ, bearnð, p. 56, l. 14.

ea „ eo, beað, p. 17, l. 5; heartan, p. 43, l. 15; but beoð, heortan are the usual forms; neoþeweard, p. 27, l. 8.

ēa „ ē, deadbote, p. 40, l. 2; gehealed, p. 72, l. 19; oncneawð, p. 184, l. 13.

ēa „ ēo, leagan, p. 136, l. 4; lareawum, p. 116, l. 1.

eo „ ea, teoras, p. 28, l. 1; teora, p. 47, l. 4.

c „ g, forbycð, p. 114, l. 11; strencð, p. 12, l. 18; strencðe, p. 50, l. 12.

g „ c, ongnawen, p. 84, l. 6.

h is omitted in leahter, p. 171, l. 12, though hlehter is found in the preceding line.

d represents t, wyld (vis), p. 200, l. 20; behad, p. 8, l. 5; widnigendne, p. 38, l. 3.

t „ d, getwyld, p. 96, l. 4; heortnysse, p. 225, l. 7; getealt, p. 69, l. 16; brat, p. 185, l. 15; synt, p. 9, l. 15.

W occurs where we should expect n in onewawen, p. 8, l. 16; p. 11, l. 13; p. 16, l. 20 (v. Kluge, 'Englische Studien,' vol.

INTRODUCTION. xv

ix. p. 36, who points out that this phenomenon occurs several times in works written in a south-eastern dialect).

There is little to call for notice in the grammar, but the following peculiarities may be mentioned:

Neuter nouns of the strong declension with long root syllable are treated, with few exceptions, like those having a short root syllable, and therefore take u in the nom. and acc. plural.

Bānu, p. 167, l. 11; belimpu, p. 111, l. 3; cneowu, p. 224, l. 4; forligru, p. 102, l. 14; p. 137, l. 11; gefeohtu, p. 74, l. 18; p. 111, l. 16; p. 199, l. 14; folcu, p. 184, l. 11; gestreonu, p. 76, l. 12; geswincu, p. 101, l. 11; geþancu, p. 37, l. 12; p. 87, l. 5; p. 102, l. 14; p. 182, l. 14; geþeahtu, p. 199, l. 8; goldhordu, p. 156, l. 6; p. 179, l. 13; herereafu, p. 19, l. 8; p. 158, l. 1; horwu, p. 69, l. 14; landu, p. 51, l. 17; manu, p. 45, l. 13; p. 88, l. 15; p. 234, l. 6; midlu, p. 55, l. 11; pundu, p. 132, l. 7; reafu, p. 143, l. 14; treowu, p. 56, l. 17; weorcu, p. 58, l. 19; p. 52, l. 19; p. 20, l. 19; wordu, p. 18, l. 19; p. 214, l. 4; p. 218, l. 15; p. 221, l. 12; p. 221, l. 19.

The adjective gōd is also found with u as the ending of the neuter plural strong declension, p. 13, l. 8; p. 20, l. 11; p. 102, l. 5.

An intrusive r is sometimes found in the nom., acc. and dat. plural of present participles and of nouns in -end formed from present participles: lufigendras, p. 14, l. 3; wregendras, p. 29, l. 4; fyligendrum, p. 100, l. 12; reccendrum, p. 116, l. 2.

A feminine in a instead of e is found in forhæfednyss ana (abstinentia sola), but in this case the -a is probably a mistake due to the glosser seeing a in the word *sola* below. Kluge,

Paul und Braune's Beiträge, vol. viii. p. 552, has shown that such feminine forms do sometimes occur.

The past participle of strong verbs ends in -an in befangan, p. 15, l. 19; gesceapan, p. 83, l. 4; gefaran, p. 48, l. 3; geunnan, p. 109, l. 17; gemunan, p. 165, l. 5.

Ende is found for enne in lufigende, p. 3, l. 13; mynigende, p. 53, l. 11, but these are in all probability mistakes due to the scribe, seeing d in the Latin word below.

Agan has a plural formed as if it were an ordinary strong verb: agað, p. 7, l. 12; p. 158, l. 17, instead of agon.

For the usual 'sceal,' a form, 'scyl,' formed on the analogy of the subjunctive, is the only one which occurs in the present text. Instances of it occur on p. 6, l. 14; p. 19, l. 20; p. 33, l. 7; p. 41, l. 3; p. 43, l. 20; p. 24, l. 17 (beon scyl); p. 93, l. 14.

For the plural sculon (sceolon), scylon occurs on p. 1, l. 12; p. 31, l. 20; p. 36, l. 6; p. 51, l. 9; scylan, p. 33, l. 3.

In conclusion, I should like to take this opportunity of thanking Professor Napier, Professor Skeat, and Professor Toller for the help and advice they have always readily given me.

LIBER SCINTILLARUM.

drihten segð on godspelle maran soþe lufe nan mann hæfþ
Dominus dicit in euuangelio maiorem caritatem nemo habet.
butan þæt sawle his alecge æghwylc for freondum his
quam ut animam suam ponat quis pro amicis suis.

    se apostol sæde toforan eallum soþlice gemanc on
Petrus apostolus dixit. Ante omnia autem mútuam in
eow sylfum soþe lufe gædertauge hæbbende forþi seo soþe
vobismet ipsis caritatem continuam habentes. quia cari-
lufu oferhelaþ micelnysse synna
tas operit multitudinem peccatorum;

    sæde seo soþe lufu geþyldig ys milde
Paulus apostolus dixit. Caritas patiens est. benigna
heo ys soþe lufe broþerrædenne eow betwynan lufiaþ
est; Caritatem fraternitatis. inuicem diligite[1].

    se apostol sæde God soþ lufu ys 7 se þe
Iohannes apostolus dixit. Deus caritas est. et qui
wunaþ on soþre lufe on gode he wunat 7 god on him on þam
manet in caritate: in deo manet et deus in eo; In hoc
ætywde soþ lufu godes on us forþi he for us sawle
apparuit caritas dei in nobis. quoniam ille pro nobis animam
his alede and we scylon for gebroþrum sawla alecgean
suam posuit. et nos debemus pro fratribus animas pónere.

    sæde hatung awecþ saca and ealle gyltas
Salomón dixit. Odium suscitat rixas. et uniuersa delicta
oferhelaþ soþlufu
operit caritas;

    sæde gif þurh weg soþre soþ lufe we wyllað
Augustinus dixit: si per uiam uerę caritatis uólumus
yrnan to þan ecean eþele gesæliglice we magon
cúrrere. ad aeternam patriam feliciter possumus
becuman butan soþre lufe ealle swa hwylce swa we doþ
pervenire; Sine caritate omnia quaecumque fácimus

[1] *uel diligentes.*

na þing us fremað don and on idol aspendað bi-
nihil nobis pródest facere. et inane expéndimus stu-
genege gif we nábbað þa soþan lufe seo ys god rixaþ
dium. si non habeamus caritatem. quae est deus; Regnat
soþlice flæsclic grædignys þar þar nys godes soþ lufu
enim carnalis cupiditas. ubi non est dei caritas;
þænne soþlice mann fulfremed ys þænne soþre lufe full
Tunc enim homo perfectus est. quando caritate plenus
ys butan lufe þære soþan lufe þeah þe gehwilc rihtlice
est Sine amore caritatis quámuis quisque recte
gelyfe to eadignysse becuman nateshwon mæg swa micel
credat ad beatudinem peruenire nequáquam pótest; Tanta
ys soþre lufe mægen þæt eac witegung 7 martyrdom
est caritatis uirtus. ut étiam prophetia et martyrium
butan hyre naht beon synd gelyfede swa micel ys seo soþe
sine illa nihil esse credantur; Tanta est ca-
lufu seo gif wana byþ on idel synd hæfde oþre gif
ritas quae si desit. frustra habentur cáetera. si
heo mid byþ rihtlice synd hæfde ealle se soþlice þæt
ádsit. recte habentur omnia; Ille autem quod
geopenaþ gehealt 7 þæt þæt dyrne ys on godcundum spæc-
pátet ténet et quod látet in dirinis ser-
um se þa soþan lufe healt on þæwum fyliaþ þa
monibus. qui caritatem tenet in móribus; Sectamini cari-
soþan lufe mid swetum 7 halwendum mete butan þære
tatem dulci ac salúbri cibo. sine quá
se welega þearfa ys and on þære se þearfa welig ys þa þe
dives pauper est. et in quá pauper dives est; Qui
belucað eagan heora ongean soþe lufe hi hnappiað on gewil-
claudunt oculos suos contra caritatem. obdormiscunt in concu-
nungum 7 gelustfullungum flæsces atiht þa soðan lufe gynd
biscentiis et delectationibus carnis; Extende caritatem per
ealne embehwyrft gif þu wylt crist lufian forþi lima
totum orbem si vis christum amáre. quia membra
cristes gynd embehwyrft licgað eallswa soðlice lichama þin
christi per orbem iacent; Quómodo enim corpus tuum
butan gaste þæt ys butan sawle gif hit byð dead he ys
sine spiritu. hoc est. sine. anima si fuerit? mortuum est:
swa seo sawl þin butan þam halgum gaste þæt ys butan
ita anima tua sine spiritu sancto id est sine

sopre lufe gif hit byþ dead heo byþ geteald na soþlice car-
caritate si fuerit mortua deputabitur ; Non enim habi-
diað on án butan on þam fulfremed byð soð lufe cristes
tant in únum. nisi in quíbus perfecta fuerit caritas christi ;
witodlice on þam nys fulfremed soð lufu 7 þænne hi.
Nam in quíbus non est perfecta caritas. et cum
on au synd hidfulle hi synd. grame hi synd gedrefede hi synd
in únum sunt odiósi sunt. molésti sunt. turbulénti sunt.
mid hyra auxsumnysse hi gedrefað oþre
   anxietate sua túrbant céteros ;
     sæde swa swa butan wege nan becymð. þyder
Ambrosius dixit. Sicut sine uía nullus peruenit quó
he onett swa butan sopre lufe seo gecweden ys weg na
téndit. ita sine caritate quae dicta est via. non
gan magan menn ac worian þa soðlice þa to poli-
ambulare possunt homines sed errare ; Eos autem quos ad tule-
byrdnysse þrowunga strange godes soð lufu agylt nan ge-
rantiam passionum fortes dei caritas reddit. nulla de-
lustfullung flæsces nan lust yfel swæslice gewemð
lectatio carnis. nulla uolúptas mala blánde corrúmpit ;
    sæde an witodlice 7 healic ys afandung sopre
Gregorius dixit. Úna quippe et summa est probatio cari-
lufe gif eac se byð g(e)lufod se þe byþ onscunod þæt se þe
tatis si et ipse diligitur qui aduersatur ! ut ille qui
god agylt to lufigende synd soðlice nehstan. to agyld-
bonum inpéndit ; Amandi sunt enim proximi impen-
enne seo soðe lufu ys eallum 7 magum 7 utacym-
dénda caritas est omnibus. et propinqui(s) et extra-
enum na swa þeah for þære sylfan soðre lufe fram godes
neis: nec tamen pro eadem caritate ! a dei
lufe tobigenne swaswa soðlice fela boga treowes of anum
amore flectendum [1] *; Sicut enim multi rami arboris ex úna*
wyrtwalan spryttað swa eac oþre mægenu of anre soðre lufe
radíce procédunt ! sic et cetere uirtutes ex úna caritate
synd acennede ne næfð ænig boh spennysse godes weorces
generantur ; Nec habet áliquis rámus uiriditatem boni operis !
se þe na wunað on wyrtruman soðre lufe se soðe lufe
qui non manet in radice caritatis ; Ille ueram caritatem
hæfð se þe eac freond lufað on gode 7 eac his feond
habet qui et amicum diligit in deo ! et inimicum

[1] s. est.

lufað for gode for his freonde naht ne bitt se for his
diligit propter deum ; Pro amico nihil póstulat qui pro in-
feond of soðre lufe rihtre na gebitt lagu witodlice cristes
imico ex caritate uera non órat; Lex quippe christi
ys soð lufu annysse eft he segð naht mara ys weorc
est ? caritas unitatis ; Iterum dicit : Nihil maius est operatio.
gif we nabbað soðe lufe seo on eallum bebodum godes
si non habeamus caritatem ? que in omnibus mandatis dei
heahnysse and caldorscype healt elleshwar ys geeweden soð
árcem atque principatum ténet ; Álibi dicitur cari-
lufu ys lufu godes 7 nehstan on calre heortan 7 on
tas est dilectio dei et proximi ? in toto corde et in
callum mode 7 swa hwylce swa we wyllað þæt don us
tota mente. et quaecumque nólumus ut faciant nobis
menn god eac we don him is ys soðlice lagu 7
homines bona. et nos faciamus illis. haec est enim lex et
witigan eft he segð hæbbendum witodlice byþ geseald 7
prophétae ; Item dicit. Habenti namque dabitur et
hit genihtsumað forþi swa hwylc swa þa soðan lufe hæfð eac
abundabit ? quia quisquis caritatem habet ? etiam
gyfa oþre onfehð swa hwylc swa þa soþan lufe næfð eac
dona alia percipit ? quisquis caritatem non habet. étiam
gyfa þa onderfon byð gesewen he forlæt he segð neod
dona quae percepisse uidetur amittit ; Ipse dicit. Necésse
ys þæt embe soðre lufe bend we wacian eft he segð
est ut érga caritatis uinculum uigilemus ; Item dicit.
swa micele witodlice swyþor synne rust byð gescynd swa
tánto namque amplius peccati rubígo confúnditur.
micele swa synfulles heorte mid micelum soðre lufe fyre byð
quanto peccatoris cor magno caritatis igne cre-
bærned eft he segð þænne soðlice to heahnyssum soð lufu
matur ; Iterum dicit ? tunc enim ad álta caritas
wundorlice arist þænne to neowlum nehstena hi mildheortlice
mirabíliter surgit ? cum ad íma proximorum se misericorditer
ahylt 7 þyder heo mildelice nyðer astihð to wacum strang-
inclínat et quó benigniter descendit ad infima ? ua-
lice heo ongeanyrnð to healicum elleshwar ys geeweden mæg
lenter recurrit ad súmma ; Alibi dicitur. uirtus
eornostlice soðes gebedes ys hyhð soðre lufe eft ys ge-
ergo vere orationis est celsitudo caritatis ; Item dici-

cweden brad witodlice ys soð lufu forþi feonda lufe
tur. *láta quippe est caritas. quia inimicorum dilectionem*
heo nimð he segð broþerlice yfelu soð lufu langmodlice
capit; Ipse dicit. fraterna mal(a) caritas longanimiter
byrð soð lufu. soðlic(e) riht ys ge freond lufian on gode ge
portat; Caritas autem vera est. et amicum diligere in deo: et
feond lufian for gode swa hwa swa þa soþan lufe
inimicum diligere propter deum; Quisquis caritatem non
næfð ælc god he forlæt þæt he hæfð mægnu þa he ongleaw-
habet: omne bonum amittit quod habet; Vires quas imperi-
nysse wiðsæcð soð lufu underþenaþ wel oft soð lufu sum-
tia denega(t) caritas subministrat; Plerumque caritas qui-
um bysgungum gelett 7 gehal scinð on heortan
busdam occupationibus praepedita et integra flagrat in corde
7 swa þeah na byð geswutelod on weorce forþi eac sume mid
et *tamen non monstratur in opere: quia* et *sól cum*
geniþe byþ ofe heo ne byþ gesewen on eorðan 7 swa þeah
núbe tegitur non uidetur in terra. et tamen
heo byrnð on heofenum swa beon abysgod soð lufu gewunað
árdet in cęlo sic ésse accupáta caritas solet.
innon strengð here brynes bærnð 7 utan ligas weorces
Intus uim sui ardóris exúrit: et foris flámmas operis
na ætywð
non ostendit;
saede eorþena langnyss na syndrad. þa þe soð lufu
Hieronimus dixit Terrarum longitudo non separat: quós caritas
geþeod.
jungit.
þeah þe wel mænige on geleafan 7 on weorcum
Isidorus dixit. Quámvis nonnulli fide atque operibus
haligum beon gesawene beon dælnimende swa þeah þa þe
sanctis uideantur ésse participes: támen qui
beoð ascyrede fram soþre lufe broþerlicre lufe nænne
priuantur a caritate fraternę dilectionis nullum
hi habbaþ cið mægenes eft he segð nan med
habent incrementum uirtutis; Item dicit. nullum prémium
soðre lufe ys wiðmeten soð lufu soðlice mægena ealra begytt
caritati pensátur; Caritas enim uirtutum omnium óbtinet
ealdorscype eft he segð to healdene ys mid haligum werum
principatum; Iterum dicit. Tenénda est cum sanctis viris

anu(yss) soðre lufe 7 swa micelum swa hine anra gehwylc
ánitas caritatis. et quánto sé unusquisque
ætbry(t) middangearde swa micelum neod ys þæt hine
subtrahit mundo: tánto necésse est ut sé
togeferlæc(e) godra midwununge eft ys gecweden soð lufu on
associet bonorum consortio: Item dicitur. Cáritas in
lufe godes 7 nehstan wunað heo gehealt soðlice on hyre
dilectione dei et proximi cónstat; Séruat, autem in sé
lufe godes se þe fram soðre lufe na byð todæled nehstan
dilectionem dei. qui a caritate non diuíditur proximi;
eft ys gecweden se þe fram broðerlicre geferrædenne
Iterum dicitur. qui a fratérna societate
byð asyndrod fram godcundre soþre lufe dælnimincge byð ascyred
secérnitur: a diuinae caritatis participatione priuatur:
elleshwar ys gecweden fram rice godes hi syndriað þa þe
Alibi dicitur. A regno dei sé séperant. qui
hi sylfe fram soðre lufe twyferlæceþ eft ys gecweden
semet ipsos a caritate dissóciant; Item dicitur:
soð lufu ys fullfremed lufu on gode 7 nehstan he sylf
Caritas est perfecta dilectio in deo et proximo; Ipse
sæde ælc soðlice godnyss of soðre lufe 7 eadmodnysse forð-
dixit: omnis enim bónitas: ex caritate et humilitate pro-
stæpþ
cédit ;

sæde fram twysehtnysse yfele gehealdan tungan
Ciprianus dixit. A dissensionis malo continére linguam
his scyl se þe can 7 lufað bend soðre lufe
suam debet qui novit et diligit uinculum caritatis ;

sæde se þe mid soðre lufe full ys mid smyltum
Basilius dixit. Qui caritate plenus est, tranquíllo
mode oþþe geþance 7 mid smoþestum andwlitum forðstæpþ wer
animo et serenissimo uúltu procédit. Uir
soðlice hatunge full he gæþ yrre
autem odio plenus ambulat iracúndus;

sæde soðe eornostlice soðe lufe 7 soðe hyrsumnysse
Caesarius dixit. Ueram ergo caritatem et ueram oboedientiam
healdende naht be urum gearnungum we geþrystlæceað ac
retinentes: nihil de nostris meritis praesumámus sed
be godes mægene we truwian swylce soðlice synd butan soðre
de dei uirtute confidámus; Talia enim sunt sine cari-

lufe fæstenu swylce butan ele   leoht   naht   us framað þæt
tate ieiunia ? qualis   sine oleo lucérna ; Nihil nobis pródest quod
we   mid deorwyrðestum wæccum 7 geswincum   mencgað   gif
nos   pretiosis   uigiliis laboribúsque conficimus ? si
wiðinnan us soðe lufe   we nabbað   forþi naht framaþ þæt
íntra   nós caritatem non habemus . quia nihil pródest quod
þu geswencst lichaman þinne þænne þu naht framast heortan þinre
 affligis   corpus tuum. quando nihil prófices cordi tuo;
gif seo soþe lufu riht 7 eadmodnyss na   byð of sylfum gyrlan
 Si   caritas uera et humílitas non fuerit¹. de solo hábitu
æwfæstnyss geþristlæcean 7 getruwian we ne sceolan
religionis   presúmere et confídere non debemus;
         sæde soðlufu   swer 7 trymmincg on sawle haligre
Effrem dixit. Caritas colúmna et firmamentum. in anima sancta
ys
est.

II.

be geþylde
De Patientia

  drihten   segð on godspelle   eadige gesibsume   forþi
Dominus dicit in aeuuangelio ; Beati pacifici ? quoniam
bearn godes hi byð gecigede   eft   he segð   on geþylde
filii   dei   uocabuntur ; Item dicit. in patientia
eowrum   ge agað   sawla eowre
uestra   possidebitis animas uestras ;
        se apostol sæde   þis ys soðlice gyfu gif   for
Petrus apostolus dixit. Haec est enim gratia ? si propter
ingehyd   godes   þolað   ænig unrotnysse þoligende un-
conscientiam dei   sústinet   quis tristitiam patiens in-
rihtlice   hwyle soðlice wyrþscype ys gif syngiende gefystlude
iuste ; Quae enim   gloria   est. si peccantes colafizáti
ge forþyldiaþ ac gif weldonde 7 þoligende ge forberað. þis
suffertis ? sed si benefacientes et patientes sustinetis. haec
ys wyrðscype mid gode
est   gloria   apud deum.
         se apostol sæde gedrefenyss   geþyld   wyrcð
Paulus apostolus dixit. Tribulatio patientiam operatur.
geþyld   soðlice afandunge fandung soðlice hopan hopa
Patientia autem probationem. probatio uero   spem. Spes

¹ s. nobis.

soðlice na gescynt forþi soð lufu godes gesend ys on heortum
autem non confundit. quia caritas dei diffusa est in cordibus
urum þurh gast haligne se geseald ys us gif hit beon
nostris per spiritum sanctum qui dát(us) *est nobis; Si fieri*
mæg þæt of eow ys mid eallum mannum sibbe hæb-
pótest quod ex nobis est. cum omnibus hominibus pacem ha-
bende geþyld soðlice eow nedbehefe ys þæt willan
bentes[1]*; Patientia enim uobis necessaria est: ut uoluntatem*
godes donde ge beran behad sib fyliað mid
dei facientes reportétis promissionem; Pacem sequimini cum
callum 7 halignysse butan þære nan man gesyhð god
omnibus et sanctimóniam. sine quá némo uidebit deum.

se apostol sæde geþyld soðlice weorc folfremed
Jacobus apostolus dixit. Patientia autem opus perfectum
hæbbe þæt ge syn fulfremede 7 ansunde on nanum ateori-
habeat. ut sitis perfecti et integri in nullo defici-
gende eadig wer se þe þolað costunge forþi þænne
entes; Beatus uir qui suffert temptationem quoniam cum
he afandod byþ he underfehð cynehelm lifes þænc behet
probatus fuerit accipiet coronam uitæ quam repromisit
god lufigendum hine
deus diligentibus se;

se þe þolomod ys fela he begymð mid
Salomon dixit. Qui patiens est. multa gubernatur pru-
snotornysse se þe soðlice unforebyrdig ys he uppahefð dysig-
dentia: qui autem inpatiens[2] *exaltat stulti-*
nysse his betere ys þolomod were strangum 7 se þe
tiam suam; Melior est patiens uiro forti. et qui
wealt mode his oferwinnendum burga lar weres
dominatur animo suo: expugnatore úrbium; Doctrina uiri
þurh geþyld byð onenawen mid geþylde byd geliðegod
per patientiam nóscitur; Patientia lenietur
caldor 7 tunge swæse tobrycð heardnysse betera
princeps. et lingua mollis confringit duritiam; Melior
geþyldig wiþerwyrdum
patiens arrógante;

sæde se þe cornostlice byð geþyldigra to teon-
Augustinus dixit. Qui ergo fuerit patientior ad iniu-
an mihtigra he byþ gesett on rice swa micelum swa
riam: potentior constitutur in regno; Quantum

[1] s. sitis.   [2] s. est.

geþyldig ys god ure on forhæbbende gyltas ure swa swiþe
patiens est deus noster in sustinendo delicta nostra? tantum
stið he byð on todælendum dædum urum
seuérus erit in discutiendis[1] *actibus nostris,*
sæde gif soðlice gelyfendra sibb crist ys
Hieronimus dixit. Si autem credentium pax christus est?
swa hwylc swa butan sibbe ys gedafenigendlice ne crist
quicumque sine pace est? consequenter nec christum
hæfð mid cristenum soðlice na se þe þolað ac se þe
habet; Apud christiános enim non qui patitur. sed qui
deð graman earm he ys hefelicor ys geþafian þæne
facit contuméliam miser est; Gráuius est sustinére quem
þu nelt þænne gewilnian þæne þu lufast swa swa to agenum
nólis. quam desiderare quem diligis; Sicut ad proprias
teonum geþyldige beon we scylon swa gif ænigne we geseoð
iniúrias patientes ésse debemus. ita si áliquem uidérimus
wið god muðe mid lahbrecendum woffigende þar healdan
érga deum óre sacrílego blasphemántem. illic tenére
geþyld we na scylan ac wiðstandan þam lahbrecan 7 muð
patientiam non debemus. sed resistere[2] *sacrílego. et os*
wodne soðfæstnysse andsware genyþerian
blasphémum ueritatis responsione dampnare;
sæde to ansyne fol(c)licre geþyld hi hiwiað 7
Ambrosius dixit. Ad faciem publicam patientiam fingunt[3]*? et*
on geþance yrsunge attor hi behydað to derigenne gearwe
in animo iracundiae uirus abscondunt? ad nocendum parati?
þænne to derigenne tima hi findað þrim gemetum mægen
cum nocendi tempus invenerint; Tribus módis uirtus
geþyldes beon began wunað sume witodlice synt þe fram
patientiae exercéri sólet; Alia namque sunt quae a
(go)de sume þe fram ealdum wiðerwinnan sume þe fram
deo alia quę ab antíquo aduersário. alia quę a
nehstan we þoliað fram nehstan witodlice ehtnyssa
proximo sustinémus; A proximo namque persecutiones.
hynða 7 teonan fram þam ealdum wiðerwinnan cos-
dampna et contumélias. ab antíquo aduersário. temp-
tunga fram gode soðlice swingla we þoliað
tamenta? a deo autem flagella tolerámus;

[1] in discernendis.   [2] s. debemus.
[3] s. aliqui.

to sibbe gyfe becuman nateshwon mæg
Gregorius dixit. Ad pacis donum peruenire nequáquam pótest
se þe sibbe drihtnes twyrædnysse mid hatheortnysse tobrycð
qui pacem domini discórdiae furóre rúmpit;
geþyld soð ys fremede yfelu emlice þolian ongean
Patientia uera est aliéna mala equanimiter pérpeti? cóntra
þæne þe yfelu ongyrnð mid nanum sare beon tosliten butan
eum qui mala inrogat. nullo dolóre mordéri; Sine
ysene martiras beon we magon gif geþyld on geþance soð-
férro martyres ésse póssumus. si patientiam in animo uerá-
lice we gehealdað swa micele soðlice gehywlc læs byð ge-
citer seruámus. Tánto enim qúisque mínus ostén-
swutelud gelæred swa he læs byð gemet geþyldig witodlice
ditur doctus quánto minus inuenítur patiens; Igitur
þonne geþyld byð forlæten eac god oþre þa eallunga
cum patientia relinquitur? étiam bona réliqua quae iam
gedone synd beoð toworpene geþyld soðlice soð ys þæt eac
gésta sunt destruuntur; Patientia enim uera est? quae et
þæne lufað þe hit byrð witodlice forþyldian 7 hatian hit
ipsum amat quem pórtat; Nam toleráre et odisse. non
nys mægen geþwærnysse ac oferbrædels hatheortnysse þænne
est uirtus mansuetudinis? sed uelamentum furoris; Cum
we wiðstandan magon yrre ofermodigra eadmodlice uton
resístere póssumus? iram superbiéntium humíliter de-
forbugan wyrðlicor hit ys teonan swigende forfleon þænne and-
clinemus; Gloriósius est iniuriam tacendo fúgere. quam re-
swarigende oferswyþan se heaga dema ure 7 gif he gewihte
spondendo superáre; Supérnus árbiter noster. et si póndus
besceawað on edleane swa þeah mægenu he awyhð on gewihte
considerat in retributione? támen uíres pénsat in pondere;
swa swyþe swa brad mod byð þurh lufe swa micele hit byð
Quanto láta mens fuerit per amorem. tanto erit
eac geþyldig þurh langmodnysse swa micelum swa hwilc
et patiens per longanimitatem; Tanto quisque
byrð his nehstan swa micelum swa he lufað gif þu soðlice
pórtat proximum? quanto ámat; Si enim
lufast þu byrst gif þu geswicst lufian þu geswicst eac þolian
ámas. pórtas. si desístis amáre? desístis et tolerare;
þæne we soðlice hwon lufað hwon eac we þoliað
Quem enim minus diligimus minus étiam tolerámus

onsigendre carfoðnysse raþe dæda nehstan beoð togelædde
Inruénte[1] *fastidio*[2] *citius facta proximi adducuntur*
on hefinysse byrþene seo us na aliht mid feþere
in grauídinem pónderis. quae nobis non léuigat pénna
soþre lufe
caritatis;

    sæde gesibsum mann geferscype engla he ear-
Basilius dixit. Pacíficus homo? consortium angelorum mere-
nað se andiga soðlice deofla byð geworden
bitur. ínuidus autem. particeps[3] *demonióruin efficitur;*
se þe geþyldelice þolað yfelu on towerdum beon gecynehelmod
Qui paticnter tólerat mala? in futuro coronári
he gecarnað sibb soðlice aflymð saca anda soðlice
merebitur; Pax enim éffugat discórdias? inuidia autem
togædre wilað hi eal swa sibb diglu geþan(ces) onliht swa
cópulat éas; Sicut pax secréta mentis inluminat. ita
anda diglu heortan ablent mann gesibsum orsorh ah
inuidia occulta cordis obcécat; Homo pacíficus securam póssidet
geþanc se niðfulla soðlice on gedrefednesse ys symle bearn
mentem. ínuidus autem in tribulatione est semper; Fíli
gif þu gewilnast geþyld habban ic mynegige ærest þe
si cúpis patientiam habére. móneo primum te
sylfne þæt to bebodum godcundum þu awecce geþanc þin
ipsum. ut ad mandata diuina éxcites mentem tuam;
Of nihtsumnesse blisse gesibsum mann byð onenawen 7 of
Ex abundantia laetitię pacíficus homo dinóscitur. et ex
andwlitan hlænum wodnesse full andig byð geswutelod
uultu márcido furóre plenus ínuidus demonstratur;
wer milde þeah þe he þolige teonan for naht
Uir benignus étiámsi patiatur iniúriam. pro nihilo
he hit geteld se unrihtwisa soðlice þeah þe he lytel word gehyre
ducit Iniquus autem. étiámsi paruum[4] *audierit*
fram nehstan teonan he wenð se þe soðlice beclypð
a proximo? contumelias arbitratur; Qui enim ampléctitur
sibbe on geþances his wununge innunge he gearwað criste
pacem? in mentis suae hospitio mansiónem préparat christo.
forþi crist sibb ys 7 on sibbe gerestian he gewunað gif
quia christus pax est? et in pace requiéscere consuéuit; Si

---

[1] s. in te.   [2] difficultate.   [3] s. quasi partem capiens.
    [4] s. verbum.

hwa þe on gebrincð yfelu huru na yrsa ac besarega
quis tibi intúlerit malu? ne uél irascáris. sed dóle
swyþor for him forþi god yrsað him
pótius pro eo quia deus iráscitur illi.

Sæde na mæg soðlice beon on sibbe se þe hopan
Isidorus dixit. Non pótest autem ésse in pace. qui spem
his gesett on menn se þe lifes towerdes meda geornlice
suam ponit in homine; Qui uítae futurae premia diligenter
geþencð yfelu ealle lifes andwerdes emlice he byrð
excogitat? mala omnia uítae presentis equanímiter pórtat;
hefelicor byþ geþread arleas middangeardes þencende hyþegunge
Granius torquetur impius mundi excogitando cómmoda?
þænne rihtwis þoligende wiþerræde se þe soðlice godu middan-
quam iustus toleràndo aduérsa; Qui enim bona mun-
eardes lufað welle he oþþe nelle eges 7 sares wite
di díligit uélit vel nólit timoris et dolóris poenae
underhnihð geþyldelice fram anum to forberenne ys þæt manegum
succúmbit Patienter ab úno feréndum est. quod multis
getimað to þoligenne wite þyses lifes sceort ys 7 se þe
áccidit toleràbile; Poéna huius uítae breuis est. et qui
geswencð 7 se þe byð geswencð deadlic ys yfelra þwyrnyss
adflígit et qui adflígitur mortalis est; Malorum práuitas
na þe ofslea ac lære hafa þu geþyld on wiðerwerdnyssum
non té occidat. sed erúdiat; Habéto patientiam in¦ aduérsis.
7 hræddra beo þu to underfonne þænne on to gebringenne
et prómptior ésto ad suscipiendam quam ad inferéndam
teonan graman tælendra mid geþylde oferswyð flana
molestiam; Contumélias detrahentium patientia súpera; Sagíttas
teonan mid geþylde oferswyð flana teonan mid geþyldes
contuméliae patientia súpera; Sagíttas contuméliae patientię
scylde tobrec ongean tungan swurd geþyldes gearwa scyld
clýpeo frànge; Contra linguę gladium patientiae prébe scútum;
micel ys mæg gif þu na dera fram þam þe þu gederod eart
Magna est uirtus si non lédas¹ a quó lésus és;
micel ys strencð eac gederod gif þu forgyfst micel ys
Magna est fortitudo? étiam laésus si remittas; Magna est
wyrðscype gif þu anigum mihtest derian þu arige.
glória si cúi potuísti nocére. parcas;

Sæde gesybsume soðlice. 7 anræde god on huse his
Ciprianus dixit. Pacíficos enim et concórdes. deus in domo sua

¹ s. cum.

eardian deð þæt we þe bearn godes beon onginnan on godes
habitare facit: ut qui filii dei esse coepimus in dei
sibbe uton wunian 7 þam þe gast an ys an si geþanc
pace maneámus. et quibus spiritus únus est unus sit ánimus
7 andgit offrung gode ma ys sibb ure 7 broþerlic
et *sensus; Sacrificium deo mágis est pax nostra: et fratérna*
anrædnyss se þe sibbe godes 7 anrædnysse bryeð ongean
concórdia; Qui pacem christi et concórdiam rúmpit. aduersus
crist he deð sibbe secean scyl sunu sibbe na soðlice
christum facit; Pacem quaerere debet filius pacis. neque enim
mæg onfon sara 7 þrowunga kynehelm butan he fore-
pótest accipere dolórum et passionum corónam: nisi pre-
steppe on sare 7 þrowunge sibbe na soþlice mæg soðlice
césserit in dolore et passione pacis; Neque enim pótest uerúciter
godu lærende agyldan gif libbende he nyte emlice fremde
bona docendo inpéndere: si uiuendo nésciat equanímiter aliéna
yfelu forberan geþyld gebroþru þa leofesta(n) na þæt an godu
mala toleráre; Patientia fratres dilectíssimi. non tantum bona
gehealt ac heo awegnyt wyþerwerde gehwylc liðe 7 bylewitte ys
custódit. sed repellit aduersa; Quisque lénis et mítis est.
god fader efenlæcend ys on life yldryna ys geeweden þolobyrde
dei patris imitátor est. In vita patrum dícitur. Patiens
mann þurstig wyll 7 eallum gearwigende glædlicne drenc
homo bíbulus fons. et omnibus éxhibens delectabilem pótum;
sæde wer soðlice þolebyrde se þe andwerde na ondræt
Iosephus dixit. Uir enim patiens qui presentia non tímet
7 towerde he þencð he ne can forhtigan þær þær nys
et *futura cógitat néscit trepidáre ubi non est*
ege
timor.

III.

be lufe godes 7 nihstan
De dilectione dei et proximi

drihten segð on godspelle se þe lufað me bebod
Dominus dicit in aeuuangelio. Qui diligit me. mandatum
min he gehylt gif ge lufiað me bebodu mine gehealdað
meum seruabit; Si diligitis me. mandata mea seruáte;
gif ge lufiað me 7 word mine on eow wuniað swa
Si dilexéritis me et uerba mea in uobis mánserint. quod-

hwæt swa ge gyrnað gew(yrð) eow on þam onenawað menn
cumque   petiéritis   fiet   uobis; In hoc cognóscent homines
þæt mine ge synd leorningcenihtas gif gemænelice lufiað
quod mei   estis   discipuli.   si   inuicem   dilexéritis;

se apostol sæde broðerrædenne lufigendras anfealdre of
Petrus apostolus dixit. Fraternitatis   amores   simplici ex
heortan cow betwynan lufiað
corde   ínuicem   dilígite.

se apostol sæde   lufu nehstan yfel na wyrcð
Paulus apostolus dixit. Dilectio proximi malum non operatur.

gefyllednyss cornostlice lage ys   lufu   gað   on   lufe
plenitudo   ergo   legis est dilectio; Ambuláte in dilectione
ealswa crist lufude us 7 he sealde hine sylfne for us
sicut christus dilexit nos? et   trádidit   se   ipsum pro nobis
lufigendum god ealle beoð geworhte on god þæt eage na
Diligentibus deum omnia cooperantur in bonum Quod oculus non
gesyhð ne eare ne gehyrð ne on heortan mannes astihð
uidit   nec auris audiuit. nec in   cor   hominis ascéndit?

þa gearwude god lufigendum hine
quę preparauit deus diligentibus se;

            apostol sæde se þe lufað broðer his on
Iohannes apostolus dixit.   Qui diligit fratrem suum in
leohte he wunað 7 swicung on him nys se þe soðlice
lumine   manet. et scandalum in éo non est; Qui   autem
hatað broðer his on þystrum he ys and on þystrum he
odit fratrem suum in tenebris est. et in tenebris am-
gað 7 he nat hwyder he færð forþi þystru ablendan
bulat. et néscit quo   éat. quoniam tenebrę obcaecauérunt
eagan his we cornostlice utan lufian god forþi he
oculos eius; Nos ergo   diligamus deum. quoniam ipse
ær lufude us gif hwyle segð þæt ic lufige god 7
prior dilexit nos; Si quis díxerit quoniam diligo deum et
broðer his hatað leas he ys 7 on him soðfæstnyss
fratrem suum óderit méndax est. et in éo   ueritas
nys þis bebod we habbað fram gode þæt se þe lufað
non est; Hoc mandatum habemus a deo? ut qui diligit
god lufige eac broðer his se þe soðlice na lufað
deum diligat et fratrem suum; Qui autem non diligit

broðer his þæne he gesyhð god þæne he na gesyhð
fratrem suum quem videt. deum quem non videt
hu mæg he lufian
quómodo pótest diligere ?
  sæde on eallum timan lufað se þe freond ys 7
Salomon dixit. Omni tempore diligit qui amicus est. et
broðer on angnyssum byð afandud
frater in angustiis comprobatur;
  sunu sæde se þe lufað god he gebitt for
Hiesus filius Sirach dixit. Qui diligit deum exorabit pro
synnum 7 he forhæfð hine fram him on gebede daga
peccatis. et continebit se ab illis. in oratione dierum
he byð gehyred lufa þæne þe geworhte þe 7 þenas his
exaudietur. Dilige eum qui fecit te ? et ministros eius
na forlæt þu lufa god 7 geclypa hine on hæle þine
non derelinquas; Dilige deum ? et inuoca eum in salute tua;
ælc nyten lufað gelican his swa eac ælc mann nehst-
Omne animal diligit simile sibi ? sic et omnis homo proxi-
an him ælc flæsc to gelican his byð togeþeod lufu
mum *sibi ? Omnis caro ad similem sibi coniungitur. . . . Caritas*
soðlice soð ys þonne eac on gode byð gelufod freond 7
*autem uera est cum et in deo diligi*tur *amicus.* et
for gode byð gelufod feond se soðlice for gode
propter deum diligitur inimicus; Ille enim propter deum
lufað þa þe he lufað se eallunga þa lufian fram þam þe
diligit eos quos diligit ? qui iam eos diligere a quibus
he na byð gelufod wat
non diligitur scit;
  sæde aura gehwylc sawul swa micelum swa heo
Basilius dixit. Unaqueque anima quantum fun-
gestaðelud byð on lufe nehstan swa swyðe heah heo byð
data fuerit in amore proximi ? tantum alta erit
on oncnawincge godes se þe lufað broðer on smyltnysse ys
in cognitione dei ; Qui diligit fratrem. in tranquillitate est
heorte his broðer soðlice hatigende he ys on yste mæstre
cor eius. fratrem uero odiens. est tempestate maxima
befangan of eallum witodlice geþance þinum lufa god
circumdatus; Ex tota igitur mente tua dilige deum.
þæt on eallum dædum þinum þu gecweme him god soðlice
ut in omnibus actibus tuis placeas illi; Deus enim

na hine wile mid wordum beon gelufodne ac mid heortan
non sé uult uerbis tantum diligi. sed corde
clænre 7 weorcum rihtwisum ma eornostlice eallum uton
púro et operibus iustis; Magis ergo omnibus[1] *dili-*
lufian god se þe eac us 7 magas ure mid agenum
gamus deum? qui et nos et parentes[2] *nostros propriis*
handum gehiwude 7 calle godu þa embe us beoð gedone
manibus finxit. et cuncta bona quae erga nos geruntur
dæghwamlice his weldædum we towritan crist to lufi-
cotidie? eius beneficiis adscribámus; Christus dili-
genne ys ofer magas forþan na us syllað magas þa
gendus est super parentes. quia non nobis tribuunt parentes éa
þe crist nehstan þinne hafe
quae Christus; Proximum tuum habe tanquam unum ex mem-
þænne us god mære weldæda getiþað naht
bris tuis; Cum nobis deus magna beneficia prestet? nihil
he gyrnð fram us butan þæt we lufian hine 7 templu
exigit a nobis. nisi ut diligamus eum? et templa
ure we gehealdan þæt he symle on us eardige 7 we on
nostra seruémus? ut ille semper in nobis habitet. et nos in
him þurhwunian
illo permaneamus;
sæde of ealre heortan crist na lufað se þe
Isidorus dixit. Ex toto corde christum non diligit. qui
mann hatað lufu godes deaþe ys wiðmeten secgendum
hóminem ódit; Dilectio dei morti conparatur. dicénte
strang ys swa deað lufu swa swa deað streclice
Salomónae. válida est ut mors dilectio; Sicut mors uiolenter
asyndrað sawle fram lichaman ealswa lufu godes streclice
séparat animam a corpore. ita dilectio dei uiolenter
asyndrað mann fram middaneardenre 7 flæsclicre lufe lufi-
segregat hominem a mundano et carnali amore; Dili-
gende nehstan þu afeorma eage to geseonne god se þe
gendo proximum púrgas oculum ad uidendum deum; Qui
godes bebodu forhogað god he na lufað ne we soð-
dei praecepta contempnit? deum non diligit; Neque e-
lice cyning lufiað gif on hatunge laga his we habbað
nim regem diligimus si odio leges eius habeamus;
ne na mæg god lufian se þe . byð onenawen on nehstan
Nec póterit deum diligere qui noscitur in proximi

[1] i. creaturis.   [2] i. propinquos.

lufe dwelian goddra todal ys na hatian hadas ac
dilectione errare; Bonorum discretio est non odisse personas sed
gyltas 7 rihte for leasum na hogian ac afandian þa þe
culpas. et recta pro falsis non spernere sed probare; Qui
unfulfremede synd on godes lufe oft fram leahtrum asyn-
imperfecti sunt in dei amore. sępe a vitiis sepe-
drian he dihtniað ac mid byrdene leahtra gehefegude
rare se disponunt: sed pondere uitiorum grauati:
eftsona to þam leahtrum þa hi gewilniað forlætan beað ongean-
rursus ad ea vitia quae optant relinquere reuoluun-
wende laes þænne betwux twam lufu beon na mæg
tur; Minus quam inter duos: dilectio esse non potest;
swyðe on eorþan besenct ys se þe flæsclice mann
Multum in terra demersus est. qui carnaliter hominem
deadlicne swyþor lufað þænne hit gedafenað þænne þing
moriturum; plus diligit quam oportet; Dum rem
we gewilniað tidlic we forlætað soþe lufe lufi-
concupiscimus temporalem. amittamus ueram dilectionem; A-
gende soðlice god ure on us yfelu we ehtað lufi-
mando enim deum nostra in nobis mala persequimur dili-
gende soðlice nehstan þam on þam framian we magan
gendo autem proximum ei in quo prodesse possumus
uton efstan
festinamus;
sæde god he cwæð lufu ys 7 se þe wunað on
Ciprianus dixit. Deus inquit dilectio est. et qui manet in
lufe on gode he wunað 7 god on him mid gode wunian
dilectione. in deo manet et deus in eo; Cum deo manere
na magan þa þe beon on cyricean godes anmode nellað
non possunt. qui esse in ecclesia dei unanimes noluerint
on bœc ys gecweden stuntlic ys soðlice ænig þing
In libro clementis dicitur. stultum est enim aliquid
swyþor lufian þænne god geþanc soðlice þæt gefyld
plus amare quam deum; Mentem enim quam repluerit
gemynd godes þam awyrigdan on þam na byð gesald stow
memoria dei: maligno[1] in ea non dabitur locus.
sæde gif hwylc soðlice lufað god þæs on
Effrem dixit. Si quis autem dilexerit deum illius in

---

[1] s. spiritu.

corþan na byð geþanc ac symle þa uferan gewilnað þe
terra non erit mens? sed semper superióra desiderat quae
he lufað he byð geswett þanone he byð onliht þanone he byð
amat; indulcátur inde? inluminatur inde? refi-
gereord of swettestum wylne
citur de dulcissimo font(e)

IIII.
be eadmodnysse.
De Humilitate.

  drihten segð on godspelle leorniað fram me forþi þe
Dominus dicit in aeuuangelio. Discite a me quia
ic bylewitte 7 eadmod on heortan 7 ge metað reste saw-
mitis sum et humilis corde? et invenietis requiem anima-
lum cowrum he soðlice segð þurh þonewitegan to hwam
bus uestris; Ipse enim dicit per prophetam. ad quem
soðlice behealde ic butan to þam eadmodan 7 to þam gedef(an) 7
autem respiciam nisi ad humilem et quietum et
ondrædende wordu mine eft he segð ælc soþlice se þe
trementem verba mea? Iterum dicit. omnis enim qui
hine uppahefþ byþ genyþerud 7 se þe hine genyþerud byþ uppa-
se exaltat humiliabitur et qui se humiliat exalta-
hafen
bitur;
    se apostol sæde ealle soðlice gemænelice eadmodnysse
Petrus apostolus dixit. Omnes autem inuicem humilitatem
geswutcliaþ forþi þe god þam ofermodum wiðstynt eadmodum sop-
insinuáte[1]. quia deus superbis restitit. humilibus au-
lice he sylð gyfe. geadmedað witodlice under mihtigre
tem dat gratiam. Humiliamini igitur sub potenti
handa godes þæt he cow uppahebbe on tide geneosunge
manu dei. ut uos exaltet in tempore uisitationis;
    geeadmedað on gesihðe drihtnes 7
Iacobus apostolus dixit. Humiliamini in conspectu domini et
he upahefð eow
exaltabit uos;
    se apostol sæde beo ge onmode þæt sylfe ongytende
Paulus apostolus dixit. Sitis unánimes id ipsum sentientes
naht þurh geflit ni þurh idel gylp ac þurh
nihil per contentionem neque per inánem gloriam. sed per

---
[1] i. docete.

eadmodnesse useran him betwynan wenende na heage
humilitatem superióres sibi inuicem arbitrántes. non álta
witende ac eadmodum geþwærigende
sapientes. sed humilibus consentientes.

   sæde þar þar byð ofermodignyss þar byð eac
Salomon dixit. Ubi fuerit superbia. ibi erit et
teona þar eadmodnyss þar eac wisdom ofermod-
contumélia. ubi autem[1] *humilitas. ibi et sapientia*[2]*; Supér-*
igne fyligð eadmoduys 7 eadmodne on gaste unde(r)fehð
bum séquitur humilitas. et humilem spiritu súscipit
wuldor ær þam þe he sy fortreden 7 ys upahafen heorte
et gloria; Priúsquam conteratur et exaltatur cor
mannes 7 ær þam þe he si gewuldrod he ys gecadmett betere
hominis. et antequam glorificetur humiliátur; Melius
ys beon geeadmett mid bylewittum þænne todælan herereafu
est humiliári cum mítibus. quam diuídere spólia
mid ofermodum.
cum superbis.

   sunu sæde swa micele swa þu mare eart geead-
Hiesus filius Sirach dixit. Quánto magnus és humí-
mett þe on eallum 7 beforan gode þu gemest gyfe fram
liate in omnibus et coram deo inuenies gratiam; Ab
eadmodum ys gearwurþod god nelle þu beon eadmod on
humilibus honoratur deus; Noli ésse humilis in
wisdom þinum ne geeadmett on stuntnesse (þ)u beo beswicen ys
sapientia tua. ne humiliatus in stultitia seducaris; Est
se þe manfullice gecadmett hine 7 innemyste his fulle synd
qui néquiter humiliat se. et interiora eius plena sunt
facne
dolo.

   sæde gif eadmod 7 gedefe þu ne byst ne mæg
Orígenis dixit. Si humilis et quietus non fueris. non pótest
eardian on þe gyfu þæs haligan gastes
habitare in te gratia spiritus sancti;

   sæde god eadmod geworden ys forscamige mann
Augustinus dixit. Deus humilis factus est. erubéscat homo
ofermod beon symle ingehyd þeowes godes eadmod beon
supérbus esse; Semper conscientia serui dei humilis ésse
scyll 7 unrot gewislice þæt þurh eadmodnysse na ofermodige 7
debet. et tristis scilicet ut per humilitatem non superbiat. et

   [1] s. fuerit.   [2] s. erit.

þurh nytlice gronunge heortan to galnysse he na agylde se
per utilem maerórem cór ad lascíuiam non resóluat; *Ille*
soðlice begymð lof godes 7 word muþes his þæs hucc-
nímque attendit laudem dei et uerba oris eius. cuius cerui-
can ahylt eadmodnyss 7 na uparærð ofermodignys
cem inclinat. humilitas. et non érigit superbia ;
sæde to heahnysse mægena na mid mihte ac
Hieronimus dixit. Ad sumitatem uirtutum non potentia. sed
mid eadmodnysse byþ cumen
humilitate uenitur ;
sæde heorte witodlice flæsclic þa hwile þe þises
Gregorius dixit. Cor quippe carnále dum huius
lifes wuldor secð eadmodnysse heo onscunað eadmodness swa
uitę gloriam quęrit humilitatem réspuit; *Humilitas*
micelum swa heo ys ahyld to neowlum swa micelum heo framað
quantum inclinatur ad íma tántum próficit
on heahnysse swa micelum soðlice neod ys þæt hine anra-
in excelsum ; Tánto enim necésse est. ut sé unus-
gehwylc on eadmodnysse ofþrycce swa micelum gif he sy gecoren
quisque in humilitate deprimat. quanto si sít electus
he nat þeah þe æghwylc godu his nehstan his gyfende
ignórat; Quamuis quisque bona sua proximo suo inpertiéndo
ætywe rihtlice eallunga he na byþ gif he eadmodnysse þol-
ostendat. récte iam non érit [1]. *si humilitate carú-*
að se þe soþlice eadmod byþ he byþ upahafen on wuldre mic-
erit; Qui enim humilis fuerit. exaltabitur in gloria; Mag-
el ys mægen eadmodnysse þæt of gewilnunge stowe ytemyste
na est uirtus humilitatis? quę ex desiderio lóca ultima
healdende symle eadmodnysse lufað on heagum na hit upp-
tínens. semper humilitatem ámat in alto non sé sub-
ahefð 7 heofenlices rices purpuran on geþance geheald þænne
leuat? et celestis regni purpuram in ménte séruat; Cum
soðfæstnysse spæc eadmodlice byþ gehyred weg drihtnes to
ueritatis sermo humiliter auditur. uia domini ad
heortan byð asend on eallum hine forsyhð se þe on his eagum
cór dirigitur; In cunctis sé déspicit qui in suis oculis
beon hine eadmodne geseð æghwylc ætsyn weorcu nane
esse sé húmilem profitetur. quælibet ádsint opera. nulla
synd butan of eadmodnysse brydde swa micele cornostlice
sunt nisi ex humilitate condiantur; Tánto ergo

---

[1] s. electus.

beon eadmodra gehwylc scyl of gyfe swa micele swa hine
ésse humílior quisque débet ex múnere; quánto sé.
gewriþenre beon besceawað on agyfendum gesceade þæt witod-
obligatiórem ésse cónspicit in reddenda ratione; Eum quip-
lice þe na fint eadmod soðfæstnys forflyhð geþanc þær
pe quam non ínuenit humilem ueritas fúgit mentem; Illic
þa fram hlote eadmodra dema asyndrað. þa hi hær on ofer-
éos a sorte humilium iudex séperat. qui sé hic in su-
modignysse hornum uppahebbað eadmode gyfe onfoþ
perbię cornibus exaltant; Humiles donum accipiunt.
þæt fram him heortan ofermodigra aweg anydað
quod a sé córda superbiéntium repéllunt;

sæde eadmod þeah he on reafe waccust sy wul-
Basilius dixit. Humilis licet hábitu uilissimus sit. glo-
dorfull swa þeah ys mægenum ofermodig soðlice 7 gif he wlite-
riósus támen est virtutibus; Supérbus autem et si deco-
full si gepuht on gesihþe swa þeah on weorcum wac ys
rus uideatur aspectu? tamen operibus uílis est;

sæde se þe soðlice butan eadmodnysse mægenu
Isidorus dixit? Qui enim sine humilitate uirtutes
gaderað on winde dust he byrð geþanc heortan ure
cóngregat in uento púluerem pórtat; Cogitatio cordis nostri
swa micelum mid gode on neowlum ys swa micelum swa hit
tantum apud deum in imo est quantum[1]

mannum on hyhþe 7 eadmodnys heortan ure swa micelum
homínibus in alto? et humilitas cordis nostri tánto
mid gode on hyhþe ys swa micelum swa mannum on neowlum
apud deum in alto est. quanto[1] *homínibus in imo;*

geeadmed swyþe gast þinne forþy lif flæscess arleasan
Humilia ualde spiritum tuum; quoniam[1] *uita carnis impii.*
fyr 7 wyrm butan eadmodnysse mægen ænig 7 butan
ignis et uérmis; Sine humilitate virtus quęlibet. et sine
soþre lufe on leahter byð geteald healic munuces mægen ys
caritate in uítium deputatur; Súmma mónachi virtus est
eadmodnyss healic leahter his ofermodygnys beo þu on
humilitas. summum uitium eius superbia;[1] *Esto in*
eadmodnysse· gestaþelud beo þu ealra æftemyst 7 ytemyst
humilitate fundatus. esto omnium nouíssimus et últimus;

[1] s. est.

22 LIBER SCINTILLARUM.

gecadmed þe þæt þu beo uppahafen læstne þe do eallum
Humília te ut exaltéris. mínimum te fác omnibus
nanum þe toforan asete nanum þe useran getele þu wen
nulli te prepónas. nulli te superiórem députes ; Aestima
ealle useran beon þe þeah þu heagust si eadmodnysse
omnes superióres ésse tibi ; Quamuis summus sis humilitatem
heald forþi gif þu eadmodnysse healtst wuldorful þu byst
téne. quia si humilitatem tenueris. gloriosus éris ;
swa micele soðlice eadmodra byst swa micelum fyligþ þe
Quanto enim humilior fueris. tanto sequétur te
hyhþ wuldres nyþer astihþ þæt þu uppastige si þu genyþerud
altitudo gloriae ; Descénde. ut ascéndas humiliáre.
þæt þu si uppahafen ne uppahafen þu si gecadmed eadmodnys
ut exaltéris ! ne exaltátus humilieris ; Humilitas
soðlice fyll ne cann eadmodnys slide ne cann eadmodnyss
autem casum néscit. humilitas lapsum non nóuit. humilitas
næfre slide þolode se þe soðlice him wac ys beforan
nunquam lapsum pássa est ; Qui enim sibi uilis est. ante
gode micel he ys 7 þa þe him mislíciað gode hi líciað beo þu
deum magnus est. et qui sibi displicent deo placent ; Esto
witodlice lytel on eagum þinum þæt þu si micel on eagum
igitur páruus in oculis tuis. ut sis magnus in oculis
godes swa micele soðlice swa þu byst beforan gode deorwurþra
dei ; Tánto enim eris ánte deum pretiósior.
swa micele swa þu byst toforan eagum þinum forhogudra ber
quanto fueris ante oculos tuos despéctior ; Pórta
eac symle sceame on asyne be gemynde gyltes dust
quoque semper uerecundiam in uultu de recordatione delicti. puluis
þu eart 7 on duste site axe þu eart 7 on axan leofa on
es et in púluere sede. cinis es. et in cínere uíue ; In
healicum wyrþscype healic þe si eadmodnyss na þe upp-
summo honóre. summa tibi sit humilitas ! non te extol-
ahebbe wyrþscype swa micele maran eadmodnysse þu sy þurh-
lat honor ; Tánto maióre humilitáte sis per-
beorht swa micele swa maran wurþnysse foresett þu eart
spícuus. quánto maióre dignitáte prelátus [1] ;
sæde næfre soðlice soð eadmodnyss 7 soð
Caesarius dixit. Numquam enim vera humilitas et vera
gehyrsumnyss butan soþre lufe oþþe wæron oþþe beon mag-
oboedentia sine caritate. aut fuérunt aut ésse pote-

[1] s. c?.

on forþan swa swa fyr buton hætan oþþe beorhtnysse swa
runt? *quia sicut ignis sine calóre uel splendóre eiús-*
gerades nys swa eac seo soþe lufu butan eadmodnysse 7
modi non est. ita et caritas sine humilitate et
soþre gehyrsumnysse beon ne mæg on life yldryna ys ge-
vera oboedentia ésse non pótest; In uíta pátrum dici-
cweden lichamlic geswinc latteow ys eadmodnysse æle soðlice
tur. corporális lábor dux est humilitatis. omnis enim
geswinc butan eadmodnysse ydelnyss ys eadmodnyss ne heo na
labor sine humilitate uánitas est; Humílitas nec ipsa
yrsað ne oþrum yrsian geþafað eadmodnyss ys gif
iráscitur. nec áliis irásci permíttit; Humílitas est si
þænne syngað on þe broþor þin ærþam þe he behreow-
quándo peccáuerit in té frater tuus ántequam ille peníti-
sige þu forgifst him eadmodnyss soðlice forrynel ys soðrelufe
eat indúlseris ei. Humílitas autem precúrsor est caritatis.
7 ealswa forrynel wæs hælendes calle teonde to him
et *sicut iohánnes precúrsor fuit iesu. omnes trahens ad éum.*
swa eadmodnyss forrynel ys soþre lufe 7 se þe næfð
ita humilitas precúrsor est caritatis. et qui non habet
soþre lufe he forlyst lif
caritatem perdet uitam;

V.
be forgifnysse.
De indulgentia.

drihten segð on godspelle gif þu corniostlice offrast lac
Dominus dicit in aeuuangelio. Si ergo óffers munus
þine to weofude 7 þar þu gemanst þæt broþor þin hæfð
tuum ad altare et ibi recordatus fueris quia frater tuus habet
ænig þincg ongean þe forlæt þær lac þine ætforan þam
aliquid aduersúm te relinque ibi munus tuum ante al-
weofude 7 ga aer gesibbsumian breþer þinum 7 þænne
tare? et uade prius reconciliari fratri tuo. et tunc
cumende þu offra lac þine gif soðlice ge forgyfað man-
ueniens ófferes munus tuum; Si enim dimiseritis homi-
num synna hyra forgifð eow eac fæder eower se þe on
nibus peccata eorum dimittet uobis et pater uester qui in
heofenum ys gif soðlice na forgyfaþ mannum ne fæder
caelis est. si autem non dimiséritis hominibus? nec pater
forgifþ eow synna eo(w)re
dimittet uobis peccata uestra;

se apostol sæde mid geþylde underberende ge-
Paulus apostolus dixit. Cum patientia supportantes in-
mænelice 7 forgyfende eow sylfum gif ænig ongean sumne
uicem et donantes uobismet ipsis: si quis adversus aliquem
hæfð ceorunge swa swa god on criste forgeaf eow ealswa
habet querelam: sicut deus in christo donauit uobis. ita et
ge doð nanum yfel for yfele agyldende
uos fácite. nulli malum pro malo reddentes.

se apostol sæde na agyldende yfel for yfele oþþe
Petrus apostolus dixit. Non reddentes malum pro malo. uel
curs for curse ac þar togeanes bletsigende forþi on
maledictum pro maledicto. sed e contrario benedicentes. quia in
þam geclypode ge synd þæt on bletsunge yrfewyrdnysse ge agan
hoc uocati estis ut benedictione hereditatem possideatis;

sæde na sæge þu ic agylde yfel for yfele geanbida
Salomon dixit. Ne dicas reddam malum pro malo. expecta
drihten 7 he alyst þe forgif þinum nehstan derigendum
dominum et liberabit te. Relinque proximo tuo nocenti
þe 7 þænne biddendum þe synna beoð lætene
te¹: et tunc deprecanti tibi peccata soluentur;

sæde anre gehwylc swylce forgifenysse to under-
Agustinus dixit. Unusquisque talem indulgentiam accep-
fonne ys fram gode swylce he sylf eac sylð nehstan his
turus est a deo. qualem et ipse dederit proximo suo;

sæde swa swa god on criste us ure synna
Hieronimus dixit. Quómodo deus in christo nobis nostra peccata
forgeaf swa eac we him þa on us syngiað we forgyfan
donauit. sic etiam nos illis qui in nobis peccant dimittamus;

sæde se rihtlice his gyltes forgyfenysse bitt se
Gregorius dixit. Ille recte sui delicti ueniam postulat. qui
þæt þæt he aer on him sylfum was agylt forgyfþ uton forgyfan
hoc quod prius in ipso delinquitur relaxat; Dimittámus
soðlice þæt beon scyl us þæt si forgyfen þæt beon scyl fram us
enim quod debetur nobis. ut dimittatur quod debetur a nobis
þænne æghwylc þæt he rihtlice bitt he begytt þænne his mod
Tunc quisque quod recte petit adipiscitur. cum eius ánimus
on bene ne feondes hatunge byð fordimmode we asendaþ
in petitione nec inimici odio fuscatur. Fúndimus

¹ *uel tibi.*

LIBER SCINTILLARUM. 25

for wiþerwinnan bene ac ic wysce þæt heorte healde lufe
pro adversario précem. sed utinam cór téneat amorem;
þænne lufigende gestreon be feondum don ne magon eac
Cum diligendo lucrum de inimicis fácere póssumus ? etiam
hi frynd synd þa þe ehtiað us ne na recð se ealda feond þæt
ipsi amici sunt qui persecuntur[1]*; Nec cúrat antíquus hostis ut*
he eorþlice afyrre fram us ac þæt he soþe lufe on us slea
terréna tóllat a nobis. sed ut caritatem in nobis fériat ;
sæde na soðlice magon synna beon forgyfene him
Isidorus dixit. Non enim pósse peccata dimitti ei.
se þe on hine syngiendum gyltas na forgyfð se þe broþer his
qui in sé peccanti débita non dimittit ; Qui fratrem sibi
lator gesibsumað god him. lator gegladaþ on idel soðlice
tárdius reconciliat deum sibi tárdius plácat ; Frustra enim
him gemiltsian god secð se þe hrædlice gegladian on neh-
sibi propitiári deum quaerit ? qui cito placári in proxi-
stan forgymð hrædlice ys to forgyfenne ænigum þænne he
mum neglegit ; Cito[2] *ignoscendum cúiquam dum*
forgyfenysse bitt
ueniam póstulat ;
sæde se þe soðlice on hine syngiendum mildelice
Caesarius dixit. Qui enim in se peccanti clementer
forgyfð nan synne fotswæð on his sawle belifð
indúlserit ? nullum peccati uestigium in illíus anima remanebit ;
sæde gif eornostlice þu na forgyfst teonan se
Anastasius dixit. Si ergo non dimittis iniúriam quae
þe gedon ys na gebed for þe dest ac wyrgincge
tibi facta est ? non orationem pro té facis. sed maledictionem.
ofer þe þu ongebrincst swa þu soðlice segst swa me forgif
super té inducis. sic enim dicis. sic mihi dimitte.
swa eac ic forgeaf On gesamnungum ys geeweden swa micel
sicut et ego dimissi ; In conlationibus dicitur. tantum
soðlice bið forgyfen us swa micel swa we forgyfað þam þa
enim remittitur nobis. quantum nos remiserimus eis qui
us swa hwylcere awyrigednesse deriað
nobis quacúmque malignitate nocúerint ;
sæde swa hwylc soðlice þam se on hine syngode
Ciprianus dixit. Quisquis enim illi qui in éum peccauit
forgyfð forgyfende synne butan tweon ælmyssan he deð
dimittit ? ignoscendo peccatum sine dubio elemosinam facit ;

[1] s. nos.   [2] s. est.

VI.

be onbryrdnysse.
De conpunctione.

drihten segþ on godspelle soð soð ic secge eow
Dominus dicit in aeuuangelio. Amen amen dico uobis.
þæt ge wepað 7 ge heofiað woruld soðlice geblissað ge
quoniam uos plorábitis et plangetis. saeculum autem gaudebit. uos
unrote beoþ ac unrotnyss eower on blisse cymð
tristes éritis. sed tristitia uestra on letitiam veniet;
se apostol sæde geblissian mid geblissigendum wepan
Paulus apostolus dixit: Gaudére cum gaudéntibus flére
mid wependum þa þe wepað swylce hi na wepende syn 7
cum flentibus. qui flent tanquam non flentes sint. et
þa þe blissiað swylce na geblissigende
qui gaudent tamquam non gaudentes;
se apostol sæde earme beoð 7 heofiað 7 wepaþ
Iacobus apostolus dixit. Miseri estóte et lugéte et ploráte.
hlehter eower on heofincge si gehwyrfed 7 blis on
risus uester in luctum conuertetur. et gaudium in
gnornunge
merórem;
sæde hlehter sare byþ gemeneged 7 ytemyste blisse
Salomon dixit. Risus dolori miscebitur. et extréma gaudii
heofineg ofsett
luctus óccupat;
sæde þa þe nabbað onbryrdnysse ne hi
Agustinus dixit. Qui non hábent conpunctionem. nec
nabbaþ clæne gebed goldhord ys god onbryrdnyss 7
hábent mundam orationem; Thesáurus est bona compunctio et
unareccendlic blis on sawle mannes sawl mannes
incnarrabile gaudium in anima hominis; Anima hominis
seo þe on gebede byþ onbryrd swyþe him framað to hæle
quae in oratione conpángitur: ualde illi próficit ad salutem;
sæde na . læs to herigenne ys wer strang on
Hieronimus dixit. Non minus laudandus est. uir fortis in
heofincge þænne on gefeohte .
luctu: quam qui in bello;
sæde stefen witodlice scalmsanges þænne heo þurh
Gregorius dixit. Uox et enim psalmodię cum per

ontihtincge heortan byþ gedon þurh þa ælmihtigum drihtne to
intentionem cordis ágitur. per hanc omnipotenti domino ad

heortan weg byð gegearwud þæt outihtum geþance witegunge
cor iter parátur. ut inténte mente prophetiae

gerynu oþþe onbryrdnysse gyfe onasende þænne þurh
mysteria uel conpunctionis gratiam infundat; Cum per

gebed onbryrdnys byþ utasend weg us on heortan þurh
orationem conpunctio effúnditur. uiam nobis in corde per

þone to hælende on ende byþ becumen gearcaþ gyndleccincg
quám ad iesum in finem peruenitur párat; Inriguum

witodlice ofeweard underfehð sawl þænne heo hi sylfe on
quippe supérius áccipit ánima. cum sé sé in

tearum heofenrices mid gewilnunge geswencþ gyndleccincg
lácrimis caelestis regni desiderio affligit; inriguum

soþlice neaþewerd onfehð þænne helle suslu wepende on-
uero inférius accipit. cum inférni supplicia flendo per-

dræt ongeangecyrrende us drihten mildelice beclyppe
timéscit; Reuertentes nos dominus cleménter amplíctitur;

forþi synfulra lif him beon unwyrð eallunga na mæg þæt
quia peccatorum uita ei ésse indigna iam non potest quae

mid wopum byþ geþwegen na twyna þu abutan ende beon geriht-
flétibus lauatur; Non dúbites circa finem iusti-

wisodne mann þurh hreowsunge onbryrdnysse ac forþi
ficari hominem per penitentiae conpunctionem: sed quia

seldan þæt gewyrþan gewunað to ondrædenne ys þæt na þænne
ráro id fieri sólet. metuendum est. né dum

to ende byð geyld gecyrrednyss gehopud ær ofsette deað
ad finem différtur conuersio spérata ánte óccupet mors

þænne helpe hreowsung na eornostlice on wopum na on
quam subueniat paenitentia; Non ergo in flétibus. non in

dædum urum ac on drihtne uton truwian forþi eornostlice
actibus nostris. sed in domino confidámus; Quia ergo

7 æfter fulluhte we besmitan lif uton fullian mid tearum
et post baptisma inquináuimus uitam: baptizémus lacrimis

ingehyd besmitene æfter wæterum hæle we beon geed-
conscientiam; Inquináti post aquas salutis. renascá-

cennede of tearum
mur ex lacrimis;

sæde þær soðlice beoð teoras þar gastlic fyr
Basilius dixit: Ubi autem fuerint lacrimę. ibi spiritalis ignis
byð onæled se þe diglu geþances onlyht
accénditur. qui secreta mentis inluminat.

sæde ær soðlice mid tearum to feormigenne synd
Isidorus dixit. Prius enim lacrimis purganda sunt
leahtras þa we dydon 7 þænne afeormodre geþances scearpnysse
uitia quae géssimus. et tunc mundáta mentis ácie
þæt þæt seccað uton besceawian þæt þænne ær wependa fram
id quod quérimus contemplémur: ut dum ántea fléndo a
us synne dimnyss byð gedriged afeormodum heortan eagum
nobis peccati caligo detérgitur. mundátis cordis oculis.
frige upplice utan besceawian se þe soðlice tearas unge-
liberi supérna inspiciámus; Qui uero lacrimas inde-
swicendlice asent 7 swa þeah syngian na geswicð se heofinege
sinenter fúndit. et tamen peccare non désinit: hic lamentum
hæfð ac afeormunge næfð onbryrdnyss heortan ys
habet sed mundationem non habet; Compunctio cordis est.
eadmodnyss geþances mid tearum uppspringende of gemynde
humilitas mentis cum lacrimis exoriens de recordationę
synne 7 of ege domes se ys on gecyrredum fulfremedra
peccati et timore iudicii; Ille est in conuersis perféctior
gebryrdnesse mid lufe se þe calle fram him flæsclicra gewilnunga
conpunctionis affectu. qui omnes a sé carnalium desideriorum
lufa aweg anyt 7 atihtinege his mid eallum geþances
affectus repellit. et intentionem suam toto mentis
bigenge on godes foresceawunge gefæstnað twyfealdre onbryrd-
studio in dei contemplatione défigit; Gémine conpunc-
nysse mid willan for gode sawl gehwylces gecorene byþ
tionis affectu propter deum anima cuiúsque electi affi-
gewiht þæt ys oþþe þænne weorca his yfele he besceawað oþþe
citur. id est uel dum operum suorum mala considerat: uel
þænne mid gewilnunge eces lifes asihð feower synd
dum desiderio aeternę uitae suspirat; Quatuor sunt
gelicnyssa willena mid þam mod rihtwises halwendlice byð
qualitates affectionum quibus mens iusti salúbriter con-
onbryrd þæt ys gemynd forðgewitenra mana besceawung
púngitur. hoc est memoria prętoritorum facinorum. consideratio

elhðeodignysse his on þyses lifes langfernysse gemynd
peregrinationis suae in huius uitae longinquitate. recordatio

wita towerdra gewilnung upplices eþeles þæt to þam
poenárum futurarum desiderium supérnae pátriẹ. quatinus ad eam

hwætlicor he mæge becuman synd þa þe na of soþre heortan
quantocius valeat pervenire; Sunt qui non ex uera cordis

onbryrdnysse hyra wregendras gewyrþað ac swa þeah þænne gyt beon
conpunctione sui accusatóres fiunt. sed támen adhuc ésse

hi synfulle toamearcyað þæt of gehiwudre eadmodnysse andet-
sé peccatores adsignant. ut ex ficta humilitate confes-

nysse stowe hi gemetan halignysse tearas soðlice dædbote
siónis. locum inueniant sanctitatis; Lácrimae enim paenitentiae

mid gode for fulluhte beoþ getealde lufe tearas wynsume
apud deum pro baptismate reputantur ; Dilige lacrimas. sáaues

þe syu tearas þe lyst þe symle wop ⁊ heof beo þu
tibi sint lacrimẹ deléctet te semper planctus et luctus. ésto

for an forþloten to sargungum swa micelum swa þu wære
tantum prónus ad lamenta. quánto fuisti

forþloten to gylte swylce wæs þe to syngigenne atihting
pronus ad cúlpam; Qualis fuit tibi ad peccandum intentio.

swylc sy to hreowsigenne estfulnyss hefige synna hefige
talis sit ad pẹnitendum deuotio; Gráuia peccata. grandia

heofinga gewilniaþ
laménta desiderant;

sæde eadig witodlice ys ⁊ þriwa eadig swa hwa swa
Effrem dixit. Beatus námque est et tér beatus. quisquis

hæfð onbryrdnysse æfter gode onbryrdnyss hælþ
habet conpunctionem secundum deum; Conpunctio. sanitas

sawle ys onbryrdnyss onlyhtincg sawle ys onbryrdnyss
animẹ est. conpunctio inluminatio animae est. conpunctio.

forgyfenyss synna ys onbryrdnyss halige gast togelæt
remissio peccatorum est. conpunctio. spiritum sanctum addúcit

to hyre onbryrdnyss ancennedne crist deþ eardian on hyre
ad sé. conpunctio. unigenitum christum facit habitáre in se;

tearas mid gode truwan syllað symle þar þar tearas
Lacrimae apud deum fiduciam dánt semper; Ubi lacrimẹ

genihtsumiað þar geþancas fule na genealæceað
abúndant. ibi cogitationes sórdidẹ non adpróximant.

VII.
be gebede.
De oratione.

drihten segð on godspelle ealle swa hwylce swa ge biddað
Dominus dicit in aeuuangelio. Omnia quaecumque petiéritis
on gebede ge lyfende ge onfoþ waciað witodlice on eallum
in oratione credentes accipiétis; Uigiláte itaque   omni
timan gebiddende þæt gewyrþe beon hæfde forfleon ealle
tempore orantes. ut   digni   habeamini fúgere omnia
þa towærde synd 7 standan ætforan suna mannes gebiddaþ
quae uentura sunt. et stáre ánte filium hominis; Oráte
soþlice þæt na gewyrþe fleam eower her oþþe on restendæge
autem ut non fiát fúya uestra. hieme uel sábbato.

se apostol sæde gyfende gemænelice wyrðment eal-
Petrus apostolus dixit. Inpertientes¹ inuicem honorem tam-
swylce eac efenyrfeweardum gyfe lifes þæt na beon gelette
quam et coherédibus gratiae uitae. ut non impediantur
gebedu eowre
orationes uestrae;

se apostol sæde gebede onstandende gebiddende
Paulus Apostolus Dixit. Orationi instantes².   orantes
on eallum timan on gaste wacigende on ealre anrædnysse
omni tempore in spiritu. uigilantes in omni instantia;

se apostol sæde gebiddaþ eow gemænelice þæt
Iacobus apostolus dixit. Oráte pro   inuicem   ut
ge beon gehælede micelum soþlice framaþ gebed rihtwises
saluemini.   multum enim ualet deprecatio iusti
singal
assidua;

sæde feorr ys drihten fram arleasum 7 gebedu
Salomon dixit. Longe est dominus ab impiis. et orationes
rihtwisra he gehyrð selre ys ende gebedes þænne
iustorum exaudiet. melior est finis orationis. quam
se fruma ætforan gebede gegearwa sawle þine 7
principium; Ante orationem prépara animam tuam. et
nelle þu beon swylce so mann se fandað god se þe gehealt
noli ésse quasi homo qui temptat deum; Qui conseruat
lage he gemænifylt gebed bene gederedes gehyrð
legem. multiplicat orationem; Precationem lési exaudiet

[1] s. sitis.   [2] s. sitis.

god gebed on eadmodnysse ofer genipu þurhfærð la bearn on
deus; Oratio in humilitate. super nubes penetrabit; Fili in
þinre untrumnysse na forseoh þu þe sylfne ac gebide god
tua infirmitate non despicias te ipsum sed óra deum.
7 he gehealþ þe framwend fram gylte 7 gerece handa
et *curábit té? auerte a delícto et dirige manus;*

     sæde mid gebedum we beoð afeormode mid readingum
Isidorus dixit. Orationibus mundamur. lectionibus
we beoð getyde ægðer god ys gif alyfð gif na alyfð
instrúimur. utrúmque bonum est si liceat. si non liceat
betere ys gebiddan þænne rædan forþi þe on rædinge
melius est oráre quam legere. quia in lectione
we oncnawað þæt we don scylon on gebede þa we onfoþ
cognóscimus quod fácere debemus. in oratione éa accipiemus
þa we biddað ne soðlice on dæge þu æmtiga. na on nihte
quae postulamus; Neque enim die úaces neque nocte.
ac þænne slæp of eagum þinum afealð. þænne andgyt
sed cum somnus de oculis tuis ecciderit. tunc sensus
þin on gebede wacige gebed afeormað sawle fram synnum
tuus in oratione uigilet; Oratio mundat animam a peccatis.
gebed hæfð hæle on gebede geara beo þu ætyw
oratio habet salutem? in oratione paratus ésto; Ostende
forhæfednysse heortan þinre þæt þu rumran gyfe begyte
*continentiam cordis tui. ut amplióre*m *gratiam consequáris*

     sæde swa swa soðlice cempan butan wæpnum
Hieronimus dixit. Sicut enim militi sine ármis
to gefeohte faran na gerist swa menn cristenum forþstæppan
ad bellum exire non cónuenit. ita homini christiáno procédere
ænigum butan gebede na framað utgangende on his inne
quólibet sine oratione non éxpedit; Egredientes de hospitio.
gewæpnige gebed ongeangangendum of stræte gebed
ármet oratio. regredientibus de platéa oratio
ongeanyrne.
occúrat;

     sæde swa micele hefigre sace geþanca
Gregorius dixit. Quánto grauiore tumúltu cogitationum
flæsclicra we synd ofsette swa micclum gebede hatlicor on-
carnalium primimur. tanto orationi ardéntius in-
standan we scylon to gode witodlice heortan mid handum
sistere debemus; Ad deum quippe corda cum manibus

uppahebban ys gebedes ures biggeneg mid gewyrhton godes
leuare est orationis nostrae studium cum merito boni
weorces onasettan hrædlicur to bene dema byþ gebiged gif
operis inpónere; Citius ad precem iudex fléctitur. si
fram þwyrnysse his biddend byð geþread Se eornostlice on
a prauitate sua pétitor corrigatur; Ille ergo in
naman hælendes bitt se þe þæt bitt þæt to þære soðan
nomine saluatoris pétit. qui illud petit quod ad ueram
hæle belimpð witodlice gif þæt þæt na framað byð beden
salutem pértinet. nam si id quod non éxpedit pétitur.
na on naman hælendes byð beden þænne soðlice gebede
non in nomine iesu pétitur; Cum uero orationi
þearle we onstandað stent hælend þæt he leoht ongeansette
uehementer insistimus. stat iesus ut lucem restituat!
forþi þe god on heortan ys gefæstnod 7 leoht forlæten
quia deus in corde figitur. et lux amissa
byð geedniwod se þe fram eorþlicum dædum freoh sylfum gode
reparatur; Qui a terrénis actibus liber sóli deo
geæmtian geearnode for agyltendum nehstum gebidde þa þe
uacáre meruit. pro delinquentibus proximis exóret; Éa quę
þurhsmeagean on us sylfum fullicor we hogiað oft
perscrutári in nobismet ipsis plénius nitimur. sepe
soðlicor gebiddende þænne smeagende we þurhfarað
uérius orando quam inuestigándo penetramus;
sæde gebed heortan ys na welera ne na
Isidorus dixit. Oratio cordis est. non labiórum neque
soþlice word biddendes god begymð ac gebiddendes heortan
enim uerba deprecantis deus intendit. sed orantis cór
he gesyhð selre ys soðlice mid swigean gebiddan heortan
áspicit: Melius est autem cum silentio oráre cordis.
þænne mid sylfum wordum butan gesihþe geþances þæt gif
quam solis uerbis sine intúitu mentis; Quod si
stillice ænig gebitt eac seo stefen geswige þeah heo mannum
tácite quis órat et uox sileat quámuis hominibus
bemiþe gode heo bemiþan na mæg se þe ingehyde und-
láteat dei[1] *latére non potest. qui conscientiae prae-*
werde ys clæne ys gebed þæt on his timan worulde na
sens est; Púra est oratio. quam in suo tempore saeculi non
betwux cumað cara feorr witodlice fram gode ys mod þæt
interueniunt cúrae; Lónge quippe a deo est ánimus. qui

[1] rel de*u*m.

on gebede mid geþancum worulde byð abysgod þænne
in oratione cogitationis saeculi fuerit occupátus[1]; *Tunc*
eornostlice soðlice we gebiddað þænne we elleshwanune na
ergo uerăciter orámus. quándo aliúnde non
þenceað ac swyþe feawa synd þa þylce gebedu habban
cogitamus. sed ualde páuci sunt qui tales orationes hábeant.
7 þeah þe hi on sumum syn earfodlice swa þeah þæt hi
et licet in quibúsdam sint. difficile[2] *támen ut*
æfre syn swa we mid gebedum we synd . gerehte ealswa
semper sint; Sicut orationibus régimur ? ita
mid sealma bigencgum we beon gegladude to singenne soðlice
psalmórum studiis delectemur Psallendi enim
notu unrotnysse heortan gefrefrað swa micel beon scyl
utilitas. tristitiam cordis consolatur; Tantus ésse debet
gebiddendes embe god willa þæt he ne geortruwige on benum
*orantis érga deum affectus. ut non despéret precib*us
gefremmincge on idel soðlice we biddað gif hopan truwan
*effectum; Inániter autem orámus. si spéi fiducia*m
we nabbað se þe fram bebedum godes byþ fram awend þæt he
non habemus; Qui á preceptis dei auértitur. quod
on gebede bitt na gegearnað gif soðlice þæt þæt god
in oratione postulat non merébitur; Si autem id quod deus
bebytt we don þæt þæt we biddað butan tweon we begyt-
precipit faciámus. id quod pétimus sine dubio obtinébi-
að gebed on andwerdum foran life for læcedome synna
mus; Oratio in presenti tantum uita. pro remedio peccatorum
byð asend sealma soðlice sang ece godes lof
effúnditur; Psalmorum autem decantatio. perpetuam dei laudem
geswutelaþ 7 wuldor ece swa oft ænig byð æthrin-
demónstrat. et gloriam sempiternam; Quótiens quílibet tángi-
en mid leahtre ealswa oft to gebede he hine underþeot
tur uitio. totiens ad orationem se súbdat.
forþi gelome gebed leahtra ongewinn acwencð swa
quia fréquens oratio uitiorum inpugnationem extínguit; Tam
þurhwunigendlice begyman hit gedafenað mod ure ge-
perseueránter inténdere opórtet animum nostrum
biddende 7 cnucigende oð þæt onþæslice gewilnunga
orándo atque pulsándo. quoúsque inportúnas desideriorum
flæsclicra mislara þa urum ongeanwiþeriað andgytum
carnalium sugge(s)tiones. quae nostris óbstrepunt sénsibus

---

[1] *vel retentus.*   [2] s. est.

mid strangustre tihtinego we ofercuman þænne soðlice gebid-
fortissima   intentione   superémus;   Dum enim   ora-
daþ to   gemynde   gylt we ongeangelædað þænne we gode
mus. ad memoriam culpam   reducamus;   Cum   deo
ætstandað gemerian 7 wepan we scylan gemunende hu
adsistimus.   gémere et flére debemus? reminiscentes quam
hefige syn scylda þa we agyltan geþanc ure heofenlic
gratia sint scelera quę commisimus; Mens nostra celestis
ys 7 þænne gebiddende god fullice (byð) besceawud þænne
est. et tunc   orando deus plene   contemplatur?   quando
hit mid nanum eorþlicum carum oþþe gedwyldum byð gelett
nullis.   terrenis   curis   aut   erroribus   impeditur;
to afeormigenne ys witodlice ærost   mod   7   fram
Purgandus   est   itaque   primum animus atque   a
tidlicra þinga geþance   to asyndrigenne þæt mid clæure
temporalium rerum cogitatione   segregandus.   ut   pura
geþances scearpnysse to besceawigenne   god gehwile þurh-
mentis   ácie   ad   contemplandum deum quisque per-
fare   þænne begytan   godcunde mildheortnysse we gelyfað
transeat; Tunc impetrare divinam misericordiam credimus.
þænne mid eadmodum   willan we ætstandað   þænne we ge-
quando   supplicia   affectu   adsistimus   cum   ora-
biddaþ   þænne   soðlice   ma   deoful geþancas   cara
mus;   Tunc   autem   magis diabolus cogitationes curarum
wordlicra meniscum   modum ongebrincð þænne he gebid-
secularium humanis   mentibus   ingerit?   quando oran-
dende gesyhð se þe byð gederod na geswice gebiddan for
tem aspexerit; Qui   léditur   non desistat orare   pro
hi derigendum forþi æfter godes cwyde syngað se þe for
sé   ledéntibus? quia iuxta dei sententiam peccat. qui pro
his feondum na gebitt naht framað gebed his þæs þe
inimicis   non órat; Nihil proficit oratio illius. cuius ad-
gyt sar on   geþance oððe hatung wunað on breoste
huc dolor in   mente.   vel   odium   manet   in   péctore;
heortan soðlice mid handum upphefð se þe gebed mid
Cor   enim   cum manibus   lévat.   qui orationem cum
weorce he uppahefð elleshwar ys gesæd swa hwyle swa gebitt
opere   súblevat;   Alibi   dicitur; quisquis   orat.
7 he na wyrcð heortan he uppahefð 7 hand he upp na
et non operatur. cór   levat.   et manum non leu-

ahefð swa hwylc soðlice wyrcð 7 na gebitt hand he upp-
at.   quisquis   uero operatur et non orat. manum leu-
ahefð 7 heortan he na uppahefð cornostlice 7 gebiddan neod
at   et   cor   non   leuat;   Ergo   et   orare   necesse
ys 7 weorccan eft ys gesæd gyltlice handa to driht-
est. et operari; Item dicitur; culpabiliter manus ad do-
ne   upparærð se þe dæda his gebiddende gylplice ge-
minum   erigit.   qui   facta   sua   orando   iactanter pro-
ypð   eft   ys gesæd   se þe soðlice gylplice gebitt   lof
dit; Iterum dicitur; qui enim iactanter orat. laudem
gyrnende menniselic na þæt an his gebed na adilegað
appetendo humanam. non solum eius oratio non delet
synne   ac   hit byð awend on   synne   elleshwær ys
peccatum. sed ipsa   uertitur   in   peccatum;   Alibi di-
gesæd swa oft gebiddende na raþe beoð gehyrede ure
citur; quotiens   orantes   non cito   exaudimur.   nostra
us   dæda on eagum we toforansettan þæt þæt sylfe þæt
nobis facta in oculis   proponamus. ut hoc ipsum quod
we synd toferede   na   godeundre byþ geteald rihtwisnysse ac
differimur.   non   diuinae   reputetur   iustitiae?   sed
gyltes   ures   eft ys gesæd   oft soðlice feala   god na
culpę nostræ; Item dicitur; sepe autem multos deus non
gehyrð to willan þæt he gehyre to hæle elleshwær
exaudit ad uoluntatem. ut exaudiat ad salutem; Alibi
ys gesæd na soðlice gesibsumað god mænigfeald gebedes
dicitur. Non enim conciliat deum multiplex orationis
spæc ac clænust 7 syfrust gebedes atihtineg eft ys gesæd
sermo. sed purissima sinceráque orationis intentio; Item dicitur
gebed gelome deofles flana ofersywð deofles flana ascyrað
oratio fréquens? diaboli téla exsuperat? diaboli iacula submouet[1]
singal   gebed   eft ys gesæd unclæne   gastas gebedes ofer-
oratio continua; Item dicitur. inmundos spiritus orationis euin-
cymð anrædnyss forþi deofulscinnu þurh gebed beoð ofersywþede
cit   instantia. quia   demonia   per orationem   uincuntur;
on bec   ys gesæd   lar   us ys gebiddan
In libro clementis dicitur; Disciplina nobis est   orare
for   slagum   7 for ehtendum   urum
pro interfectoribus. et persequutoribus nostris;
sæde   gebed witodlice   micel bewerunge   sawle
Basilius dixit. Oratio namque grandis munitio est animę[2]

[1] s. aufert.
[2] deþ
s. facit.

þurh gebedu clænuste ealle us nytlice beoð gescalde fram
Per orationes purissimas omnia nobis utilia tribuuntur a
drihtne 7 ealle derigende butan twyn beoð afligeðe
domino et cuncta noxia procul dubio effugantur;
god ys gebed mid fæstena 7 mid ælmys-
Ciprianus dixit. Bona est oratio cum ieiunio et elemo-
san oft ys gesæd hrædlice gebedu to drihtne astigað
sina; Item dicitur. cito orationes ad dominum ascendunt.
þa to him gecarnunga ures weorces ongesettað
quas ad eum merita nostri operis imponunt
sæde swa rædiucge 7 gebede ge scylon onsittan þæt
Caesarius dixit. Sic lectioni et orationi debetis incumbere. ut
hwilon eac swylce mid handum sum þing ge magon began eft
interdum étiam manibus aliquid possitis exercére; Item
ys geeweden twam gemetum gebed byð gelett þæt na begytan
dicitur. Duóbus modis oratio impedítur. ne impetrare
ænig mæge gebedene þæt ys gyf oþþe yfelu gyt ænig
quisque valeat postulata. hoc est. si aut mala adhuc quisque
agylt oþþe gif agyltendum him gyltas na forgyfð on lif
committit. aut si delinquenti sibi debita non dimittit; In uita
yldryna ys geeweden swa swa gemttrude nytenu strengran
patrum dicitur. Sicut uenenata animalia fortióres
wyrta oððe wyrtgemangu utanydað swa eac geþancu horige
herbę uel pigménta expéllunt. ita et cogitationes sórdidas
gebed mid fæstene utanytt oft ys geeweden swylce we gebid-
oratio cum ieiunio repellit; Item dicitur. Quáles oran-
dende wyllað beon gemette eal swylce we ær timan on gebede
tes uólumus inueniri. táles nos ante tempus in oratione
gegearwian we scylon oft ys geeweden criste soðlice geþeodd
preparáre debemus; Item dicitur. Christo enim coniuncta
geþanc 7 healicust on tide gebedes atiht nan yfel naht
mens; et precipue in tempore orationis intenta. nihil malum nihil
oferflowende onfebð
supérfluum récipit.

VIII.

be andetnysse.
De Confessione.

drihten segð on godspelle ælc eornostlice þe an-
Dominus dicit in acuuangelio. Omnis ergo qui con-

dett me beforan mannum ic andete 7 ic hine beforan
fitebitur me coram hominibus. confitebor et ego eum coram
fæder minum se þe ys on heofenum
patre meo qui est in caelis;

se apostol sæde on heortan soðlice ys gelyfed to riht-
Paulus apostolus dixit. Corde enim creditur ad iu-
wisnysse on muþe soðlice andetnys gewyrð to hæle
stitiam. ore autem confessio fit ad salutem;

sæde andettað eornostlice eow betwynan synna
Iacobus dixit. Confitemini ergo alterutrum peccata
eowre 7 gebiddað gemænelice þæt ge beon gehæledc
uestra et orate pro inuicem ut saluemini;

sæde se þe behyd scylda his na byð gerihtlæht
Salomon dixit. Qui abscondit scelera sua non dirigetur;
se þe soðlice geandett byð 7 forlæt þa mildheortnysse
qui autem confessus fuerit et reliquerit ea misericordiam
he begytt
consequetur;

se apostol sæde gif we secgað þæt we synne
Iohannes apostolus dixit. Si dixérimus quia peccatum
nabban sylfe us we beswicað 7 soðfæstnyss on us
non habemus. ipsi nos sedúcimus et ueritas in nobis
nys gif we soðlice andettað synna ure eac he afeormað
non est; si autem confiteamur peccata nostra. et mundet
us fram ælcre synne
nos ab omni peccato;

sunu sæde ne beo þu gescynd andettan syn-
Iliesus filius Sirach dixit. Non confundáris confitéri pec-
na þine 7 na underþeod þu þe menn for synne ær deaþe
cata tua. et ne subicias te homini pro peccato; Ante mortem
andett cwucu gif þu hal andetst, 7 þu herast. drihten
confitére uiuus; si sánus confitéberis et laudabis dominum;
þu byst gewuldrod on gemiltsungum his
gloriáberis in miserationibus illius;

sæde gif þu segst synna þine yldra gehyrð þe
Origenis dixit. Si dixeris peccata tua prior. exaudiet te
drihten swylce folc halig
dominus tamquam populum sanctum;

sæde andetnyss manna yfelra angynn hit ys
Agustinus dixit. Confessio hominum malorum initium est

†

weorca godra se þe andett synna his 7 wregð hine
operum bonorum ; Qui confitetur peccata sua. et accússat se
þe synnum his mid gode he deð his wedd þola þu yldran
de peccatis suis cum deo   facit   páctum ; Ferto patrem
lærendne þæt þu na gefrede deman widnigendne tima an-
erudientem ?   ne   sentías iúdicem punientem ; Tempus con-
detnysse ys nu andett þa þu dydest þa þu on worde þa þu
fessionis est. nunc confitére quáe fecisti ? quáe in uerbo. quáe
on weorce þa þu on nihte þa þu on dæge andett on timan
in opere. quae in nocte. que in die. confitére in tempore
gedefum 7 on dæge hæle þu onfehst heofenlic goldhord
oportáno. et in die salutis accipies caelestem thesaúrum ;
          sæde   hlehterlic   hit ys wanhalnysse tobrocenre
Hieronimus dixit. Ridículum. est   debilitate   fracta
ealles lichaman wunda   feawa geswutelian
totius córporis ? uulnera pauca monstráre ;
       sæde ne na soðlice him gegearcian miht læcedom
Ambrosius dixit. Neque enim ei adhibére pótes remedium
þæs þe ys wund dig!e
cuius est uulnus occultum ;
        sæde nele god wrecan yfelnysse se andettan
Gregorius dixit. Non uult deus ulcísci malitiam ? qui[1] confitéri
gyltas þurhlærð he gewilnað beon unbunden andettende þæt he na
delicta persuádet ; Óptat   dissólui[2] confitentes. né
oferprute witnian genyde 7 swa micelum ys mann mid seamum
contumáces punire cogátur. tantúmque est homo sárcinis
   synna gehefegud swa micelum swa fram godum weorcum
peccatorum grauátus ?   quantum   a   bonis operibus
fremede þa þe ungecweme beon mannum ungedefum gewuniað
aliénus ; Eá que ingráta   esse hominibus inportunis solent ?
dome soðfæstnysse geliciað se þe agyltendes wunda belocenum
iudicio ueritatis placent ; Qui delinquentis uulnera conclúso
breoste 7 mid tungan oferhelað swa micele swyþor mid swigean
péctore et lingua   tégit ?   quanto amplius silentio
ofsett swa micele hefigran sar innan fett
prémit ? tanto grauiórem dolorem intrínsecus nútrit ; Nam
þænne fylð seo þe innan wealð byþ utaworpen to hæle
cum putrédo quae intérius féruct . eícitur.   ad salutem
sar byð geopenud ælc witodlice synful þænne he gylt
dolor aperítur ; Omnis quippe peccátor dum culpam

[1] s. deus.   [2] s. a peccato.

his wiðinnan inngehyde behyt innan lutað 7 on his
suam intra conscientiam abscondit. intrinsecus latet. et in suis
þurhfærum byð bediglod synfulle god gesihð 7 he forþyld-
penetrabilibus occultatur; Peccatores deus uidet et susti-
igað ongeanstandende he þolað 7 genyþerað dæghwamlice
net. *resistentes tolerat et damnat; Cotidie*
þurh godspel mildelice geclypað andetnysse ure of
per aeuangelium. clementer. uocat[1]; *Confessionem nostram ex*
clænre heortan he gewilnað 7 ealle þe we agyltað he for-
puro corde desiderat et cuncta quae delinquimus re-
gyfð synne attor halwendlice byð geopenud on andetnysse
laxat; Peccati uirus salubriter aperitur in confessione.
þæt cwyldbærlice lutude on geþance andettende synna hwæt
quod pestifere latebat in mente; Confitendo peccata quid
elles doð we buton yfel þæt on us latude we geopeniað
aliud agimus. nisi malum quod in nobis latebat aperimus?
syuful soðlice gecyrred of synnum on wopum eallunga rihtwis
Peccator enim conuersus de peccatis in fletibus. iam iustus
beon ongynð þænne he ongynð wregean þæt he dyde
esse inchoat. cum coeperit accusare quod fecit;
sæde þa þe synna his mannum bediglað 7 þurh
Isidorus dixit. Qui peccata sua hominibus occultant. et per
hi sylfe geandette na beoð god þæne þe hi gewitan hæfdon
semet ipsos confessi non fuerint. deum quem testem habebant.
hine hi habbað eac wrecend of þam anra gehwylc rihtwis beon
ipsum habebunt et ultorem; Ex eo unusquisque iustus esse
ongynð of þam þe his wregend wunað fela soðlice þar
incipit. ex quo sui accussator extiterit; Multi autem e
togeanes hi sylfe synfulle andettað 7 hi sylfe fram
contra semet ipsos peccatores fatentur. et semet ipsos a
synne na ætbredað micel eallunga rihtwisnysse dæl ys
peccato non subtrahunt; Magna iam iustitiae pars est.
hine sylfne witan manu þæt he þwyr ys þæt he of þam
se ipsum nosse hominem quod prauus est. ut ex eo
godcundum mægne si underþeod eadmodlicor of þam þe he his
diuine uirtuti subdatur humilius? ex quo suam
untrumnysse oncnæwð wel hine sylfne deme rihtwis on
infirmitatem agnoscit; Bene se iudicet iustus in
þysum life þæt he ne si gedemed fram gode mid genyþerunge
hac uita. ne iudicetur a deo dampnatione

[1] *deus.*

ecere   þænne   soðlice   dom   he him gehwylc nimþ þænne
perpetua ;   Tunc   autem   iudicium de   sé   quisque súmit. quando
he þurh þæslice   deadbote   his þwyran dæda genyþerað
     per   dignam   paenitentiam   sua   prava   facta   condemnat ;
twyfealdne habban scyle   wop on behreowsunge æle   synful
     Duplicem   habére   debet fletum in   paenitentia omnis peccator.
oððe forþan þe he þurh   gymeleaste   god   na   dyde   oþþe
siue   quia   per   negligentiam   bonum non fecit.   séu
forþi þe he yfel þurh þristnysse   gefremede   þæt soðlice gedaf-
     quia   malum   per audáciam perpetravit ? quod   enim opor-
nnde he na dyde 7 he dyde þæt beon gedon na gedafnude
     tuit   non géssit. et   géssit   quod   ági   non opórtuit ;
  sum   soðlice   eallunga rihtwisnysse   dæl   ys   unriht
Quaédam   enim   iam   iustitiae   pórtio est iniquitatem
his   menn   behydan   7 on him sylfum be his synnum
suam   homini   abscóndere. et in   semet ipso de   peccatis
agenum for-sceamigean se þe ongebrohte him   teonan   mid
propriis   erubéscere ;   Qui   inlátas   sibi contumelias tran-
glædum geþance geswutelað   sar   heortan geopenað 7 attor
quillo   animo   prodit.   dolorem   cordis   áperit. et uirus
þæt wealð on modo cþelice ongeanwyrpð   wunda   soðlice
quod fervet in animo   fácile   reicit ;   Uúlnera   enim
geþances opene raþe acofriað belocene þearle   wundiað andet-
    mentis   aperta cito exalant. cláusa   nimis   exúlcerant ; Con-
nys gerihtwisað andetnys synne forgyfednysse sylð   æle
fessio   iustíficat.   confessio. peccati   ueniam   dónat. omnis
 hopa on andetnysse wunað   on andetnysse stow mildheort-
spes. in   confessione consistit. In confessione. locus misericor-
nysse ys se þe synne geypð raðe he byð gehæled leahter
diae est ; Qui peccatum pródit cito   curatur.   crimen
soðlice swigende byð gemarud   gif open ys leahter he gewyrð
autem   tacéndo   ampliatur ;   Si   pátet uitium.   fit
of micclum   lytel   gif lutað leahter he gewyrð of lytlum
ex magno   pusíllum. Si   látet   uitium.   fit   ex minimo
micel of swigean gylt wyxt
magnum.   silentio culpa crescit ;
            sæde   betere ys soðlice on yfelum dædum clæne
    Basilius dixit. Melior est   enim   in malis factis pura
andetnyss þænne on godum weorcum ofermodig gylp
confessio.   quam   in   bonis   operibus   supérba   gloratio ;

on bec　　　　　ys gecweden swigendum na cþelice mæg lac-
In libro clementis　dicitur ;　　Tacentibus. non fácile pótest me-
nung gedafenlicre 7 neodlicre spræce beon gegearwud cyþan
dêla　oportúni　et necessarii sermonis　adhibéri ; . Profêrri
scyl anra gehwylc on hwam mod þurh nytenysse　adlað
debet　unusquisque in　quó　animus per　ignorantiam lánguet ;

IX.

be dædbotnysse.
De　Penitentia.

　　drihten segð on　godspelle　　dædbote　doð　togenea-
Dominus dicit in aeuuangelio. Penitentiam ágite. adpropin-
læhð soðlice rice　heofena
quabit enim regnum caelorum ;

　　　　　se apostol sæde　hreowsunge doð 7 si gefullud anra
Petrus apostolus dixit. Penitentiam agite et baptizetur unus-
gehywlc eower 7 ge onfoð gyse haliges gastes
quisque uestrum. et accipietis donum sancti spiritus ;

　　　　　se apostol sæde þam witodlice þa þe　æfter dead-
Paulus apostolus dixit. His quídem[1] qui[2] secundum paeni-
bote　godes weorces wuldor 7 wyrðscype 7 unwemminege
tentiam boni　operis　gloriam et　honorem　et incorruptionem
secendum　lif　ece
quaerentibus uitam aeternam ;

　　　　　sæde god　ys geþreadne geswutelian hreowsunge
Salomon dixit. Bonum est. correptum manifestáre paenitentiam
swa soðlice he afligð sylfwilles synne　na sege þu ic syngode
sic enim　éffugit uoluntarie peccatum ? ne dicas　peccaui.
7 hwæt getimode　me　unrotlices be gemiltsudre synne nelle þu
et quid áccidit　mihi　triste ; De propitiato peccato noli
beon butan ege ne þu na　ic　synne　ofer synne　ne
esse sine metu. neque adícias peccatum super peccatum ; Ne
lata þu beon gecyrred to drihten 7 na yld þu of dæge on dæg
tárdes　conuérti　ad dominum. et ne differas de die　in diem ;
na forhoga þu mann　awegawendne hine fram synne gemun þu
Ne despicias homine(m) auertentem　sé　a peccato. memento
þæt　ealle on gebrosnunge　we synd　se hehsta on hatunge
quoniam omnes in corruptione　súmus ; Altissimus　odio

[1] s. predicamus.　　　　[2] s. sunt.

lufað synfulle 7 he gemiltsað behreowsigendum si þu ge-
habet *peccatores et   misértus est   paenitentibus;*   Con-
cyrred to gode 7 forlæt synna þine cala bearn þu syn-
uértere ad deum. et relínque peccata tua;   Fili   pec-
godest na geic þu oft ac be ærrum bide þæt hi
casti. ne adícias iterum. sed de pristinis[1] *deprecáre ut re-*
beon forgyfene þe swylce fram ansyne snacan fleah synna
mittantur tibi; Quási a facie cólubri fúge peccata.
7 gif þu togeneahæhst to þam he u(nder)foð þe
et si accésseris ad illa susc(i)pient te;
                    sæde dædbot þeah þe heo si gehwæde heo na
Origenis dixit. Paenitentia quámuis   sit   exígua   non
byð forsewen mid deman rihtwisne god
despicitur apud iúdicem iustum deum;
                    sæde se soðlice se þe his gyltas geþencð 7 sona
Agustínus dixit. Ille uero   qui sua scelera cógitat. et státim
gecyrred byð forgyfenysse him gelyfe gif þu soðlice þæune
conuersus fuerit. ueniam sibi credat;   Si   enim   tunc
wy(lt) dædbote don þænne þu syngian na miht synna
uis paenitentiam ágere quando ° peccare non potes? peccata
þe forletan naes þu hi arleas sawl byð heofud on yfelum
te dimisérunt non tú illa; Ínpia anima plángitur in malis.
þaenne heo hiht be godum
dum sperat de bonis;
                    sæde ic wolde þat swa raþe swa si gecyrred
Hieronimus dixit. Utinam   tam cito   conuertatur
synfull to dædbote swa raþe drihten gegearwud ys
peccator ad penitentia(m) quám cito dominus preparatus est.
eac swylce forstiht awendan cwyde na soðlice tide
etiam   prefinu   mutare sententiam; Non enim temporis
l(an)ge asmeað god ac mid willan syfernysse bot
lo(n)gitudinem requírit deus. sed affectu sinceritatis paenitudo
byð awinsud se þe soðlice mid eallum on criste geþance
pensatur; Qui enim tota in christo mente
getruwað þeah þe he ealswa mann asliden dead byð on
confidit. étiamsi sicut homo lapsus mortuus fuerit in
synna on geleafan his he leofað on · eenysse to warnigenne
peccato. fide sua uiuit in aeternum; Cauendum

[1] s. peccatis.

ys wund   seo þe mid sarc byð gehæled   fylð flæsces iscne
est. *uulnus   quod   dolore   curatur; Putrédo carnis. ferro*
behofað 7   ceorfinegisene racenteah fylða 7 loccas na synd
indiget et   caueterio;   Catena   sórdes et comę non sunt
cynehelmes tacnu   ac wopes   7   teara   sac   7 fæs-
diadématis signa.   sed fletus et lacrimarum; Sáccus et ieiu-
ten wæpnu synd. deadbote   7 læcedom   synna   for-
nium   arma   sunt paenitentiae.   et remedium peccatorum;
þi þe æmtig wamb 7 gyrla hohfull geornfullicur drihten
quia inánis   uenter et hábitus luctuósus. ambitiósius dominum
     bitt   god on gecynde mildheort   ys   7   gearu þæt
deprecatur;   Deus   natura   misericors est. et paratus ut
he hæle mid miltse þa he na   mæg   hælan (mi)d rihtwisnysse
saluet   clementia. quos non potest   saluáre   iustitiu;
 god ne he godu gefylð þe he haligum   behet gif hi on-
Deus nec bona implet quae sanctis promisit. si illi re-
geancyrrað to leahtrum ne yfelu þe he synfullum   þreað
uertantur ad   uitia.   nec mala quae peccatoribus comminatur.
gif hi ongeangecyrrede beoð to   hæle   mann unrihtwis
si   illi   reuersi   fúerint ad salutem; Homo iníquus
se þe þurh man forwyrðendlice welan gegaderude gif he a-
qui per nefas   peritúras   diuitias congregauit. si ali-
hwænne gecyrred ætwindan gewilnað   ece   suslu he scyl
quando conuersus euádere   cupit   aeterna supplicia. debet
 don þæt he micelnysse   synna   mæge geemnyttan mid
agere.   ut multitudinem peccatorum possit exaequáre uber-
genihtsumnysse mægena
*   tale   uirtutum;*

         sæde   bot   soðlice þeawas awent   7 lange
Hilarius dixit. Paenitudo enim   móres   immútat. et longa
 tida leahtras on prince eages forwyrþað gif heartan
temporum crimina in   ictu   oculi   péreunt. si cordis
acenned byð onbryrdnys
náta fuerint conpunctio;

            sæde   ne we soðlice for   gylte   betað   gif
Gregorius dixit. Neque enim   pro delicto satisfacimus. si
we fram unrihtwisnysse na geswicað se þe agylte forbodene
*   ab   iniquitate   non cessámus; Qui commisit prohibita.*
him sylfum framceorfan scyl for þam eac forgyfene 7 hine
sibimet ipsi   abscidere debet pro his étium concéssa; et sé

gelæcð on læstum se þe geman on mæstum agyltan
reprehendat in minimis. qui meminit in máximis deliquisse;
genoh fremede fram gelcafan ys se þe to donne dædbote
Satis aliénus a fide est qui ad agendam poenitentiam
timan ylde geanbidað to ondrædenne ys þæt he na þænne
tempora senectutis expéctat. metuendum est. ne dum
he hopað mildheortnysse onbefealle on dom dædbote
sperat misericordiam incidat in iudicium ; Poenitentiam
witodlice don ys gefremede yfelu beheofian 7 beheofude na
quippe ágere est perpetráta mala plángere. et plangenda non
gefremman witodlice se þe swa synna bewepð þæt he swa þeah
perpetrare; Nam qui sic peccata deplórat ut támen
oþre agylte þænne gyt dædbote don oððe he nat oððe
alia committat. adhuc poenitentiam agere. aut ignórat aut
he twyhiwað god ælmihtig swincan hine cyð þænne
dissimulat; Deus omnipotens laboráre sé denuntiat. cum
he stiþe manna þwyrnyssa byrð gif hwa þe be synne
dúras hominum prauitátes pórtat; Si quis te de peccato
wiðutan þread þu andett inran þa he nat ne
forínsecus corréxerit. tu confitére interióra quę ille néscit; Neque
soðlice mæg beon gyfu gecorenra butan þar byð forgyfenyss.
enim pótest esse gratia electorum. nisi ubi fuerit uenia
synna ma eornostlice be synfullum gecyrredum þænne
peccatorum; Magis ergo de peccatore conuérso quam
be rihtwisum standendum blis byð on heofene nedbehefe
de iusto stánte gaudium fit in caelo; Necessarium
eornostlice ys se þe wile hine eallum gemete aseormian fram
ergo est. qui uult só omni modo purgáre a
synne ærest þa gyltas forceorfan se inra dema geþanc
peccato. primo ipsas culpas succidere; Internus iudex mentem
swyþor þænne þa word besceawað næfre synfulle to
pótius. quam uerba considerat; Numquam peccatores ad
wopum dædbote gehwurfon gif nane wæron goddra
lamentum paenitentiae redirent? si nulla éssent bonorum
bysena þa heora geþanc. tugon ælc soðlice synn
exempla quae eorum mentem tráherent; Omne enim peccatum
hefelic ys forþi heo na geþafað sawle to hehnyssum ahebban
gráue est. quia non permittit animam ad sublimia leuáre;
ne soðlice þænne forgyfenysse gemett se þe nu geewemne
Neque enim tunc ueniam inueniet qui modo áptum

forgyfenysse timan forspilde þar eallunga fram gode na mæg
uenie   tempus pérdidit;   Ibi   iam   a   deo non pótest
gegearnian þæt he bitt se þe her nolde gehyran þæt he het
meréri quod petit.   qui hic noluit   audire   quod iussit.
se þe timan gedafenlice dædbote forspylde on ydel ætforan
Qui   tempus   congrue   paenitentiae pérdidit. frústra   ánte
rices dura   mid benum   com
regni ianuam cum precibus uenit ;
               sæde   dædbot na mid worde to donne ys ac
Isidorus dixit. Paenitentia non   uerbo   agenda est sed
mid dæde raþe byð gebet gylt se þe raþe byð oncnawen
facto ;   Cito corrigitur culpa. quæ   cito cognóscitur

latur soðlice byð gehæled wund seo þe eallunga fuligen-
Tárdius autem   sanatur   uulnus quod   iam   putres-
dum limum stincð raþe þeo geedcucað gif raþor lacnung
centibus membris fétet.   cito   reuiuéscit ? si cítius medéla
byð gegearwud witodlice se þe gewunan deð to synnigenue
adhibetur.   Nam   qui consuetudinem facit   peccandi.
eallunga he bebyrged ys   hefig gylt   hefige hæfð ned-
iam   sepultus   est ; Gránde scélus. grandem habet ne-
behefe   bote   se þe eornostlice gewilnað gewiss beon
cessariam satisfactionem ; Qui   ergo   cupit   certus ésse
on deaþe be forgyfenysse hal he behreowsige 7 hal ge-
in morte de indulgentia ? sanus   peniteat.   sanusque per-
fremede manu he bewepe beoð aþwegene cwyð se witega
petráta fucínora   défleat;   Lauamini   inquit   propheta
clæne beoð ys aþwegen witodlice 7 clæne ys se þe
mundi estóte ;   Lauatur   ítaque et mundus est.   qui
eac forðgewitene beheofað 7 towerde na forlæt ys ge-
et   preterita   plángit. et futura non admittit[1] ; La-
þwegen 7 he nys clæne se þe beheofað þæt he dyde
uatur et non est mundus. qui   plangit quod   géssit
ne he ne forlæt 7 æfter tearum þa þe he bewcop geed-
nec   déserit.   et post   lacrimas haec quae flúerat ré-
læcð se þe soðlice þwyrlice lybbende dædbote on deaðe
petit ; Qui autem práue   uiuendo poenitentiam in morte
deð frecenfull ys swa swa soðlice his genyþerung ungewiss
ágit. periculosum est ; Sicut   enim eius   damnatio incerta

[1] vel ammittit.

ys swa cac forgyfenyss twynol se dædbote þæslice deð
est. *sic et*[1] *remissio*[2] *dubia; Ille poenitentiam digne ágit.*
se þe gylt his bote lahlicre beheofað genyþerigende
qui reatum suum satisfactione legítima plangit condemnando
gewislice 7 bewependa swa micclum þanon wepende deoplicur
scilicet. ac deflendo: tanto in deplorándo profúndius.
swa micclum swa he wunað on synnigende leneg þeah þe
quánto extitit in peccando prolíxius; Quámuis
ænig si synfull 7 arleas gif he to dædbote byð gecyrred
quisque sit peccator et impius si ad penitentiam conuertatur.
begytan hine magan forgyfenysse gelyfe efstan scyl to
cónsequi sé posse ueniam credat; Festinare debet ad
gode hreowsigende anra gehwylc þa hwile þe he mæg þæt he
deum paenitendo unusquisque dum pótest. ne
na gif þænne he mæg nele eallunga þænne he late wyle
si dum pótest nolúerit. omnino cum tárde uolúerit
na mage swyþor geblissað god be sawle geortruwudre 7
non possit; Amplius laetatur deus de anima desperata. et
hwilon gecyrredre þænne be þære seo þe næfre wunað
aliquando conuérsa: quam de éa quae numquam éxtitit
forspilled ma ys soðlice bliss beforan gode 7 englum his
pérdita; Plus est enim gaudium coram deo et angelis eius
be þam se fram frecenysse byð alysed þænne be þam þe næf-
de eo qui a periculo liberabitur. quam de eo qui num-
re na cuþe synne frecenysse swa micelum swa soðlice geun-
quam nouit peccati periculum; Quanto enim con-
rotsað þing forspilled swa micele swa ma gif hit byð funden
tristat rés pérdita tantó magis si fuerit inuenta
geblissað manega mid upplicre besawene gyfe on ytemystum
laetificat; Multi supérna respecti grátia. in extrémis
hyra to gode beoð gecyrrede þurh dædbote swa hwylce
suis ad deum reuertuntur per paenitentiam: quaecumque
yfelu hi dydon mid dæghwamlicum wopum he afeormiað
mala gessérunt cotidianis fletibus purgant.
7 on godum dædum yfele dæde awendað þam rihtlice
atque in bonis factis mala gésta commútant. quibus iuste
call þæt hi agyllon byð forgyfen forþi hi þæt hi yfele
totum quod deliquérant ignóscitur. quia ipsi quod male

[1] s. est.
[2] s. eius.

dydon   behreowsigende hi oncnawað ys soðlice   dædbot
gessérunt   paenitendo   cognoscunt;   Est autem paenitentia.
læcedom   wunde   hopa hæle þurh þa god to mild-
medicamentum uulneris?   spes salutis. per quam deus ad mise-
heortnysse ys geclypud seo na on tide ys awinsud ac on deop-
ricordiam prouocatur. quę non tempore pensatur. sed profun-
nysse wopes 7   teora   dædbot   soðlice naman onfeng
ditate fletus ac lacrimarum; Paenitentia autem nomen sumpsit
fram wite   on þam   sawl ys gecwylmed 7   ys adydd   flæsc
a   poéna.   quá   anima   cruciatur. et mortificatur cáro;
eft ys gecweden þa þe soðlice   dædbote   doð   þar æfter
Item   dicitur.   Qui   uero   pęnitentiam águnt.   próinde
loccas   7 beard   fedað   þæt hi geswuteliaɲ genihtsumnysse
capillos et bárbam nutriunt. ut   demónstrent   habundantiam.
leahtra mi þam heafud synfulles ys gehefegud loccas soðlice
criminum. quibus caput peccatoris granatur; Capilli enim
for leahtrum beoð underfangene eal swa hit gewriten ys mid loc-
pro   uitiis   accipiuntur.   sicut   scriptum est. crini-
cum   synna   hyra anre gehwylc byð gewriþen þurh hæran
bus peccatorum suorum unusquisque constringitur; Per cilicium
witodlice gemynd ys   synna   7 for þi on þam   dæd-
quippe recordatio est. peccatorum. et id circo in utróque paeni-
bote we doð ge þæt we on onbrydnysse hæran we oncnawan
tentiam ágimus.   ut et   in conpunctione cilicii cognoscamus
leahtras þa we þurh   gylt   adrugan   on dædbote witod-
uitia   quae per culpam commísimus; In paenitentia nam-
lice na swa ys to besceawigenne   gemet   tide   swa
que non tam   consideranda est   mensura temporis quam
sares swa micelum swa wæs on   yfel   hreosende modes
doloris;   Quanta   fuit in malum   abrupta   mentis
atihtincg swa micelum neod ys þæt si on lufe   estfulnyss
intentio.   tánta   necésse est. ut sit in dilectione deuotio;
twyfeald ys soðlice hreowsunge geomerung oþþe þænne we heo-
Dúplex est autem paenitentiae gémitus. uel dum   plángi-
fiað þæt we yfele   dydon   oððe þænne we na dydon þæt we
mus quod male   géssimus.   vel dum   non égimus quod
don   sceoldon   se soðlice soðe hreowsunge deð se þe ne
ágere debuerámus; Ille autem veram penitentiam ágit. qui nec
behreowsian forðgewitene forgymð ne þænne gyt behreowsi-
    penitére   preterita   néglegit. nec adhuc   peniten-

gende agylt gif god ys fram ytemystum gecyrrednyss betere
da committit ; Si bona est ab extremis conuersio. melior
swa þeah ys seo þe fcorr ær ende byð gedon þæt fram þysum
tamen est quae longe ante finem ágitur. ut ab hac
life orsorhlicur si gefaran on þysse worulde dædbote wyrc-
uita securius transeatur ; In hoc sæculo paenitentiam oper-
endum godes mildheortnyss hylpð on towerdum soðlice
antibus dei misericordia subuenit. in futuro autem
eallunga we na wyrceað ac gescead weorca ura we
iam non operamur sed rationem operum nostrorum pón-
gesettað nan georwenan scyl forgyfenysse þeah þe he abutan
imus ; Nullus desperare debet ueniam. etiámsi circa
ende lifes to dædbote si gecyrred gif we soðlice hreow-
finem uitae ad poenitentiam conuertatur ; Si enim peni-
sigende wyrðe gode dæda doð stiðnysse his on milt-
tendo digna deo acta gessérimus. seueritátem eius in cle-
sunge we awendað god se þe us yfele forþyldigað na
mentiam commutamus. deus qui nos malos tolerat. non
twy ys þæt he gecyrredum mildelice forgyfe swa swa
dubium est quod conuersis clementer ignóscat ; Sicut
soðlice hit na gedafenað gemunan synne willan swa neod ys
enim non oportet reminisci peccati affectum. sic necesse est
anra gehwylcne his on wepende gemunan synne
unumquemque suum in deflendo commemorare peccatum ;
ælc synn þurh dædbote onfehð wunde hæle
Omne peccatum. per poenitentiam récipit uúlneris sanitatem ;
naht soðlice wyrse þænne his gylt onenawan na ne bewepan
Nihil autem peius quam culpam agnoscere. nec deflére ;
on þysum life foran hreowsunge geopenað freohdom æfter
In hac uita tantum penitentie patet libértas. post
deaþe soðlice nan prengincge ys leaf behreowsigendum
mortem uero nulla correctionis est licentia ; Paenitentibus
godcund milts hylpð 7 þurh dædbote forgyfenyss
diuina clementia súbuenit. et per poenitentiam indulgentia
byð geseald wund geedleht latur byð gehæled æfter
datur ; Uulnus iteratum tárdius sanatur ; Secundum
adle to agyldenne ys læcedom æfter wunde to gegearwig-
morbum inpendenda [1] *est medicina. iuxta ulnus adhibén-*
enne synd læcedomas
da sunt remedia ;

[1] largienda.

sæde swyþe heard 7 þearle to besargienne ge-
Caesarius dixit. Ualde dúra et *nímium dolenda* con-
sceaft ys ælce ontihtincge 7 bigencg lichaman agyldan
ditio est. *omnem intentionem* et *studium corporis inpíndere*[1].
7 wæstm na onfon æfter geswince segð soðlice sum
et *fructum non recipere post laborem ; Dicit enim aliquis.*
þænne ic to ylde cume þænne to dædbote læcedomum
cum ad senectutem uénero ? tunc ad poenitentiae medicamenta
ic fleo for hwi þæt be hyre tyddernyss mennisc gebrist-
confúgiam. quáre hoc de sé fragilitas humána presú-
læce þænne heo ænne dæg lifes hyre on anwealde næfð
mat. cum unum diem uitae suae in potestate non habeat ?
unrihtwisnysse soðlice ure gif we oncnawað god for-
Iniquitatem enim nostram si nos agnóscimus deus ig-
gyfð mænige soðlice hi gelyfdon lange timan lybban 7
nóscit ; Multi enim sé credebant lóngo tempore uíuere et
swa hi deað færlic ætbræd þæt hi na to þære hwilend-
ita illos mors repentína subtraxit. ut nec ad illam momen-
re mihtan dædbote becuman we forsceamiað nu
táneam potuissent pęnitentiam peruenire ; Erubéscimus modo
on lytlum timan dædbote don 7 we na ondrædað butan
páruo tempore paenitentiam ágere. et *non timémus sine*
ælcum ende ece suslu þolian se þe soðlice for
ullo termino aeterna supplica sustinére ; Qui enim pro
synnum him sylfum na arað god raðe him forgyfenysse
peccatis sibi ipsi non párcit. deus cito illi indulgentiam
sylð
tribuit ;

X.

be forhæfednysse.
De Abstinentia.

drihten segð on godspelle eadige þa þe hingriað 7
Dominus dicit in aeuuangelio. Beati[2] *qui esúriunt* et
þyrstað rihtwisnysse for þi þe hi beoð gefyllede
sitiunt iustitiam. quoniam ipsi saturabuntur ;
se þe ytt na etende
Paulus apostolus dixit. Is qui manducat. non manducántem

[1] i. uti. [2] s. sunt.

na forhogige 7 se þe na ytt etende na deme
non spérnat. et qui non manducat. manducantem non iúdicet.
se þe soðlice ytt drihtne he ete þancas soðlice he do
qui enim manducat. domino manducet. gratias enim ágat
gode 7 se þe na ytt drihtne he ete 7 þancas he do
deo. et qui non manducat domino mandúcet et gratias ágat
gode ælc gesceaft godes god 7 naht to forwyrpenne þæt
deo; Omnis creatura dei[1] bona. et nihil reiciendum; Quod
mid þanca dæde byð onfangen si gehalgud soðlice þurh
cum gratiarum actione percipitur. sanctificetur enim per
word godes 7 gebed
uerbum dei et orationem;

  sæde rihtwis ytt 7 he gefylð sawle his
Salomon dixit. Iustus comedit et réplet animam suam.
wamb soðlice arleasra ungefyllendlic sawl gefylled trytt
uénter[2] autem impiorum insatiabilis; Anima saturáta calcabit
beo-bread sawl hingriende eac biter for swetum he nimð
fáuum[3]; anima esuriens et amárum pro dulce súmit;
se þe forhæbbende ys he togeycð him if
Qui abstinens est. adiciet sibi uitam;

  sæde geþanc metta on idelnysse geweregud
Agustinus dixit. Méns cibórum inanitáte lassata[4]
ne forspilð gebedes strencðe naht framað callum dæge lang
non perdit orationis uigórem; Nihil pródest totu die lóngum
adreogan fæsten gif æfter þam metta oferfylle oððe ofermicelnysse
dúcere ieiunium. si póstea cibórum satietate uel nimietate
sawl byð ofersymed sy eornostlice gemedemud æt metes 7 ge-
anima obruatur; Sit ergo temperatus cibus éscae? et in-
leht lichaman ures corðe þornas galnyssa na cenð
rigata corporis nostri terra. spínas libídinum non germinabit;
swylc ys flæsc þæt æfter manegum dagum onfehð mete eall swylc
Qualis est cáro quae post multos dies percipit cibum. talis
ys sawl seo na sinngallice byð fed mid godes worde oft
est anima quę non assidue páscitur dei uerbo; Item
ys gecweden se þe na· mæg fæstende hine gehælan he mæg
dicitur. Qui non potest ieiunándo se curáre. pótest
mid ælmyssan alysan god hit ys fæstan ac selre ys
elemosina redimere; Bonum est. ieiunáre. sed melius est

[1] s. est. [2] s. est. [3] hunigcamb. [4] fatigata.

ælmyssan syllan for þi ælmyss genihtsuma ð butan fæstene
elemosinam dáre. quia elemósina sufficit sine ieiunio.
fæsten na genihtsum(að) butan ælmyssan fæsten mid ælmys-
ieiunium non sufficit sine elemósina; Ieiunium cum elemo-
san twyfeald god ys fæsten soðlice butan ælmyssan
sina duplex bonum est. ieiunium uero sine elemosina
nan god ys swylc ys fæsten butan ælmyssan
nullum bonum est; Tale est ieiunium sine elemosina.
swylc ys butan ele blacern swa swa blacern þe butan ele
qualis[1] *sine óleo lucérna; Sicut lucerna quae sine oleo*
byð onæled smeocan mæg leoht habban na mæg swa
accénditur fumigáre pótest lucem habére non pótest ? ita
fæsten butan ælmyssan flæsc witodlice hit cwylmð ac
ieiunium sine e'emosina carnem quidem crúciat. sed
soþre lufe mid leohte sawle na onliht
caritatis lumine animam non inlústrat;
sæde fæstene gemetegude scylon beon þæt hi na
Hieronimus dixit. Ieiunia moderáta debent ésse. ne
þearle geunhaelan maga for þi gehwæde 7 gemetegud
nimis debilitent stómachum. quia módicus et temperátus
mete flæsce 7 sawle nytlic ys fætt wamb na acenð
cibus carni et animę utilis est; Pínguis uénter non gignit
andgyt gehwæde full wamb cþelice be fæstenum cniтað
sensum tenuem[2]. *plenus uénter fácile de ieiuniis dísputat;*
betere ys soðlice magan sargian þænne geþanc swa micel
Melius est enim stómachum doler(e) quam mentem; Tantum
þe fæsten ongesete swa micel swa þu forberan miht micele
tibi ieiunium inpóne. quantum férre pótes; Multo
betere ys dæghwamlice lytel þænne seldan genoh niman
melius est cotidie párum quam ráro sátis súmere;
ren se selost ys gif he na oferflowendlic nyþerastihð on
Pluuia illa optima est si non supérflue descendat in
eorþan 7 færlic 7 swiðlic storm on hryre landu forhwyrfð
terram? subitusque et nímius imber in préceps árua subuertit;
on þam eac wyrtum onblawende gehwylce 7 hefige to for-
In ipsis étiam leguminibus inflantia quaéque et gráuia decli-
bugenne synd 7 naht þu wite gelædan cristenum geon-
nanda sunt ? nihílque scias conducere christiánis ado-

---

[1] s. est. [2] i. subtilis.

gum swa mete wyrtena 7 bryne lichamena mid cealdrum
lescentibus ut aesum holerum? ardórque corporum frigidioribus
estum to temprigenne ys wel manega lif clæne gyrnende
æpnilis temperandus est; Nonnulli uitam pudicam appetentes
on middan wege hi sceallað þænne hi þa ane forhæfednysse
in medio itinere córruunt. dum solam abstinentiam
flæsca berað 7 mid wyrtum hi symað magan naht
cárnium pórtant. et leguminibus ónerant stómachum; Nihil
swa onælð 7 tinclað lima gecyndlima þænne gemylt
sic inflámmat et titillat membra genitália. quam indigéstus
mete fyl tobrocen fyl 7 alocen fyl spær mete 7
cibus ructásque [1] *conuúlsus* [2] *? Párcus cibus et*
symle wamb hingrigende mid þryfealdum fæstenum byð fore-
semper uénter esúriens. triduánis ieiuniis prǽfer-
boren andgyt þenunge gearwigende gode þyhð symle 7
tur; Sensus officium exhibens deo. úiyet semper et
þynne hit byð fæstenu wæcceau ælmyssan 7 oþre þus gerade
tenuis fit; Ieiunia. uigiliae. elemosinae. et cętera huiusmodi
geicean god ure scylon na oferhelian synne se for-
augére bonum nostrum debent non ueláre peccatum; Ille áb-
hæbbende wer to gelyfenne ys se þe leahtra ealra fri
stinens uir credendus est. qui uitiorum omnium liber
seworden ys na soðlice to getellene ys forhæfednyss þar
effectus est; Neque enim reputanda est abstinentia? u-
þar byð wambe fyll æftersyligende lima his þa
bi fuerit uentris satúritas subsecúta; Membra sua quae
gynd ofer corþan hi cwylmað þænne oferwenodne lichaman
sunt super terram mortificant. quando insolens corpus
fæstena mid grædertangnysse þreageað naht ongean forhæf-
ieuniorum continuatione castigant; Nihil contra absti-
ednysse doð þa þe win næs for druncennysse ac þæt an
nentiam faciunt? qui uinum non pro ebrietate. sed tantum
for lichaman hæle onfohð ne þæt him bringð willa
pro corporis salute percipiunt? nec hóc eis óffert uoluntas.
ac geþafað sco untrumnyss forhæfednyss metta ana na
sed permittit infirmitas; Abstinentia cibórum sóla non
genihtsumað butan weorcu gode hyre beon geþeodde
sufficit. nisi opera bona ei iungantur;

---

[1] i. egestus.   [2] i. disruptus.

LIBER SCINTILLARUM. 53

     fæde ma ys soðlice wordes mid fodan liflic
Gregorius dixit. Plus est enim uerbi pábulo uictúram
on ccnysse geþanc gercordian þænne wambe sweltendlices
*in perpetuum mentem reficere. *quam *uentr*em *moritúrę*
flæsces eorðlicum hlafe gefyllan mid mete lichama byð gefedd
carnis terréno páne satiáre; Cibo corpus páscitur.
mid arfæstum weorce gast byð gefedd forhæbbende 7 wiþer-
    pio opere spiritus nutrítur; Abstinentes et arro-
werde mid forhæfednysse witodlice lichaman hi gewæceað ac
gántes abstinentia quidem corpus afficiunt: sed
þurh gewilnunga gyfernysse middanearde hi þeowiað þænne
 per desideria gúlae   mundo séruiunt; Cum
geþanc na to bebodum soðre lufe byð atiht gewiss ys butan
mens non ad precepta caritatis tínditur. restat procul
tweon þæt þurh forhæfednysse flæsc si gehlænsud na soðlice
dubio ut per abstinentiam cáro maceretur; Non enim
gode ac him sylfum gehwylc fæst gif he þa þe he to tide
deo sed sibi quisque ieiunat. si ea quae ad tempus
wambe ætbryt na onæhtum sylð ac wambe æfter þam
uéntri súbtrahit. non inópibus tribuit. sed uéntri póstmodum
to bringenne gehealt to mynigende synð forhæbbende þæt
offerenda custodit; Ammonendi sunt abstinentes ut
hi witan þæt þænne gelicigende gode forhæfednysse tobringað
nóuerint quia tunc placentem deo abstinentiam ófferunt.
þænne hi þa þe hi him of fodum ætbredað behofigendum
*cum ea quae sibi de alimentis súbtrahunt indigentib*us
beoð forgyfene
 largiuntur;

       fæde þa þe soðlice fram mettum forhabbað 7
Isidorus dixit. Qui enim a cibis ábstinent et
hi þwyrlice doð deoflu hi geefenlæceað þa soðlice fram
 práue águnt démones imitantur; Illi autem a
mettum wel forhabbað þa fram yfelum dædum oððe fram
cibis bene ábstinent. qui a malis actibus uel a
middaneardes gyrninge fæstað of mettum soðlice galnyss
 mundi ambitione ieiúnant; Escis enim libído
wyxt mid fæstene galnyss byð oferswiþed þæt ys fullfremed
crescit. ieiunio luxúria superatur; Hoc est perfectum
7 gesceadwislic fæsten þænne ure mann uttra fæst
et rationabile ieiúnium. quando noster homo extérior ieiúnat.

 †

se iura gebitt þurh fæsten eac swylce diglu geryna
intérior orat; Per ieiunium étiam occulta mysteriorum
beoð onwrigene 7 godcundes haligdomes diglu beoð geopenude
reuelantur. diuinique sacramenti archána pandúntur;
fæstenu strange flana synd ongean costunga deofla
Ieiunia fórtia téla sunt aduersus temptamenta daemoniórum.
raþe soðlice þurh forhæfednysse beoð ofercumene unclæne
cito enim per abstinentiam deuincántur; Inmundi
soðlice gastas þar ma onstandað þær þar hi swyþor geseoð
enim spiritus. ibi máyis insistunt? ubi plus uiderint
mete 7 drenc flæsc soðlice þænne hit god þyrst þænne hit
éscam et pótum; Caro enim tunc deum sitit. quando
þurh fæsten forhæfð 7 fordruwað forhæfednyss geliffæstað
per ieiunium ábstinet et aréscit; Abstinentia uiuíficat
gemetegude 7 heo ofslyhð oferflowendlice heo geliffæst sawle
moderáta. et occidit superflua. uiuíficat animam.
lichaman heo acwelð sume ungeleaffullice forhabbað þæt
corpus nécat; Quidam incredibiliter ábstinent. ut
mannum carfullum na forhæfednysse willan fram æte flæsca
homínibus curiósis non abstinentiae uóto. ab ésu cárnium
hi behatað þa swyþor to onscunigenne synt forþi godes
se suspendant[1]*? hí pótius execrándi sunt quia dei*
gesceafte brycum menniscum forgyfene awyrpað byð forhogud
creaturam úsibus humánis concéssam reíciunt; Spernitur
soðlice fæsten þæt on æfene mid gefyllednysse metta
enim ieiunium. quod in uespera repletione cibórum
byð gereord byð forhogud fæsten þæt on æfen estum
reficitur; Spérnitur ieiunium quod in uesperum deliciis
hyð ameten ealne soðlice dæg estas on geþance grunað
conpensátur; Tota enim die aépulas in cogitatione rúminat.
se þe to gefyllene gyfernysse to æfenne him estas macað
qui ad expléndam gúlam ad uespera sibi dilicias préparat;
lichaman unhælð ormæte eac mægenu sawle tobrycð 7 ge-
Corporis debilitas nimia étiam uires animę frángit. men-
þances ingeþanc deð adrugian ne hit na framað aht godes
tisque ingénium facit marcéscere. nec ualet quicquam boni
þurh wanhælðe gefremman swa hwæt soðlice on hyþe 7
per inbecillitatem perficere; Quicquid enim cúmmódo et

[1] i. polliceantur.

on temprunge byð halwende hit ys swa hwæt soðlice þearle 7
temperamento fit? salutare est; Quicquid autem nimis et
ofer gemet ys ewyldbære hit byð 7 bigeneg his on
ultra módum est. perniciosum fit. studiumque suum in
wiþerædnysse went lichama soðlice þæne þe forhæfednyss
contrarium uértit; Corpus autem quod abstinentia
tobryeð costung na bernð swa swa ealle flæsclice grædignyssa
frangit. temptatio non úrit; Sicut omnes carnales cupiditates
mid forhæfednysse beoð forcorfene swa ealle sawla mægenu
abstinentia resecantur. ita omnes animę uirtutes.
ettulnysse mid leahtre beoð toworpene na soðlice ænig
aeducitatis uitio destruuntur; Neque enim quispiam
mæg mægen fullfremednysse æthrinan butan he ær wambe
potest uirtutem perfectionis attingere. nisi prius uentris
gewylde oferfylle
edomáuerit ingluuiem;
na wel we magan wacian þænne mid estum
Basilius dixit. Non bene póssumus uigiláre. cum dápibus
byð wamb gesymed wæccum hoga geþeodan fæstenu þæt þu
fuerit uenter onústus; Uigíliis stúde copuláre ieiunia. ut
on eallum mægenum scinan mage swa horsum midlu synd
cunctis uirtutibus floréré possis; Sicut equis fréna sunt
on to asettenne swa heortan ure mid fæstene synd to gemidlig-
inponénda. ita corda nostra ieiunio sunt fren-
enne mettas soðlice manega na þæt an heortan ure ac
anda; Escę enim plurime. non solum corda nostra? sed
eac lichaman 7 sawle hi deriað naht na framað wambe
etiam corpus et animam ledunt; Nihil pródest uentrem
fram mettum acwellan 7 þa sawle offeallan mid þolungum
ab éscis necáre. et animam obrúere passionibus;
swylene þe gegearwa la bearn þænne þu wylle fæstan þæt þænne þu
Talem té exhibe fili cum uolúeris ieiunáre. ut cum
þe fram mettum forhæf(st) forhæbbe eac tungan þine fram
te a cibis ábstines. abstineas et linguam tuam ab
unalyfedum wordum lichaman uton began mid fæstenum 7
inlicitis uerbis; Corpus exerceamus ieiuniis. et
geþanc uton afeormigean fram leahtrum to wacigenne soðlice
mentem purgemus a uitiis; Ad uigilandum autem
micelum fæsten framað swa swa soðlice cempa mid micelre
multum ieiunium pródest; Sicut enim miles cum plurimo

byrþene gebefegud byð gelett to gefeohte swa eac byð gelett
ònere præyrauátus impeditur ad bellum. ita et impeditur
munuc to wæcceum þænne he metta mid cystignysse wealð
monachus ad uigilias. cum aescárum laryitate feruéscit ;
oft soðlice þurh metta grædignysse beoð tobrocene magan
Sépe enim per cibórum auiditatem[1]*. franguntur stómachi*
mægenn eac swylce genihtsumnysse blodes 7 dropena 7
uires. nec non abundantiam sanguinis et colerárum et
manega seocnyssa metta of rumgyfulnysse we þoliað
plurimas egritudines escarum laryitate patimur:

hwæt framað gif we flæsc ure mid fæstenum
Caesarius dicit. Quid pródest si carnem nostram ieiuniis
7 mid wæccum we swencean 7 geþanc ure na gebet-
et uigiliis adfligámus? et mentem nostram non emen-
an oððe þa þe inran synd na hælan on gegaderung-
demus? aut quae interióra sunt non curémus? In conlationi-
um ys gecweden swa micelne him sylfum mete anra gehwylc
bus dicitur. tantum sibi cibum unusquisque
gyfe swa underwreþung lichaman na swa micel swa
concedat. quantum[2] *sustentatio corporis. non quantum*
gewilnung flæsces gyrnð þa þe oferswyþe mettum brucað
desiderium carnis exposcit; Qui nimium cibis utuntur.
swa micele swyþor wambe gewæceað swa micele ma hi an-
quantómagis uentrem corrúmpunt. tantómagis sen-
gyt astyntað on life yldryna ys gecweden swa swa
sum obtúndunt; In uita patrum dicitur. Quemádmodum
soðlice lig bearnð holt calswa gesihð yfele ncwencð
enim flámma conbúrit siluam. sic uisiones malas extinguit
hungor se þe forhæfð innoð his he lytlað leahtras witodlice
esúries; Qui cóntinet uentrem suum. minuit uitia ; Nam
se þe byð oferswyðed fram mettum he geeacnað leahtras fod-
qui uíncitur ab éscis. augméntat uitia ; Incre-
a fyres holt 7 foda wambe mete micel treowu
mentum ignis silua[3]*. et incrementum*[4] *uentris esca multa ; Ligna*
micele micelne uppahebbað lig genihtsumnyss soðlice
multa magnam extóllunt flámmam? abundantia autem
metta felt gewilnunga yfele lig byð glytlud
escarum nútrit desideria mala ; Flamma minúitur defic-

[1] i. per aunritiam.   [2] s. exposcit.   [3] s. est.   [4] s. est.

igendum holte 7 metta gelytlung forscrincan deð gewilnunga
iúnte silua. et escárum indigentia[1]. marcescere facit desideria
yfele gewilnung metes cenð unhyrsumnysse 7 byrgincg
mala; Desiderium escę genuit inoboedientiam. et gústus
swete utanydde of neorxena wonge manega mettas gegladiað
suáuis expulit de paradiso; Multę escę deléctant
gyfernysse hi sedað soðlice wyrm forligre æmtig
gúlam. nútriunt autem uérmen fornicationis? uácuus
innoð on gebede wacian deð witodlice se þe gefylled ys
unter in oratione uigiláre facit. nam qui repletus est
slæp ongebrincð hefigustne swa swa soðlice lig
somnum infert grauissimum; Sicut enim flámmam
fyres on ceafa yrnende æthabban ys uneaþelic swa eac
ignis in páleas currentem retinére est impossibile? sic et
galnysse onraes byrnende innoþe gefylledum æthabban ys
libidinis impetum ardéntem ventre satiato retinére est
unmihtelic æþm recelses gefylð lyfte 7 gebed forhæb-
impossibile; Vápor timiámatis replet áerem. et oratio[2] absti-
bendis stenc drihtnes gemet gedafenlic gefylð fæt
nentis odoratum domini; Mensúra conpetens replet uás.
wamb soðlice tobrocen na segð genoh ys þolunga eac swylce
unter uero disrúptus non dicit sufficit; Passiones étiam
7 leahtras lichaman ure gif mid hungre fæstena 7 wæc-
et uítia corporis nostri si fáme icuniorum ac uigi-
cena mid geswince beoð ahlænsude þænne wiþerwenneua ura
liárum labore macerentur? tunc aduersariorum nostrorum
deofla byð genyþerud mægen
démonum humiliatur uirtus

XI.

be forlætendum worulde.
De Relinquentibus saeculum.

segð on godspelles ælc se þe forlætt hus
Dominus dicit in aeuuangelio. Omnis qui reliquerit domos
oððe gebroþru oððe geswystra oððe fæder oððe modor oððe
uel fratres aut sorores. aut patrem. aut matrem. aut

---

[1] i. paucitas.   [2] s. repplet.

wif oððe bearn oððe dohtra oððe æceros for namen
uxorem. aut filios. aut filias. aut ágros propter nomen
minum hundfealdlic he onfehð 7 lif ece he ah
meum? céntuplum accipiet. et uitam aeternam possidebit;
   se apostol sæde nelle ge beon geedhiwode þissere
Paulus apostolus dixit. Nolite conformári huic
woruldre ac beoð geedhiwode on niwnysse andgytes eowres þæt
saeculo. sed reformamini in nouitate sensus uestri. ut
ge afandian hwæt sy willa godes god 7 wel gecweme 7
probétis quę sit voluntas dei bona et béne plácens et
fullfremed þa þe brucað þysum middanearde swylce hi na
perfecta; Qui utuntur hoc múndo. tamquam non
brucan
utántur
   se apostol sæde swa hwylc eornostlice wyle freond
Iacobus apostolus dixit. Quicunque ergo uolúerit amicus
beon worulde þissere feond godes byð geset
esse saeculi huius inimicus dei constitúitur;
   sæde gecyrr to gode 7 forlæt synne þine
Salomon dixit. Conuertere ad deum et relinque peccata tua;
   sæde synd sume þa epelicur ealle hyra
Agustinus dixit. Sunt quidam qui facilius omnia sua
þearfum godes todælað þænne þæt hi þearfan godes
pauperibus dei distribuunt. quam ut ipsi pauperes dei
gewyrþan
fiánt;
   sæde mænige ongunnenum soðfæstnysse wege
Hieronimus dixit. Multi coépta ueritatis uia
gehæfte worulde lustum of middum siðfæte beoð ongean-
cápiti saeculi uoluptatibus. de medio itinere reuertun-
gecyrrede epelicur woruld þænne lust byð forhogud
tur; Facilius saeculum. quam uoluptas contémnitur;
mænige welan forlætende leahtras hi na forlætað yfel hit
Multi diuitias relinquentes. uitia non relinquunt; Malum
ys þæt we na on þam bigenege þeowiað on þam þe we begytene
est. quod non in eo studio seruimus. quo quęsita
seceað anra gehwylc þæs weorcu þe he deð þæs sunu
quaerimus; Unusquisque cuius opera ágit. eius filius
he ys genemned crist fylian gewilnigende gif þu hæfst on
appellatur; Christum séqui cupiens si hábes in

LIBER SCINTILLARUM. 59

gewealde þincg þin becyp gif þu soðlice næfst of micelre
potestate rem tuam uénde. si uero non habes mágno
byrþene alysed þu eart eall soðlice gode sealde se þe hine
ónere liberatus es; Totum enim deo dedit. qui se
sylfne brohte eaþelice forhogað ealle þe hine sylfne symle
ipsum óptulit; Fácile contempnit omnia qui se semper
beon þencð sweltenne se þe wyle beon fulfremed mæn-
ésse cógitat moriturum; Qui uult esse perfectus. multitu-
igeo manna þenunga 7 gretinga 7 gebeorscipas swylce
dines hominum officia et salutationes et conuíuia quási
racetan forfleo lusta ic wolde þæt þæt we wiðsacan
caténas fugiat uoluptátum; Utinam quod renuntiámus
worulde willa si na neod nacodne crist nacode
sæculo. uoluntas. sit non necéssitas; Núdum christum. núdum
rode cristes folga drihten ma segð sawla gelyf-
crucem christi séquere; Dominus mágis quærit animas creden-
endra þænne æhta
tium quam ópes;

se þe wyle god agan wiðsace middanearde
Ambrosius dixit. Qui uult deum possidére. renuntiet mundo.
þæt si him god eadig æht se na wiðsæcð middanearde
ut sit illi deus beata possessio; Is non renuntiat mundo.
þam eorðlicre æhte geglaðað gyrnincg þænne his agene
cúi terrénae possessionis delectat ambitio; Dum súa
gehwylc na forlæt middanearde þæs godu hæfð
quísque non relinquit? mundo cuius bona rétinet
þeowað
séruit;

sæde se þe heofenlices lifes swetnysse on swa mic-
Gregorius dixit. Qui caelestis uitæ dulcedinem in quan-
elum swa his miht geþafað fullfremedlice oncnæwð þa þe he
tum possibilitas admittit perfecte cognóuerit. éa quæ
on eorþan lufode lustlice ealle forlæt swa hwylc wit-
in terris amáuerat libenter cuncta derelínquit; Quísquis igi-
odlice eallunga ece lif oncneow mid his mode
tur iam aeternam uitam cognouit. apud eius animum
tidlice wæstmas waciað adrige eornostlice fylþ þwyres weorces
temporales fructus uiléscunt; Térgat ergo sordes praui operis;
se þe gode gearwað hus modes gecorenne soðlice swa to
qui deo préparat domum mentis; Elécti enim sic ad

godum efstað þæt eac hi to yfelum to gefremmene na ongean-
bona tendunt. ut ad mala perpetranda non red-
gehwyrfan se þe soðlice þæt he fullice mæg don he deð fullice
eant; Qui autem quod plene potest ágere ágit. plene
þæt god behet he onfehð micele ge forlætað gif gewilnunga
quod deus promisit accipiet; Multa relinquitis. si desideria
flæsces ge wiðsacað uttran witodlice ure drihtne þeah
carnis renuntiatis; Exteriora etenim nostra domino quám-[1]
þe hi syn gehwæde genihtsumað heorte witodlice 7 na spede
libet párua sufficiunt. cor namque et non substan-
awinsað ne he na understynt hu micel on his offrunge
tiam pénsat? nec perpéndit quantum in eius sacrificio.
ac of hu micelum beo forðræht rice godes swa micelum
sed ex quánto proferatur; Regnum dei tantum
framað swa micel swa þu hæfst þa þe god lange þæt hi ge-
uálet quántum habes; Quos deus diu ut con-
cyrran forþyldigað na gecyrrede heardlicur he genyþerað
uertantur tolerat? non conuérsos dúrius damnat;
ceapas þa mid synna befealdað to þam neod ys þæt æfter
Negotia quae peccato implicant ad haec necésse est ut post
gecyrrednysse mod na ongeanyrne geswincfulnyss nys menn
conuersionem animus non recúrrat; Laboriosum non est homini
forlætan his ac swyþe geswincfull ys forlætan hine sylfne
relinquere sua. sed ualde laboriosum est relinquere semetipsum
læsse witodlice ys wiðsacan þæt he hæfð swyþe soðlice micel
Minus quippe est abnegare quod habet. valde enim multum
ys wiðsacan þæt hit ys naht us framað wiðsacinceg lic-
est. abnegare quod est; Nihil nobis prodest abrenuntiatio cor-
haman butan wiðsacincge geþances synd wel mænie þa forhog-
poris. sine abrenuntiatione mentis; Sunt nonnulli qui des-
edum flæsces gewilnungum calle forlætan þurhsmeageaþ ac
pectus carnis desideriis cuncta relinquere pertractant. sed
þænne afeallan eac oþre æfter godes weorces angynnum hi
cum cecidisse étiam alios post boni operis initia con-
besceawinð þæt sylfe don. þæt hi asmeadan aforhtiaþ
spíciunt. hoc ipsum fácere quod deliberauerunt pertiméscunt;
ænde nanum þu hoga gelici(an) on life þinum buton
Basilius dixit. Nulli stúdeas placére in uita tua. nisi

---

[1] s. sint.

gode sylfum swa swa soðlice þa þe campiað cyninege corðlicum
deo soli; Sicut enim qui militant regi terreno
eallum hæsum his hi hyrsumiað swa eac þa þe campiað
omnibus iussis eius oboediunt. sic et qui militant
cyninege heofenlicum scylon gehealdan bebodu heofenlice cempa
regi caelesti debent custodire precepta celestia; Miles
corðlic ongean feond gesewenlicue færð to gefeohte mid þe
terrena contra hostem uisibilem pergit ad bellum. tecum
soðlice feond ungesewerlic dæghwamlice winnende na
uero hostis inuisibilis cotidie dimicando non
geswicð
desinit;

    sæde neod ys ælcum gecyrredum þaet æfter
Isidorus dixit. Necesse est omni conuerso ut post
ege arisan to sopre lufe godes scyle swa swa bearn
timorem consurgere ad caritatem dei debeat quasi filius.
þæt he na symle under ege liege swa swa þeow fruman
ne semper sub timore iaceat quasi seruus; Primordia
gecyrredra geswæsum gehlypende[1] synd gemetum þaet hi na gif he
conuersorum blandis refouenda[2] sunt modis ne si
fram stiðnesse ongynnan aferede to ærran slidum ongeanyrnan
ab asperitate incipiant exterriti ad priores lapsus recurrant;
se þe soðlice gecyrredne buton liðnysse. lærð wiðerian
Qui enim conuersum sine lenitate erudit exasperare
ma þænne þreagean cann se soðlice fulfremed ys se þe
potius quam corrigere nouit; Ille enim perfectus est. qui
þissere worulde ge lichaman ge heortan todæled is. mænige
huic saeculo et corpore et corde discretus est; Multi
soðlice æfter gecyrrednesse eac nellende styrunege galn-
enim post conuersionem. etiam nolentes motum libidi-
ysse þoliað þaet swa þeah to genyþerunge na forþyldigiað
nis sustinent. quod tamen ad damnationem non tolerant
ac to fandunge nytlic ys gode(s) þeowe æfter gecyrrednysse
sed ad probationem; Utile est. dei seruo post conuersionem
beon gecostudne þæt fram slæwþe gymeleaste
temptari. quatinus a torpore negligentiae sollicitantibus[3]
leahtrum to mægenum mod for embegange gegearwige
uitiis ad uirtutes animum pro exercitium preparet

[1] oððe gehyrtende oððe gehyðiggende.   [2] conuertanda.
[3] i. incitantibus.

leahtra þa þe worulde lufigendum leofe synd halige
uitiorum ; Ea quae saeculi amatoribus cara sunt. sancti
swylce wyþerwyrde forflcoð 7 swyþor on wiþerwerdnyssum
uelut aduersa refugiunt: plúsque aduersitatibus
middaneardes hi geblissiað þanne hi on gesundfulnyssum
mundi gaudent. quam prosperitatibus
gegladian þeowum godes ealle þyses middaneardes wiþerræde
delectentur; Seruis dei cuncta huius mundi contraria
synd þæt þænne hi þas wiþerwerde ongytað to heofonlicre
sunt. ut dum istá aduersa sentiunt: ad caeleste
gewilnunge hatlice beoð aweahte micel mid gode scinð
desiderium ardentius excitentur; Magna apud deum refulget
gyfu se þe þysum middanearde forhogigendlic byð witodlice
gratia. qui huic mundo contemptibilis fuerit; Nam
to soðan þi neod hit ys þæt þæne þe middaneard hatað si gelufud
reuera necesse est ut quem mundus odit diligátur
fram g(ode) haligum werum on þisum middanearde eardungstow
a deo; Sanctis uiris in hoc mundo tabernaculum
nys þam þe eþel 7 hus on heofene ys þa þe soðlice
non est. quibus patria et domus in cęlo est; Qui enim
þisne middaneard lufiað gedrefedum his 7 carfulnyssum
hunc mundum diligunt. turbulentis[1] *eius curis et sollicitudinibus*
beoð gedrefede halige weras worul(de) wiðsacende swa hi
conturbantur; Sancti uiri saeculo renuntiantes. ita
þisum middanearde sweltað þæt hi sylfum gode lybban
huic mundo moriuntur. ut soli deo uiuere
hi beon gelustfullode swa micelum soðlice swa halige fram þissere
delectentur; Quanto enim sancti ab huius
worulde drohtnunge hi ætbrydaþ swa micelum inlices modes
saeculi conuersatione sé súbtrahunt tanto internę mentis
mid ecge andwerdnysse godes 7 engla geferrædeunne gelom-
ácie. presentiam dei et anglorum societatis fre-
læcinege besceaw(iað) gif swa gehwylc wiðsace þam þe
quentiam contemplantur; Si ita quisque renuntiat quibus
he age eallum þæt his he na wiðsace þwyrum þeawum
possidet omnibus ut suis non renuntiet prauis moribus:
nys cristes leorning cniht se þe soðlice wiðsæcð . . . . .
non est christi discipulus; Qui enim renuntiat rébus[2]

---

[1] i. peruertentibus.   [2] possessionibus.

his be forsæcð se þe soðlice wiðsæcð þeawum þwyrum hinc
sua ábnegat ? qui uero renuntiat moribus prauis. se
sylfne wiðsæcð feorr witodlice fram gode ys mod þam þe
ipsum abneyat ; Lónge quippe a deo est animus. cui
gyt þiss lif swete ys mænige gewilniað midfleon to gyfe
adhuc haec uita dulcis est ; Multi cupiunt conuoláre ad gratiam
godes ac hi ondrædað þolian forgclustfullunge middaneardes
dei ? sed timent curíre oblec!amento mundi.
forðclipað witodlice hi lufu cristes ac ongenclipað grædignyss
próuocat quidem eos amor christi. sed réuocat cupiditas
worulde þrim gemetum bregð god menn þaet hi huru
saeculi ; Tribus módis térret deus homines ut uel séro [1]
beon gecyrrede and þanon ma forsceamian þaet hi swa lange
conuertantur. atque inde magis erubescant. quod tám diu
geanbidedan þæt hi ongeangehwurfan witodlice nu mid þiwracum
expectati sunt ut redirent. Nam nunc minis ?
nu mid witum nu mid onwrigenessum sume slyhð þæt
nunc plagis. nunc reuelationibus quósdam cóncutit. ut
þa þe sylfwilles beon gecyrrede forscoð astyrede mid ogan
qui uoluntate conuerti despiciunt commóti terroribus
beon geþreade þænne soðlice lufe ure drohtnunge
corrigantur ; Tunc enim amorem nostrę conuersationis
we ætywað gif drihten swa swa fæder we lufiað þæne
osténdimus ? si dcm:num ut patrem dilígimus. quem
we ær mid þeowetlicum mode soðlice swa swa drihten we
prius seruili mente uere ut dominum
forhtodan
formidabámus ;

sæde naht na framað þæt we þas stowe
Caesarius dixit. Nihil prodest quod istum locum
we gyrnað gif we swylce her synd swylce we on worulde
expétimus. si tales hic sumus quales in sæculo
beon mihtan on lyfe yldryna ys gecweden se þe lufað
esse poterámus ; In uita patrum dicitur. Qui diligit
worulde byð geunrotsud micelum forhogigende soðlice þa
sęculum tristabitur plurimum. contemnens autem quae
on þære synd geblissað symle on hec ys gecweden
in eo sunt. letabitur semper ; In libro clementis dicitur.
earfoðe ys færlic wendincg langre soðlice tide gif lytlan
difficilis est súbita permutatio. longo autem tempore si paulátim

---

[1] i. tarde.

gewune beoð geswine hit na byð for þi þe of gewunan hit com
adsueti fiant labor non erit quia ex usu uenit;
na secð fram þe god feoh ac sawle mildheorte
Non querit a te deus pecuniam. sed animam misericórdem
7 arfæst geþanc
et piam meritem

XII.
be ege.
De timore.

drihten segð on godspelle. nelle ge ondrædan þa þe
Dominus dicit in aeuuangelio. Nolite timére eos qui
ofsleað lichaman sawle soðlice hi na magon ofslean ac
occídunt corpus animam autem non possunt occídere? sed
swyþor þæne ondrædað se þe mæg sawle 7 lichaman for-
potius eum timete qui potest animam et corpus pér-
spillan on helle
dere in gehennam;

se apostol sæde on ege cowre on timan
Petrus apostolus dixit. In timore incolatus[1] *uestri tempore*
beoð gecyrrede oþþe drohtniað god ondrædað cyning wyrþiað
conuersamini. Deum timete. regem honorificate.
beseeawigende on ege clæne drohtnunge cowre
considerantes in timore castam conuersationem uestram;

se apostol sæde na soðlice ge onfengon gast
Paulus apostolus dixit. Non enim accepistis spiritum
þeowdomes eft on ege ac ge onfengon gast gewyscinege
seruitutis iterum in timore. sed accepistis spiritum adoptionis
bearna on þam we clypiað þæt ys fæder þancas donde
filiorum in quo clamamus ábba pater. Gratias agentes
symle for eallum on naman drihtnes ures hælendes cristes
semper pro omnibus in nomine domini nostri iesus christi.
gode 7 fæder underþeodde gemænelice on ege cristes
deo et patri subiecti inuicem in timore christi.

sæde angynn wisdomes ege drihtnes ondræd
Salomon dixit. Initium sapientiae timor domini? time
drihten 7 gewyrf fram yfele ege drihtnes togesett dagas 7
Dominum et recede a malo. timor domini appónet dies et
gearas arleasra beoð gescyrte on ege drihtnes truwa
anni impiorum breuiabuntur; In timore domini fiducia[2]

[1] *peregrinationis uestrę.*   [2] s. *est.*

strencðe 7 bearnum his byð hopa ege drihtnes wyll lifes
fortitudinis. et filiis eius erit spes; Timor[1] *domini fons uitae*
þæt he forbuge fram hryre deaþes se þe god ondræt naht
ut declinet a ruina mortis; Qui deum timet nihil
he forgymð
neglegit;

    sunu   sæde. ege drihtnes wuldor 7 wuldrung
Hiesus filius Sirach dixit. Timor domini gloria et gloriatio.
7 bliss 7 cynehelm gefægnunge ege drihtnes gegladað
et *laetitia.* et *corona exultationis;* Timor domini *delectabit*
heortan 7 he sylð blisse 7 fean on langnysse daga
cor. et *dabit laetitiam et gaudium in longitudinem dierum;*
ondrædendum drihten wel byð on ytemystum 7 on dæge
Timenti dominum bene erit in extrémis. et *in die*
forðferinge his he byð gebletsud ege drihtnes ingehydes
defunctionis suae benedicetur; Timor[2] domini *scientiae*
æwfæstnyss gefyllednys ingehydes ys ondrædan god cynehelm
religiositas; Plenitudo scientiae est timére deum; Corona
wisdomes ege drihtnes gefyllende sibbe 7 hæle wæstm
sapientiæ timor[3] *domini réplens.* pacem. et *salutis fruct*um;
wyrtruma wisdomes ys ondrædan god bogas þære lang-
Radix sapientiae est timere deum rami enim[4] *illius lon-*
sumnysse elleshwar ys geeweden ege drihtnes utanytt synne
géui; Alibi dicitur. Timor domini expellit peccatum.
witodlice se þe butan ege ys na mæg beon geliffæst wis-
nam *qui sine timore est. non poterit uiuificari; Sa-*
dom 7 lar ege drihtnes sylf he segð na si þu un-
pientia et disciplina timor[5] *domini; Ipse dicit.* non *sis in-*
geleaffull ege drihtnes 7 to na genealæc to him mid twy-
credibilis timori domini et *ne accesseris ad illum du-*
fealdre heortan eft he segð ondrædende drihten forþyldiað mild-
plici corde; Item dicit. Metuentes dominum sustinéte miser-
heortuysse his 7 na buge ge fram him þæt ge na feallan
icordiam eius. et *non deflectatis*[6] *ab illo.* ne *cadátis;*
eft he segð ge þe ondrædaþ god gelyfað on hyne 7 na
Iterum dicit. Qui timetis deum credite in illum. et *non*
byð aidlud med eower ge þe ondrædað god hopiað on hyne
euacabitur merces uestra; Qui timetis deum sperate in illum

  [1] e*st.*   [2] s. e*st.*   [3] s. est.   [4] s. s*unt.*   [5] s. est.
    [6] non decline*tis.*

F

7 on gelustfullunge cymð cow mildheortnyss ge þe ondrædað
et *in oblectatione*[1] *ueniet uobis misericordia;* Qui timetis
god lufiað hyne 7 beoð onlihte heortan eowre elleshwar
deum diligite illum. et inluminabuntur corda uestra; Alibi
ys geeweden þa þe ondrædað god na beoð ungeleaffulle worde
dicitur. Qui timent deum. non erunt incredibiles uerbo
his 7 þa þe lufiað hyne gehealdað weg his þa þe
illius. et qui diligunt illum. conseruabunt uiam illius; Qui
ondrædað drihten. hi secead þa wel geeweme synd him 7
timent dominum inquirunt quę bene placita sunt illi; et
þa þe lufiað hyne beoð gefyllede mid lage his þa þe on-
*qui diligunt eum replebunt*ur *lege ipsius;* Qui ti-
drædað drihten hi gegearwiað heortan hyra 7 on gesyhðe
ment dominum preparabunt corda sua et in conspectu
his hi gehealgiað sawla hyra þa þe ondrædað drihten
illius sanctificabunt. animas suas; Qui timent dominum
hi gehealdað beboda his 7 geþyld hi habbað oð to on-
custodiunt mandata eius. et patientiam habebunt usque ad in-
besceawunge his eft he segð geþanc hafa on bebodum
spectionem illius; Item dicit. Cogitatum habe in preceptis
godes 7 on bebodum his swyþost syngal beo þu elleshwar
dei. et in mandatis illius maxime assiduus esto; Alibi
ys geeweden on ealre sawle þinre ondræd drihten sylf he segð
dicitur. In tota anima tua time dominum; Ipse *dicit.*
þa þe ondrædað god hi beoð on eagum his ege godes ys
Qui timent deum. erunt in oculis illius; Timor dei est
na forseon mann rihtwisne þearfan mære ys dema
non despicere hominem iustum pauperem; Magnus est iudex
7 mihtig on wyrðmynte 7 nys mara þam þe ondrætt god
et *potens in honore. et non est maior illo qui timet deum;*
naht betere þænne ege godes eft ys gesæd ælce onscun-
Nihil melius quam timor dei; Item dicitur. Omne exse-
nunge gefleardes hatað god 7 na byð luflic ondrædend-
cramentum erroris odit deus. et non erit amabile timenti-
um hyne 7 elleshwar ys geeweden eagan drihtnes to on-
bus eum; Et alibi dicitur. Oculi[2] *domini ad ti-*
drædendum hyne 7 he oncnæwð ealle weorcu mannes 7
mentes eum. et ipse agnoscit omnia opera hominis; Et

---

[1] in solacio.   [2] s. sunt.

eft ys gecweden mann wis on eallum drætt 7 on dag-
item dicitur. Homo sapiens in omnibus metuit. et in die-
um gylta he atiht fram slæwþe gefyllednyss eges godes
bus delictorum adtendit ab inertia; Consummatio timoris dei
ys wisdom se þe ondrætt drihten he onfehð lare his
sapientia[1]*; Qui timet · dominum excipiet doctrinam eius*
7 þa awaciað to him hi gemetað bletsunge his
et qui euigilauerint ad illum. inuenient benedectionem eius.
elleshwar ys gecweden þa þe ondrædað drihten hi onfoð lar-
Alibi dicitur. Qui timent dominum excipient doc-
e his 7 rihtwisnysse swylce leoht onælð ondrædendum
trinam eius. et iustitiam quasi lumen accendit; Timenti
drihten na ongeanyrnað yfelu ac on costunge god
dominum. non occurent mala. sed in temptatione deus
hyne gehealt fram yfelum gast ondrædendra god byð
illum conseruabit a malis; Spiritus timentium deum quae-
soht 7 on andsware his byð gebletsud hopa ys soðlice ondræd-
ritur. et in responsione illius benedicitur; Spes enim timen-
endum god on hælendne hi se þe ondrætt drihten naht
tibus[2] *deum in saluantem*[3] *illos; Qui timet dominum nihil*
he na forhtað 7 na he ondrætt forþi þe he ys hopa his
trepidabit. et non pauebit. quoniam ipse est spes eius;
ondrædendes god eadig ys sawl eagan drihtnes ofer ondræd-
Timentis deum beata est anima; oculi[4] *domini super timen-*
ende hyne elleshwar ys gecweden ege drihtnes ealswa
tes eum; Alibi dicitur. Timor[5] *domini sicut*
neorxena wong 7 ofer ealne wuldor hi oferheledon hine
paradysus. et super omnem gloriam. operuerunt illum
mid bletsungum sylf he segð eadig þam forgyfen ys habban
benedictionibus; Ipse dicit. Beatus cui donatum est habere
ege drihtnes ege drihtnes angyn lufe his oft
timorem domini. timor[6] *domini initium dilectionis eius; Item*
ys gecweden æhta 7 bileofa uppahebbað heortan 7 ofer
dicitur. Facultátes et úictus exaltant cor. et super
þas ege drihtnes
hęc timor[7] *domini;*

sæde nan þing us swa fram ealre synne
Hieronimus dixit. Nulla rés nos sic ab omni peccato
gehealt unmæne swa swa ege susle 7 lufu godes
séruat inmúnes. sicut timor supplicii et amor dei;

[1] s. *est.*   [2] s. est.   [3] i. in curantem.   [4] s. sunt.   [5] s. *est.*
[6] s. est.   [7] s. *est.*

F 2

                  sæde   se þe   ondræt   drihten   he forbyhð gedwyld
Ambrosius di.cit.   Qui   timet   dominum   declinat errorem.
7 to mægenum sipfæt wegas his gerecð
et ad   uirtutis   semitam uias suas dirigit;
                sæde þwyr geþanc gif hit na ær þurh ege
Gregorius dixit. Praua mens si · non prius per timorem
byð ahwyrfed fram gewunelicum leahtrum na byð gebett eft
cuértitur. ab   assuétis   uitiis non emendatur; Item
he segð god ondrædan ys nane þa to donne synd godu forgægean
dicit. Deum timére   est. nulla quę facienda sunt bona preteríre;
                sæde   ege soðlice symle gebett ege utanytt
Isidorus dixit. Timor enim semper emendat. timor expellit
synne 7 he gewylt leahter ege wærne deð mann 7
peccatum. et réprimit uitium. timor cautum facit hominem atque
carfulne þar þar soðlice ege   nys þar toslupincg lifes
sollicitum; Ubi uero timor non est. ibi dissolutio uitae
ys þar þar ege nys þar scyld ys þar þar ege nys
est. ubi timor non est. ibi sceleratio est. ubi timor non est
þar scylda genihtsumnyss ys gif god ondrædan on
ibi scelerum   abundantia   est; Si deum metúere in
smyltnysse we nellað gehendne his dom   oððe mid þrow-
tranquilitate nólumus. uicínum cius iudicium uel   pas-
ungum oftredene we ondrædan
sionibus attríti timeamus.

XIII.

be fæmnhade.
De Uirginitate.

drihten segð on godspelle bearn worulde þissere wogiað
Dominus dicit in Aeuuangelio. Filii seculi huius núbunt
7 hi beoð gesealde to gyftum þa soðlice þa þe wyrþe
et traduntur ad nuptias. illi uero qui digni
beoð hæfde on worulde þære 7 on æriste of deadum ne hi
habentur   seculo illo et resurrectione ex mortuis. neque
ne wogiað ne hi ne lædað wif   na soðlice leng sweltan
núbunt. neque dúcunt uxóres. neque enim ultra móri

LIBER SCINTILLARUM. 69

magon esenlice soðlice englum hi synd 7 bearn hi synd
poterunt. aequáles enim angelis sunt et filii sunt
godes þænne he synd bearn æristes
dei. cum sint filii resurrectionis;

se apostol sæde mæden seo þe unbeweddud ys
Paulus apostolus dixit. Uirgo quae innúpta est;
heo þencð þa godes synd hu heo gelicige gode eft he segð
cogitat quae domini sunt. quomodo placeat deo; Item dicit.
se þe on gesynscype geþeod mæden his wel he deð 7 se na
qui matrimónio iungit uirginem suam bene facit. et qui non
geþeod bet he deð
iungit melius facit;

sæde naht framað fæmnhad lichaman þar
Agustinus dixit. Nihil pródest uirginitas corporis ubi
byð geworht gewemmineg modes swa swa soðlice ofslegen
operatur corruptio mentis; Sicut enim occisus
feond na þe deð teonan swa acweald flæsc na
inimicus non tibi facit iniuriam. sic mortificata caro non
drefð sawle þine þylce soðlice gerist drihten habban
turbabit animam tuam; Tales enim decet dominum habére
þenas þa on nanre flæsc besmitennysse beoð gebrosnude
ministros. qui in nullo carnis contágio corrumpantur
ac ma on forhæfednysse gehealdsumnysse hi scinan
sed pótius continentia castitatis respléndeant;

sæde micel todælð betwuh clænnysse fæm-
Hieronimus dixit. Multum distat inter puritatem uir-
nenlicre sawle mid nanre fylþe besmitene 7 horwu hyre seo þe
ginalis animae. nulla contagióne pullutę et sórdes eius quae
manegra gælsum underlæg hundfeald getel fyrmest
multorum libidinibus subiacuit; Centenárius numerus primus[1]
ys se þe for mædenhades cynehelme fæmnum byð geteald
est. qui pro uirginitatis coróna uirginibus deputatur;
syxagfeald on þam oðrum stæpe þurh forhæfednysse geswine
Sexagenárius secundo grádu. per continentiae laborem
wydewena ys þritigfeald on þære þriddan stowe gyfta
uiduarum[2] *est; Trigenárius tertio loco*[3] *nuptiarum*
wære mid þære fingra geþeodrædene byð gecydd 7 swa
foédera ipsa digitorum coniunctione testatur. ac sic

[1] i. gradus. [2] q. est. [3] q. est.

†

wydewan forlætenum þam forman stæpe þurh þriddan hi cumaðˇ
uiduae   amisso   primo grádu   per tertium   ueniunt
to þam oþrum   mearu þing on fæmnum hlisa clænnysse ys 7
ad secundum[1] *; Tínera rés in féminis fáma pudicitiae est.* et
swylce blostme fægerust raþe to leohtum forscrincð wedere
quasi   flós pulchérrimus cito ad léuem marcéscit auram.
7 of leohtum blæde byð gebrosnud ealra swyþost þar þar yld
leuíque   flátu corrúmpitur.   maxime   ubi   aétas
geþwæraðˇ to leahtre 7 werlic   wana ys ealdorscype hoga
consentit ad uitium. et maritális déest[2] *autóritas; Stúde*
na þæt an eagan þine clæne gehealdan ac eac tungan naht
non solum oculos tuos castos seruare. sed et linguam; Nihil
framaðˇ flæsc habban mæden gif on geþance ænig wogaðˇ
prodest carnem habere uirginem si   ménte quis núpserit;

           sæde sume synd on geoguþe galfullice lyb-
Isidorus dixit.   Quídam[3] *in iuuentúte luxurióse ui-*
bende 7 on ylde forhæbbende beon gelystaðˇ 7 þænne
uentes et in senectute continentes fieri delectantur. et tunc
hi geceosaðˇ clænnysse healdan þænne hi galnyss þeowas habban
éligunt   castitatem seruare quando éos libído seruos habere
forhogaðˇ þylce nabbaðˇ   mede   forþi þe hi næfdon
contempsit. tales non habent præmium. quia non habuerunt
geswinces gewinnu   þa soðlice geanbidaðˇ wyrðscype on
laboris certámina; Éos enim   expectat   gloria.   in
þam beoðˇ geswincfulle gewinnu þa þe lichaman hyra
quibus fuerint laboriosa   certamina; Qui corpus suum
forhæfednysse gehalgiaðˇ mid fæmnum eardian hi na geþristlæceaðˇ
continentiae dédicant. cum féminis habitare non presúmant;
twyfeald ys god mædenhad forþi þe heo eac on þisum
Géminum est bonum uirginitas. quia   et in hoc
middanearde carfulnysse worulde forlæt 7 on þære towerdan
mundo sollicitudinem sáeculi amíttit. et in   futuro
ece   clennysse mede onfehðˇ þa þe clæne þurh
aeternum castitatis premium recípit; Qui casti per-
wuniaðˇ 7 mædenu englum godes beoðˇ gewordene efenlice
scuérant et uirgines. angelis dei   efficiuntur aequáles;
clænnyss soðlice wæstm wynsumnysse ys clænnyss orsorhnyss
Cástitas enim fructus suauitatis est; Cástitas secúritas
modes 7 hælðˇ lichaman mædenhad soðlice gif heo byðˇ aslideн
mentis. et sanitas corporis; Uirginitas autem si lábitur.

[1] s. gradu(m).   [2] s. ubi.   [3] s. sunt.

LIBER SCINTILLARUM. 71

nateshwon byð edniwud witoðlice þeah þe hreowsigende
nullátenus   reparatur ;   Nam   quámuis   paenitendo
forgyfennysse wæstm onfo ungebrosnunge swa þeah nateshwon
uenię   fructum recipiat. incorruptionem támen nullátenus.
onfehð   ærran   mæden on flæsce na on geþance nane
recipit pristinam ; Uirgo carne non mente   nullum
  mede   hæfð on   behate   betere ys wif lædan
premium habet in repromissione ; Melius est uxorem dúcere.
þænne þurh galnysse hætan forwyrþan forhæfednyss mann
quam per libidinis ardórem perire ; Continentia hominem
gode gehende   deð   þar þar   wunað   þar eac god wunað
deo proximum facit. ubi ist mánserit. ibi et deus manet ;
geþanc soðlice þurh eagan byð genumen clænnyss mann to
Mens   enim   per oculos   cápitur ; Castitas hominem ad
heofene geþeot clænnyss   mann   to heofene   tyhð
caelum iungit Castitas hominem ad caelum pértrahit.
     sæde   naht framað mædenhad mid fulfremednysse
Caesarius dixit. Nihil pródest uirginitatem   integritate
lichaman gehealdan gif eagena gewilnunga heo nele for-
corporis custodire. si oculorum concupiscentias noláerit eui-
bugan lang clænnyss æfter synne geefenlæcestre ys
tare   Lónga castitas post peccatum. imitátrix   est
mædenhades   na   eac flæsces fulfremednyss byð gehealden
uirginitatis ; Non étiam carnis intégritas   seruatur.
þar þar mod ofermodignysse mid pryte byð gewemmed
ubi animus superbiae   tumóre   corrúmpitur ;
mædenhad on lichaman naht framað gif soð lufu oððe eadmodnyss
Uirginitas in corpore nihil próderit. si caritas aut humilitas
fram heortan gewitt   betere ys eadmod gesinscype þænne
a   corde discésserit ; Melior est humilis coniugálitas quam
ofermod fæmnhad
superba uirginitas.

XIV.
be rihtwisnysse.
De   Iustitia.

 drihten segð on godspelle   seceað eornostlice ærest
Dominus dicit in guuangelio Quaérite ergo   primum
  rice godes 7 rihtwisnysse his 7 þas calle beoð geihte
regnum dei. et iustitiam eius. et haec omnia adicientur

cow   na behofiað þa hale synd læce   ac þa þe yfele hab-
uobis; *Non egent   qui sáni sunt médico sed   qui male*[1] *ha-*
bað   ic na com   geclypian rihtwise ac   synfulle   on   dæd-
bent; Non ueni   uocare   iustos.   sed peccatores   in paeni-
bote
tentiam;

                  se apostol sæde   swa swa þurh   anes   gylt on eal-
Paulus apostolus dixit.   Sicut   per   unius delictum in om-
le   menn   genyþerunge   lifes ealswa   þurh   anes rihtwis-
nes *homines condemnatio*nem *uitae. sic et   per   unius iusti-*
nysse on ealle   menn   rihtwisnysse   lifes   eft he segð swa
tiam   in omnes homines iustificationem[2] *uitae; Item   dicit. sic-*
swa   ricsode   synn   on deaþe eal swa gyfu ricsige þurh
ut   regnauit peccatum   in mortem. ita   et gratia regnet per
rihtwisnysse on   ece   lif
iustitiam   in uitam aeternam;

                se apostol sæde   wæstm soðlice rihtwisnysse on sibbe
Iacobus apostolus dixit. Fructus autem   iustitiae   in pace
sawend   dondum   sibb
seminatur facientibus pacem;

                sæde   na geswencð   drihten   mid hungre   sawle
Salomon dixit. Non   affligit   dominus   fáme   animam
rihtwises 7   searwa   arleasra   forhwyrfð   gemynd   rihtwises
iusti   et insidius impiorum subuertit; Memoria[3] *iusti*
mid lofum 7   nama   arleasra   afulað   weorc rihtwises to
cum laudibus et nomen impiorum putréscit; Opus[4] *iusti   ad*
life   7 wæstm arleases to   synne   seolfor gecoren tung-
uitam. et fructus[5] *impii ad peccatum; Argentum electum ling-*
e   rihtwises heorte   arleasra   for nahtum   þæt ondrætt
ua[6] *iusti   cor   impiorum pro nihilo; Quod timet*
arleas hit cymð ofer   hyne gewilnung   his rihtwisum byð
impius ueniet   super   eum desiderium suum   iustis   da-
gesceald weleras rihtwises besceawiað gecweme 7 muð arleasra
bitur; Labia   iusti   considerant placita[7]*. et os impiorum*[8]
þwyre   rihtwis of angsumnyssum   alysed   ys 7 byð gesceald
peruersa[9]*; Iustus de   angustiis   liberatus est   et   tradetur*
arleas for him cynn rihtwisra   byð gehæled gewilnung riht-
impius pro eo; Semen iustorum   saluabitur   desiderium iu-

[1] i. infirmant*ur*.   [2] s. dicimus uenire.   [3] s. erit.   [4] s. tendit.
[5] s. *est*.   [6] s. *est*.   [7] i. bona.   [8] s. considerat.   [9] i. mala.

wisra call god ys awend arleasc 7 hi na beoð hus soð-
storum omne bonum est; Uérte impios et *non érunt. domus au-*
lice rihtwisra þurhwunað hus arleasra byð adilegud wun-
tem iustorum permanebit; Domus impiorum delebitur? taber-
unga soðlice rihtwisra growað nele þu beon rihtwis
nacula uero iustorum germinabunt; Noli esse iustus
swyþe hus soðlice rihtwises mæst strencð . on wæst-
multum; Domus[1] *autem iusti plurima fortitudo. in fruc-*
mum arleases gedrefednyss onscunung ys drihtne heorte ar-
tibus impii conturbatio[2]*; Abominatio* est domino cor im-
leases se þe fyligð rihtwisnysse he byð gelufud fram him synd
pii, qui sequitur iustitiam. diligitur ab eo; Sunt
rihtwise þam mænige forecumað swylce hi weorcu behofian
iusti quibus multa proueniunt quasi opera égerint
arleasra 7 synd arlease þe swa sorhlease synd swylce hi riht-
impiorum. et sunt impii qui ita secúri sunt quasi iusto-
wisra dæda habban synd rihtwise 7 witan 7 weorcu
rum *facta habeant; Sunt iusti atque sapientes* et *opera*[3]
hyra on handa godes 7 swa þeah nat mann hwæþer he
eorum in manu dei. et *tamen néscit homo útrum*
on lufe oððe on hatunge wyrþe si ac calle on towerdum
amore án ódio dignus sit. sed omnia in futuro
beoð gehealdene ungewisse flyhð arleas nanum ehtendum
reseruantur incérta; Fugit impius némine persequénte.
rihtwis soðlice swa swa leo getruwigende butan ogan byð
iustus autem quasi léo confidens absque terróre erit.
sunu sæde on rihtwisnysse winn for sawle
Iliesus filius Sirach dixit. In iustitia agonizáre[4] *pro anima*
þine oð deað winn for rihtwisnysse 7 god oferwinð
tua usque in mortem cérta pro iustitia. et *deus expugnabit*
for þe synd þine sylen godes þurhwunað rihtwisum blet-
pro te inimicos tuos; Dátio dei pérmanet iustis. bene-
sung godes on mede rihtwises efst beforan menn
dictio dei in mercédem iusti festínat; Ante hominem
lif 7 deað god 7 yfel þæt gelicað him byð geseald
uita[5] et *mors bonum* et *malum. quod placúerit ei dabitur*
him ær dome gearwa rihtwisnysse se þe gehealt riht-
illi; Ante iudicium para iustitiam tibi; Qui custodit iu-

---

[1] s. est.   [2] s. et est.   [3] s. sunt.   [4] luctare.   [5] s. est.

wisnysse he gehealt andgyt his gif þu fyligst rihtwisnysse þu
stitiam? continebit sensum eius; Si séqueris iustitiam ap-
gegripst hi 7 þu ondest swylce heafudhrægl wyrðscype se þe
prehéndes illam. et indues quasi póderem honorem; Qui
healt rihtwisnysse se byð uppahafen
custodit iustitiam? ipse exaltabitur;

sæde gif ic soðlice rihtwis eam naht ic ondræde
Augustinus dixit. Si enim iustus sum nihil timeo?
nænig me ofertrædan mæg rihtwis soðlice he cwæð getruwað
némo me contérere pótest; Iustus enim inquit confidit
swa leo
ut leo;

sæde rihtwisnyss gif heo gemet næfð on wæl-
Gregorius dixit. Iustitia si módum non habet. in crude-
hreownysse fealð yfelnyss belifendra gearnað þæt þa þe
litatem cádit; Malitia remanentium meretur. ut hi qui
framian mihtan ofstlice beoð ætbrodene þæt þænne middan-
prodésse póterant festíne subtrahantur. ut cum mun-
eardes ende togenealæcð gecorene beoð ætbrodene þæt hi na
di finis adpropinquat. electi tollantur ne
wyrsan geseon swa unrihtwisum yrsað god þæt swa þeah
deteriora uideant. Sic iniustis irascitur deus? ut támen
hyra heortan þurh rihtwisra geferscype frefiige
eorum corda per iustorum consortium consoletur;

sæde manega mid mannum synd getealde gecorene 7
Isidorus dixit. Multi apud homines putantur electi. et
mid gode wiþerwyrde wuniað 7 fela mid mannum wiþer-
apud deum réprobi existunt. et multi apud homines ré-
wyrde synd 7 mid gode gecorene nan soðlice hine getelle
probi sunt. et apud deum electi; Nullus enim sé pútet
gecorenne þe læs þe he mid gode sy wiþerwyrd on beo
electum. ne forte apud deum sit reprobus; In libro
ys geeweden fulfremednyss lage sibb ys of synnum
clementis dicitur. perfectio legis pax est. ex peccatis
soðlice gefeohtu beoð accenede 7 gewinnu þar þar soðlice
enim bella nascuntur et certamina; Ubi autem
synn na byð sibb ys þære sawle þar þar soðlice sibb
peccatum non fit pax est animae. ubi uero pax
ys on eneatungum soðfæstnyss on weorcum rihtwisnyss
est in disputationibus ueritas in operibus iustitia
byð gemet
inuenitur

XV.
be andan.
De Inuidia.

drihten segð ou godspelle nelle ge deman eow betwynan
Dominus dicit in aeuuangelio. Nolite iudicare inuicem.
warniað soðlice fram hæfe sunderhalgena
cauete autem a fermento[1] *pharisaeorum ;*
se apostol sæde uyþeralecgende witodlice ælce yfel-
Petrus apostolus dixit. Deponentes[2] *igitur omnem ma-*
nysse 7 ælc facn 7 hiwunga 7 tala 7 ealle
litiam et omnem dolum et simulationes. et detractiones et omnes
andan
iniudias ;
se apostol sæde soð lufu na andað sume
Paulus apostolus dixit. Caritas non emulatur[3] *; Quidam*
witodlice 7 for andan crist hi bodiað sume soðlice
quidem et propter inuidiam christum predicant. quidam autem
eac for godum willan
et propter bonam uoluntatem ;
sæde lif flæscea hælþ heortan fylð bana
Salomon dixit. Uita cárnium sanitas cordis. putrédo óssuum
anda na et þu mid menn andigum ne þu na gewilna
inuidia ; Ne cómedas cum homine ínuido. nec desíderes
mettas his forþi on gelicnysse wigleres 7 rædendes he
cibos eius. quoniam in similitudine arioli et coniectoris aes-
wenð þæt he nat et 7 drinc he segð þe 7 geþanc his
timat quod ignorat. cómede et bibe dicit tibi. et mens eius
nys na mid þe se þe him andað naht ys him wyrse
non est tecum ; Qui sibi inuidet. nihil est illo néquius ;
sæde anda eall mægen bærnð þurh
Augustinus dixit. Inuidia cunctam[4] *uirtutem cóncremat ; Per*
andan ys gebodud þe crist anda 7 æfst ofer ealle
inuidiam predicatur tibi christus ; Inuidia et liuor. super omnia
hi drenceað sawle þar þar ys anda lufu broþerlic beon
inébriant animam ; Ubi est inuidia. ámor fratérnus ésse
na mæg se þe andað he na lufað synn deofles on
non pótest ; Qui ínuidet non ámat. peccatum diaboli in
him ys forþi þe deoful andigende afeoll forþi ys oncnaw-
illo est quia diabolus inuidendo cécidit. ideo cognósc-

[1] i. mala doctrina. [2] s. estote. [3] i. non persequitur. [4] i. omnem.

en anda na magan beon on soþre lufe þurh andan
itur inuidia non pósse ésse in caritate ; Per inuidiam
soðlice ahangen wæs crist þi soðlice se þe andað bre-
enim crucifixus est christus. ideo autem qui inuidet fra-
þer his he aheheð crist
tri suo. crucifigit christum ;

    sæde symle mægenu fyligð anda mære
Hieronimus dixit. Semper uirtutes séquitur inuidia Magna
mægen ys þæt andan mid eadmodny(sse) oferswið
uirtus est quę inuidiam humilitate súperat ;

    sæde andig gewislice se þe fremede deð god
Ambrosius dixit. Ínuidus cérte qui aliénum facit bonum ;
his andigende susle
suum inuidendo supplícium ;

    sæde þeaw þwyra ys andian oþrum mægenes
Gregorius dixit. Mos prauorum est. inuidére aliis uirtutis
god þæt hi sylfe habban na gyrnað þanon se witega segð
bonum. quod ipsi habére non áppetunt Hinc propheta ait ;
seceað drihten þa hwile þe he beon funden mæg 7 clypiað
quęrite dominum dum[1] *inueniri pótest. et inuocáte*
hyne þa hwile þe gehende ys 7 þænne hi secgað hwæt us
eum dum prope est ; Et tunc dicunt ; quid nobis
framude genihtsumnyss welena oððe gestreonu worulde ealle
prófuit abundantia diuitiarum uel lúcra saeculi omnia
ealswa sceadu hi gewiton 7 sunne rihtwisnysse nys upp-
sicut umbra transierunt. et sol iustitiae non est or-
sprangen us for þam syngiað sweltende 7 her hi forlætað
tus nobis ; Proptérquod péccant morientes. et hic dimittunt
ealle 7 þa synna mid him hi berað forþi swete ys synn
omnia et ipsa peccata sécum pórtant. quia dulce est peccatum.
ac biter ys deað eft he segð se þe on him sylena
sed amara est mors ; Item dicit ; qui in sé donorum
gyfe hwonlice oncnæwð maran on oþrum na andige
gratiam mínime recognoscit. maiora aliis[2] *non inuideat ;*

    sæde þanon þe se goda framað þanon se andiga
Isidorus dixit. Unde bonus próficit ; inde ínuidus
hwelað andig lim ys deofles of þæs andan deað
contabéscit ; Ínuidus membrum est diaboli. cuius inuidia mors

[1] quamdiu.   [2] s. in.

ingecode on embehwyrft eorþena   mænige ge gode geefenlæccan
introuit in   orbem   terrarum ; Multi   et bonos   imitari
hi nellað 7 7 be goddra fremum   andan mid wunde hweliað
nolunt. et de bonorum profectibus inuidię liuóre   tabescunt ;
elleshwær hi segð wependlice soðlice to bewepenne synd se þe
Alibi   dicit ; flebiliter   autem deplorandi   sunt. qui
mid hatunge on breþer hweliað anda andgyt slitt breost
odio   in fratre tabéscunt ; Inuidia sensum mórdet. pectus
heo bernð geþanc heo gewæcð eft he segð   anda heortan
úrit. mentem   áfficit ;   Item dicit ; inuidia cor
mannes swylce   sum   cwyld heo fett elleshwar he segð
hominis. quasi quáedam   péstis depáscit ; Alibi   dicit ;
ongean   andan   soð lufu si gegearwud eft he segð be gode
aduersus inuidiam caritas   preparetur ; Item dicit ; de bono
oþres   na   sariga þu be   oþres fremum þu na hwela
alterius non doleas. de alterius profectibus non tabéscas.
for nanes gesunfulnysse þu si totoren
nullíus prosperitate   lacereris ;

        sæde   andan egesa na þæt an æwfæste ac
Eusebius dixit. Inuidiae hórror non solum religiosas sed
eac wace sawla bereafaþ
et uíles animas peruadit[1] *;*

        saede   anda soðlice geswutelað us soðe lufe godes
Effrem dixit. Inuidia enim manifestat nos caritatem dei
callunga nabban
penitus non habére ;

        sæde earfoðlic ys on gesundfullnyssum andan þolian
Iosephus dixit. Difficile est in prósperis   inuidia caréve.

XVI.

be swigean.
De Silentio.

  drihten segð on godspelle   god mann of godum gold-
Dominus dicit in aeuuangelio. Bonus homo de bono   the-
horde forþbrincð godu 7 yfel mann of yfelum goldhorde forðbrincð
sáuro prófert   bona. et malus homo de malo thesáuro prófert
yfelu se þe fram him sylfum spycð wuldor agenne he secð
mala ; Qui á semet ipso lóquitur. gloriam propriam querit ;

[1] i. uastat.

	se apostol	sæde		wordfulle	synd	ydele	7	carfulle
Paulus	*apostolus*	*dixit.*	*Uerbósi*[1],	*otiósi.*	*et*	*curiósi.*

sprecende þa þe na gedafeniað þu soðlice spec þæt gedaf-
loquentes quę non opórtet. tu autem lóquere quae dē-
eniað halwende lare
cet sánam doctrínam;

sæde on mænigfealdre sprece synn wana na byð
Salomon dixit. In multi loquio peccatum non déerit.
se þe soðlice gemetegað weleras his snoterust ys for
qui autem moderatur labia sua. prudentissimus est; Propter
synnum welera hryre togencalæcð yfela se þe gehealt muþ
peccata labiorum ruina approximat malorum; Qui custodit os
his he gehealt sawle his se þe soðlice unbesceawud ys
suum. custodit animam suam. qui autem inconsideratus est
to specenne he ongytt yfele on ælcum weorce byð geniht-
ad loquendum sentiet mala; In omni opere erit abund-
sumnys þær þær soðlice word synd fela gelome ys wædl
antia. ubi autem uerba sunt plurima. frequens[2] *aégestas;*
tunge glætlic treow lifes seo soðlice ungemetegud ys
Lingua[3] *placabilis lignum uitae quae autem inmoderata est.*
forbryt gast mannes ys mod gegearwian 7 drihtnes
cónterit spiritum; Hominis est animum preparáre. et domini[4]
gewyldan tungan willa cynga weleras rihtwise synd se þe
gubernáre linguam; Uoluntas regum labia[5] *iusta. qui*
riht specð he byð gereht se þe atihtum eagum geþincð þwyre
recta loquitur dirigetur; Qui adtónitis[6] *oculis cógitat práua;*
terende weleras his he gefremð yfel eft he segð se þe
mórdens labia sua pérficit malum; Item dicit. qui
uppahefð muð his he secð hryre se þe gemetegað spæca
exáltat ós súum quérit ruinam. qui moderatur sermones
his gelæred 7 snotor ys 7 wyrþfulles gastes wer ys gelæred
suos. doctus et prudens est. et pretiosi spiritus uir[7] *erudítus;*
deað 7 lif on handum tungan mid halsungum spycð
Mors[8] *et uita in manibus linguę; Cum obsecrationibus loquitur*
þearf 7 welig spycð styrnlice se þe gehealt muð his
pauper. et diues affábitur rígide; Qui custodit os suum
gehealt sawle his se þe soðlice forgymeleasað wegas his
custodit animam suam. qui autem neglegit uias suas

[1] s. sunt. [2] s. est. [3] s. est. [4] s. est. [5] s. sunt.
[6] i. arrectis. [7] s. est. [8] s. est.

byð cwylmed weleras cyst se þe riht word andswarað
mortificabitur; Labia deosculabitur qui recta uerba respóndet;
se þe gehealt muð his 7 tungan his he gehealt fram
Qui custodit os suum et linguam suam. custodit ab
anesumnyssum sawle his
angustiis animam suam;

sunu sæde nelle þu gegremod beon on tungan
Hiesus filius Sirach dixit. Noli citátus ésse in lingua
þinre 7 unnytt 7 asolcen on weorcum þinum ærþam
tua. et inutilis et remissus in operibus tuis; Priusquam
þu gehyre na andswara word 7 on middan yldryna na
audias ne respóndeas uerbum. et in medio seniorum ne
geic specan eadig wer se þe nys asliden on worde of
adicias loqui; Beatus uir qui non est lapsus uerbo ex
muðe his 7 he nys gepricud on unrotnysse gyltes ær-
ore suo: *et non est stimulatus in tristitia delicti; Ante-*
þam þu spece leorna se þe hatað felaspeculnysse he acwencð
quam loquaris dísce; Qui odit loquacitatem extinguit
yfelnysse na geedlæc þu word manfull 7 heard 7 þu na
malitiam; Ne iteres uerbum néquam et dúrum. et non
byst gelytlud ys se þe aslit on tungan his ac na of
imminoráberis; Est qui lábitur in lingua sua sed non ex
mode hwylc ys soðlice se þe na agylt on tungan his
animo; Quis est enim qui non deliquerit in lingua sua.
ys se þe utasend word gewiss gereccende soðfæstnysse
est qui emittit uerbum cértum enarrans ueritatem;
word manfull awent heortan ys stille se þe byð gemet
Uerbum néquam inmutábit cor; Est tácens. qui inuenítur
wis 7 ys hatigendlic se þe gemah ys to specenne
sapiens. et ést odibilis qui. procax[1] *est ad loquendum;*
ys soðlice stille næbbende andgyt spæce 7 ys stille
Est autem tácens non hábens sensum loquélę. et ést tácens
witende gecwemes timan mann wis suwað oð
sciens ápti temporis; Homo sapiens tácebit usque
timan galful soðlice 7 ungleaw na gehealdað timan
ad tempus lasciuus[2] *autem et inprúdens non seruabunt tempus;*
se þe fealum brycð wordum derað sawle his fela
Qui multis útitur uerbis lédit animam suam; Multi.

---

[1] petax.   [2] stultus vel luxuriosus.

afeollan on muðe swurdes ac na swa swylce þa þe
ceciderunt in ore gladii. sed non sic quasi qui
forwordon þurh tungan hyra geoc soðlice tungan geoc
interierunt per linguam suam; Iugum enim linguę iugum
ysen hit ys 7 bend hyre bend æren ys hega
ferreum est et uinculum illius uinculum aëreum est; Sépi
earan þine mid þornum 7 nelle þu gehyran tungan manfulle¦
aures tuas spinis. et noli audire linguam néquam[1].
7 muþe þinum do þu dura 7 locu wordum þinum do þu
et óri tuo fácito ostia et séras; Uerbis tuis fácito
wægan 7 midlu muþe þinum rihte gym þæle¦
statéram et frénos ori tuo rectos; Adtende ne fórte
þu beo asliden on tungan 7 þu fealle on gesihþe feonda
labaris in lingua. et cádas in conspectu inimicorum
syrwendra þe 7 si fyll þine unha(l)wendlic on deað
insidiantium tibi. et sit cásus tuus insanábilis in mortem;
ofer beod micelne þu sitst na geopena ofer þæne goman
Súpra ménsam magnam sédes[2]. *ne aperias super illam faucem*
þinne ær geong spec on neode þinre uneaþe
tuam prior; Adoléscens lóquere in causa tua uix[3].
gif þu twuwa geaxud byst hæbbe heafud andsware þine
si bis interrogatus fueris habeat caput[4] *responsum tuum;*
on maneg(um) beo þu swylce unwittol 7 gehlyst swigende samud
In multis ésto quasi ínscius. et áudi tácens simul
7 smeagende þar þar synd ealde naht micel na spec þu þar þar
et quaérens; Ubi sunt sénes. non multum loquáris; Ubi
soðlice hlyst nys na asend spæce 7 ongecoplice
autem audítus non est. non effúndas sermonem; Et inportúne
nelle þu beon uppahafen on wisdome þinum
noli extolli in sapientia tua;
sæde leornige hwilon gesuwian se þe næfre
Hieronimus dixit. Discat aliquando reticéscere. qui numquam
ne leornde specan
didicit loqui;
sæde ys mann se þe swigean gewilnað witodlice
Ambrosius dixit. Est homo qui silentium afféctat. quidem.
ac heorte his miclum hyne genyþerað þer þylc fela
sed cór eius multum sé condemnat. Iste talis multum

---

[1] i. malam. [2] s. si. [3] i. inaudacter. [4] i. initium.

spycð 7 oþer forþi on ærne mergen·   oð   æfen
loquitur. et alius quia   mane   usque ad uesperum
spycð 7 mid   todæle   swigean micele gehealt
loquitur et cum discretione silentium magnum custodit;
          sæde na ofermodelice ænig gehyre oððe forhog-
Gregorius dixit. Non   supérbę   quis   audeat   uel contém-
ian oððe deman þæt he gecyst
nere uel iudicare   quod elégerit;
          sæde wite þu on hwylcum timan þu spece be-
Isidorus dixit.   Scito   quo   tempore loquaris. con-
sceawa hwænne þu secge on timan gedafenlicum spec on timan
sidera quando dicas;   Tempore   cóngruo   lóquere. tempore
gedafenlicum suwa na spec þu butan þu geaxud beo   na
  cóngruo   táce; Non loquáris nisi interrogatus fueris; Non
secge þu ær þam þe þu gehyre   axsung   muð þinne geopenige
dicas priusquam   audias; Interrogatio ós   tuum aperiat;
tungfull mann unglcaw   wis scawum wordum bycð
Linguósus homo inperítus est. sapiens paucis uerbis   útitur;
sceort spræc ingehyd deð specan micel dysignyss ys
Bréuis sermo scientiam facit. lóqui multum stultitia est;
stefen soðlice   unwises on mænigfealduysse spæce   wunige
Uox enim   insipientis in multiplicatione sermonis; Maneat
witodlice on worde gemet on spæce sy   wæge   symle
igitur   in uerbo mensúra. in sermone sit statéra; Semper
word þine syn gemetegude gemet to specenne na forgæg þu
uerba tua sint moderata; Módum   loquendi   non tránseas.
swyþor þu lufa gehyran þænne secgean swyþor hlystan þænne
plus dilige audire quam dicere. plús auscultáre quam
specan on fruman gehyr spec æftemyst ende ma hæfð
loqui; In principio audi. lóquere nouissimus. finis plus habet
wyrðscype betere ys æftemyst spæc þænne seo forme
honorem; Melior est nouissimus sermo quam   primus;
          sæde on gegaderunge nelle þu gcyppan spæce
Basilius dixit. In   conuentu   noli   proférre sermonem.
ac gecoplice word forðstæppan of muðe þinum þænne þu ge-
sed oportúna uerba procédant ex   óre   tuo   cum opor-
coplicne timan findst þæt þe hlystendum callum þancas
túnum tempus inuéneris. ut te audientibus cunctis gratias
þu gegearwige
 prébeas

sæde. naht framað gif on eardungstowe swigea
Caesarius dixit. Nihil prodest si in habitatione silentium
sy 7 on eardigendum leahtra ungerydnyss 7 gewinn
sit. et in habitatioribus uitiorum tumúltus. et conluctatio
þrowunga on life yldryna ys gecweden mid swigean 7 mid
passionum¹; In uita patrum dicitur. Cum silentio et ora-
gebede do þæt þu dest on soðfæstnysse
tione áge quod ágis in ueritate.

XVII.
be ofermodinysse.
De Superbia.

segð on godspelle ælc soðlice se þe hine uppa-
Dominus dicit in aeuuagelio. Omnis enim qui sé exal-
heið byð geeadmett 7 se þe hine geeadmet byð uppahafen þæt
tat humiliabitur. et qui sé humiliat exaltabitur; Quod
mannum ofermod ys onscunung ys mid gode
hominibus áltum² est abominatio est apud deum;

se apostol sæde nelle þu ofermod witan ac ondræd in-
Paulus apostolus dixit Noli altum sápere sed time; Sci-
gehyd onblæwð soðlufu soðlice getimbrað soðlufu na byð toblædd
entia inflat³ caritas uero aedificat. caritas non inflatur;

þar þar byð ofermodignyss þar byð eac
Salomon dixit. Ubi fuerit superbia. ibi erit et
teona þar þar soðlice eadmodnyss þar eac wisdom to-
contumélia. ubi autem humilitas. ibi et sapientia; Con-
brytincge forestæpð ofermodignyss 7 beforan hryre byð uppa-
tritionem precédit superbia. et ánte ruinam exal-
hafen heorte betere ys beon geeadmett mid bilewittum þænne
*tatur cor; Melius est humiliári cum miti*bus *quam*
dælan herercafu mid ofermodum ofermodigne fyligð eadmod-
diuídere spolia cum supérbis; Supérbum séquitur humili-
nyss 7 eadmodne on gaste onsehð wuldor ær þam þe si for-
tas. et humilem spiritu suscipiet gloria; Priúsquam conte-
treden 7 si uppahafen heorte mannes 7 ær þam þe si gewuldrud
ratur et exaltatur cór hominis. et ántequam glorificetur.
heo byð uppahafen .
humiliatur;

¹ i. uitiorum.   ² i. superbe.   ³ extollit.

LIBER SCINTILLARUM.

sunu　　　　sæde hatigendlic beforan gode 7 mannum
Hiesus filius Sirach dixit. Odibilis córam deo et homínibus
ofermodignyss　angynn　ofermodignysse mannes　framgewitan
　　supérbia ;　Initium　　supérbiae　hominis　apostáre
fram gode angynn synne ys ælc ofermodignyss forspilð god
　　a deo ; Initium peccati est omnis superbia ;　Pérdet deus
gemynd ofermodigra　　nys gesceapan mannum ofermodig-
　　memoriam superborum ; Non est creata homínibus super-
nyss se þe æthrinð　pic byð besmiten fram him 7 se þe gemæn-
　bia ; Qui tetigerit picem. inquinábitur ab éa. et qui commu-
sumað mid ofermodigum he ondeð ofermodignysse　　tal
nicáuerit cum　　supérbo.　induct　superbiam ; Denotatio [1]
wyrst　leas　tunge　ys　gyte　blodes on sace ofer-
péssima　superbi lingua [2] *est ; Effusio sanguinis in rixa* [3] *super-*
modigra sar soðlice fornymð　hi　ær　hi sweltan　swa
borum ? dolor autem consumit illos. ántequam moriantur ; Si-
swa gat byð ongelædd on　grin　swa eac lichama ofer-
cut cápra　indúcitur　in laqueum. sic et [4] *corpus super-*
modigra　na þe upp na ahefe on geþance　sawle þinre swa
bórum ; Non té　extóllas　in cogitatione animę tuae si-
swa fearr þe læs si fordon mod þin þurh stuntnysse
cut táurus. ne fórte elidátur [5] *mens tua per stultitiam ;*
　　　　　sæde to forbugenne us　ys ofermodignyss sco þe
Augustinus dixit.　Uitánda nobis est　superbia.　quae
eac englas cuþe beswican micele ma　menn tostencean
et angelos nouit decípere. quantómagis homines dissipáre ;
　　　　　sæde wer ofermodig na　byð gewlitegud na
Hieronimus dixit.　Uir supérbus　non decorabitur.　nec
willan his gelætt to ende hefig gylt ys þænne to
uoluntatem suam perdúcit ad finem ; Grauis culpa est quando ad
ungleawscype 7 to gymeleaste ofermodignysse leahter togenca-
　inperitiam et negligentiam　superbiae　crímen accé-
læcð naht mare cristen　hicge forbugan þænne toþund-
dit ; Nihil magis christiánus stúdeat uitáre quam. tumen-
enne　7 astrehtne　hreccan　godes ongean　hyne hatunge
tem et erectam　ceruícem. dei contra　sé　ódium
gremigendne
prouocantem ;

　　　[1] detractio.　　　　[2] i. falsum.　　　　[3] i. contentione.
　　　　　　[4] s. erit.　　　　[5] i. conteratur.

sæde ofermodignyss of englum deoflu dyde ead-
Ambrosius dixit. Superbia ex angelis démones fecit. hu-
modnyss soðlice menn haligum englum gelice agylt ofermod
militas autem homines sanctis angelis similes reddit; Supérba
willa deð godes bebodu forhogian eadmodnyss gehealdan
uoluntas facit dei precepta contémpnere. humilitas custodire;
ofermodige gewilnigeað on him sylfum bodian þæt hi na
Supérbi cupiunt in sé predicáre quod non
doð eadmode forfleoð swa hwæt swa hi godes wyrceað
faciunt. humiles refúgiunt quicquid boni operantur
beon ongnawen
agnósci;

     sæde nateshwon framað on hehnysse eadmodnysse
Gregorius dixit. Nequáquam uálet in culmine humilitatem
leornian se þe on neowlum gesett na geswicð ofermodian
discere. qui in imis pósitus non desiit superbíre;

     sæde swa micelum gehwylc gewyrð soðfæstnysse ge-
Isidorus dixit. Tánto quisque fit ueritati ui-
hendre swa micelum hyne beon fyrr fram ofermodignysse
cinior. quánto se ésse lóngius a superbia
byð gewened ofermodignyss deofles deoful geefenlęceað
fuerit arbitrátus; Superbia diaboli diabolum imitantur
ofermodig(e) ongean þa þe ys ongeansett eadmodnyss cristes
supérbi. aduersus quam oppónitur humilitas christi.
on þære synd geeadmette ealdorlicra leahtra cwen 7
quá humiliantur eláti; Principalium uitiorum regína et
moder ofermodignyss ys 7 ælc syngigende ofermod ys
mater superbia est? et omnis péccans supérbus est;
ælc ofermodignyss swa micelum on (n)eowlum lið swa micelum
Omnis superbia tanto in imo iácet quanto
swa he on hyþe uppahefð and swa micelum swa he deoppur
in alto se érigit. tantóque profúndius
byð asliden swa micelum swa he hegur byþ uppahafen se þe
lábitur. quanto excélsius eleuatur; Qui
soðlice þurh agene modignysse byð togetogen þurh godes
enim per propriam superbiam adtóllitur. per dei
rihtwisnysse byð ahyld þa þe beoð toblawene mid modignysse
iustitiam inclinatur; Qui inflantur superbia.
mid winde hi beoð fedde ofermodignyss swa he ordfruma ys
uínto pascuntur; Superbia sicut orígo est

ealra leahtra ealswa hryre ealra mægena heo ys on
omnium criminum. ita ruína cunctarum uirtutum. ipsa est in
synne fyrmest heo on gewinne æftemyst þa þe of mægenum
*peccato prima. ipsa in conflictu postréma; Qui de uirtutib*us
gewordenum wuniað ˙fermode feallende flaesces of leahtre
effectis exsistunt supérbi ! cadentes carnis uitio
beoð geeadmette þæt hi arisan
humiliantur ut súrgant.

on life yldryna ys geeweden wæstm afulud unnytt yrðlineʒe
In uita patrum dicitur. fructus pútrefactus inútilis agrícolę.
7 mægen prutes unnytt gode swa swa soðlice hefe wæstma
et *uirtus superbi inutilis deo; Sicut enim póndus fructu*um
bryeð boh swa ofermodignyss wlite awent sawle sawl
frángit rámum. sic superbia decórem euértit animę ; Anima
prutes byð forlaeten fram gode 7 heo gewyrð deofla gewilnung
superbi derelínquitur a deo. et fit démonum desidérium.
ofermodignyss of heofenum nyþerasette heahengel 7 swylce
Superbia de cęlis depósuit archanʒelum. et tamquam
ligræsc dyde feallan ofer eorþan eadmodnyss mann
fúlgur fecit cádere super terram. Humílitas hominem
uppahefð on heofen 7 mid englum geblissian heo deð nelle þu
éleuat in celum et cum angelis lætári facit; Nóli
þurh ofermodignysse forsacan cynn oþþe mægðe 7 þeah þe wædla
per superbiam negáre progéniem. et si egénus
ys he 7 þu uppahafen ac an scyppend ys wyrhta ægðres
est ille et tu elátus. sed unus cónditor [1] *plasmátor utriúsq*ue ;
þæt soðlice ofermodignysse oþþe hryres ys raþe byð asliden
Quod enim superbiæ vel ruínę est cito lábitur!
þæt þæt gyfe lange byþ gehealden
quod gratiæ diu tenetur.

XVIII.

be wisdome
De Sapientia

drihten segð on godspelle beoð eornostlice snotere swa
Dominus dicit in aeuuangelio. Estote ergo prudentes sicut
næddran 7 anfealde swa culfran gerihtwisud ys wisdom
serpentes et simplices sicut columbę; Justificata est sapientia

[1] s. *est.*

fram eallum bearnum hyre bearn þissere worulde snoteran
ab omnibus filiis suis; Filii huius sæculi prudentiores
bearnum leohtes on cynryne hyra synd
filiis lucis in generatione sua sunt;

se apostol sæde na mare cunnan þænne hit gedafenað
Paulus apostolus dixit. Non plus sápere quam oportet[1]
cunnan ac cunnan to syfernysse nelle ge snotere beon mid
sápere. sed sápere ad sobrietatem; Nolite prudentes esse apud
eow sylfum forþi on godes wisdome na oncneow middaneard
uosmet ipsos; Quia in dei sapientia non cognouit mundus
þurh wisdom god gelicude gode þurh stuntnysse bodunge
per sapientiam deum. placuit deo per stultitiam predicationis
hale don gelyfende wisdom þises middaneardes stuntnyss ys
saluos fácere credentes; Sapientia huius mundi stultitia est
mid gode
apud deum;

sæde ahyld heortan þine to (on)cneawenne snoternysse
Salomon dixit. Inclina cor tuum ad agnoscendam prudentiam;
gif soðlice wisdom
Si enim sapientiam

[Some folios missing here.]

wif ungetreowe swylce se þe gegripð þrowend swa
muliérem infidélem. quasi qui adprehendit scorpionem[2]; Sicut
sunne uppspringende on heahstum godes swa wifes godes
sol óriens in altíssimis dei. sic muliéris bonē
hiw on gefratewungum huses hyre man wifes awent
species[3] *in ornamentis domus eius; Nequitia muliéris immútat*
ansyne hys 7 hit ablent andwlitan his ealswa bera
faciem eius. et obcécat uultum suum tamquam úrsus;
unrihthæmed wifes on uppahafenysse eagena 7 on bræwum
Fornicatio mulieris in extollentia oculorum et in pálpebris
hyr(e) byð oncnawen
illius agnóscitur;

sæde gif soðlice ys þæt on þe god leofað forligr
Augustinus dixit. Si uére est quod in té deus uiuat. fornicatio
on þe dead ys
in té mortua est;

---

[1] s. debes.　　　[2] i. serpentem.　　　[3] s. erit.

sæde wa þam se þænne hæfð gemære galnysse
Hieronimus dixit. Uę illi qui tunc habúerit terminum luxúriæ
þænne lifes galnyss lað gode forspilleduyss ys fædrenre
quándo uitę¹; Luxúria inimica deo perditio est paternę
yrfewyrdnysse spede forligr na þæt an ingehyd
hereditatis substantiæ; Fornicatio non solum conscientiam
ac eac lichaman gewemð betwuh estas 7 forspauincga
sed et corpus máculat; Inter épulas et inlécebras
lusta eac isene geþancu galnys gewylt earfoðlice soðlice
uoluptatum. étiam ferreas mentes libído dómat; Difficile enim
betwux estum byð gehealden clænnyss scinende hyd horig
inter delicias seruatur pudicitia; Nitens cutis sórdidum
geswutelað mod 7 on seolce 7 on cildclaþum galnys wealt
ostendit animum et in sérico et in pánnis libído dominatur.
na cyninga purpuran forhogað ne wædligendra forhogað
nec regum púrpuram témnit. nec mendicantium spérnit
fylþe butan clænum hlafe 7 wine acolað se þe
squalórem²; Sine cérere et libero fríget uenus³; Qui
galað libbende dead he ys eornostlice 7 se þe bvð
luxuriatur. uiuens mortuus est; Ergo et qui in-
fordruncen dead he ys 7 bebyrged
ebriatur mortuus est et sepultus;
sæde þænne mid oferfylle wamb byð aþened pricelas
Gregorius dixit. Dum satietate uénter exténditur. acúlei
galnysse beoð awehte
libidinis excitantur;
sæde forligr flæsces unrihtþæmed ys forligr
Isidorus dixit. Fornicatio carnis adulterium est. fornicatio
sawle þeowdom deofulgylda ys galnys soðlice flæsces forþi
animę séruitus idolorum est; Luxuria uero carnis ideo
cuðlic eallum ys forþi sona þurh hi ful ys swa swa
notabilis omnibus est. quoniam statim per sé turpis est; Sicut
þurh ofermodignysse geþances byð gefaren on galnysse⁴
per superbiam mentis itur in prostitutionem⁵
gælsan ealswa þurh eadmodnysse geþances byð gehæled clænnys
libidinis. ita per humilitatem mentis saluabitur castitas
flæsces ealdorlice þisum twam leahtrum deoful menniscum
carnis; Principaliter his duobus uitiis diabolus humano

[1] s. hab*et*.   [2] i. sordem.   [3] i. libido.
[4] *uel* on myltenhus.   [5] i. in luxuria.

cynne wealt þæt ys ofermodignysse modes 7 galnysse
generi dominatur. id est superbia mentis et luxuria
flæsces þurh þas soðlice twegen leahtras deoful mennisc
carnis; Per hæc enim duo uitia diabolus humanum
ah cynn oþþe þænne mod he on ofermodignysse uppaærþ
póssidet genus. uel dum mentem in superbiam erigit.
oþþe þænne he þurh galnysse flæsc gewemð þa forman
uel dum per luxuriam carnem corrumpit; Prima
forligres eagena flana synd þa oþre wordo ac se þe na
fornicationis oculorum téla sunt. secunda uerborum. sed qui non
byþ gelæht mid eagum he mæg wordum wiðstandan se þe
capitur oculis. pótest uerbis resistere; Qui
gelustfullunge gemidlað galfulre mislare na gewitt to
delectationem refrénat libidinóse suggestionis. non transit ad
geþwærnysse galnysse raþe he soðlice wiðstynt weorce se þe
consensum libidinis; Cito enim resistit operi qui
tincligendre na geþwærlæcð lustfullunge gif swyþor gegladað
titillanti non accómodat delectationi; Si plus obléctat
mod lufu forligres þænne lufu clænnysse þænne gyt on
mentem dilectio fornicationis quam ámor castitatis. adhuc in
menn synn ricsað gewislice gif ma gegladað fægernyss
homine peccatum regnat; Cérte si amplius delectat pulchritudo
innemynstre soþre lufe eallunga na ricsiað synna ac ricsað
intimę castitatis. iam non regnant peccata sed regnat
rihtwisnyss ælc unclæne besmitenyss forligr is gecweden
iustitia; Omnis inmunda pullutio fornicatio dicitur;
of gegladunge soðlice to forliegenne mislice beoð acennede
Ex delectatione enim fornicandi uaria gignuntur[1]
manu mid þam rice godes ys belocen 7 mann ys ascyrod
flagitia. quibus regnum dei cláuditur et homo separatur;
forligr mæstes ys gyltes for þi þurh flæsces unclænnysse
Fornicatio maximi est sceleris. quia per carnis inmunditiam
templ godes gewemð 7 ætbredende lima cristes deð lima
templum dei uiolat. et tollens membra christi facit membra
myltestran galful witodlice lif flæsc raþe geuntrumað
meretricis; Luxuriosa namque uita carnem cito debilitat.
7 tobrocenre swiftlice gelæt to ylde eallum synnum
fractámque celériter ducit ad senectutem; Omnibus peccatis

---

[1] i. nascuntur.

forligr mare ys forþi forligr ealle beforangæð yfele
fornicatio maior est. quia fornicatio uniuersa antecédit mala;
betere ys soðlice sweltan þænne forlicgean betere ys soðlice
Melius est enim móri quam fornicari; Melius est enim
sweltan þænne mid galscype beon gewemmed galnys soþlice on
mori quam libidine maculari; Libído uero in
helle mann besencð galnys soðlice on helle mann
infernum hominem mérgit. libido uero in tártarum hominem
asent on witu helle mann galnys þurhtyhð hefelicur galnys
mittit. in póenas tartari hominem libido pértrahat; Grauius libido
bærnð þæne þe heo idelne fint lichama soðlice mid geswince
úrit. quem otiosum inuenerit. corpus enim labore
geteorudne hwonlice byþ gegladud mid facne idelnysse soðlice
fatigatum minus delectatur flagitio; Otio enim
underþeodde raþe galscype undersmyhð æmtigne galnys raþe
déditos cito luxuria súbripit. uacantem luxuria cito
ofþrycð
preoccupat;
sæde ongean oþre leahtras gedafenað us mid
Caesarius dixit. Contra réliqua uitia opórtet nos om-
eallum mægene wiðstandan ongean galnysse soðlice na framað
ni uirtute resistere. contra libidinem uero non expedit
ongeanwinnan ac fleon
repugnare. sed fúgere;
on life yldryna ys gecweden clænnysse cenð forhæfednyss
In uita patrum dicitur. castitatem gignit abstinentia.
gyfernyss soðlice moder ys unforhæfednysse grene wyrt
gastrimárgia autem mater est incontinentiae; Uiridis hérba
wið wæter byð acenned 7 leahter galnysse on geneosunge
*próp*e *aquam náscitur. et uitium libidinis in uisitatione*
wifa ma togenealæc fyre byrnendum þænne wife
muliérum; Magis adpróxima igni ardenti quam mulieri
geongum þænne þu sylf byst geong naht soðlice framað hyne
iúueni cum et ipse sis iúuenis; Nihil enim ualet eum
clæne beon on lichaman se þe besmiten ys on geþance na
mundum esse corpore qui pullutus est mente; Non
soðlice hæte lichaman ahylt butan se þe sawle styrunga aer
enim éstus[1] corporis declinabit nisi qui animę motus ante
ofsett
comprésserit;

[1] i. calor.

XXII.

be þurhwununge
De Perseverantia.

drihten segð on godspelle se þe soðlice þurhwunað oð
Dominus dicit in aeuangelio. Qui autem perseuerauerit usque
ende se hal byð
in finem hic saluens erit;

    se apostol sæde nu soðlice alysede fram synne
Paulus apostolus dixit. Nunc uero liberati[1] *a peccato.*
þeowas soðlice gewordene gode ge habbað wæstm coverne on
serui autem facti deo. habetis fructum uestrum in
gehalgunge ende soðlice lif ece
sanctificatione finem uero uitam aeternam;

    sæde betere ys ende gebedes þænne fruma stand
Salomon dixit. Melior est finis orationis quam principium; Sta
on gewitnysse þinre 7 on þære spec 7 on weorce beboda
*in testamento tuo. et in illo conlóquere et in opere mandato*rum
þinra ealda
tuorum ueterésce[2];

    sæde na synd sohte on cristenum fruman ac
Hieronimus dixit. Non quęruntur in christianis initia sed
ende forþi þe paulus yfele ongan ac wel he geendude iudan
finis. quia paulus male coépit. sed bene finiuit. iudae
ys geherud fruma ac ende belæwinege he wæs genyþerud
laudatur exordium. sed finis proditionis[3] *damnatur;*
onginnan manegra hit ys to heahnysse becuman feawra
Coepisse multorum est: ad cúlmen peruenisse paucórum;

    sæde mægen godes weorces þurhwunung ys on
Gregorius dixit. Uirtus boni operis perseuerantia est; In-
idel god witodlice byð gedon gif ner ende life byð
cássum[4] *bonum quippe ágitur: si ante terminum uitae dese-*
forlæten se wel offrað se þe offru(n)ge godes weorces oð
ratur[5]; *Ille bene immolat. qui sacrif(i)cium boni operis usque*
ende gedafenlicre gelætt dæde
in finem débitae[6] *perdúcet actionis;*

    sæde þænne soðlice gelicaþ gode ure drohtnung
Isidorus dixit. Tunc enim placet deo nostra conuersatio.

[1] s. sumus. [2] i. perseuera. [3] i. traiectionis.
[4] i. inanum. [5] i. dimittatur. [6] i. oportune.

þænne god   þæt we(on)gynnað þurhwunigendum ende   we
quando bonum quod   i(n)choamus   perseuerante   fine com-
gefyllað god eornostlice na ongynnan ac gefulfremman mægen
plēmus Bonum   ergo   non cœpisse sed perfecisse   uirtus
ys na ongynuendum   med   ys behaten ac þurhwunigendum
est; Non inchoantibus premium promittitur. sed perseuerantibus
ys geseald symle on life mannes ende to secenne ys forþi þe god
  dátur; Semper in uita hominis finis querendus est. quia deus
na besybð hwylce we aer wæron   ac swylce abutan ende
non respicit quáles   ántea   fúimus. sed quáles circa finem
lifes we wunedon anra gehwylcne soðlice god be his ende na be
uitę extitérimus; Unumquemque   enim deus de suo fine non de
life forþgewitenum demð
uita preterita   iudicat;

               sæde of ende soðlice his anra gehwylc oþþ(e)
Cyprianus dixit. Ex fine enim   suo unu squisque au(t)
he ys gerihtwisud oððe he ys genyþerud
   iustificatur   aut   condemnatur;

XXIII.

be orsorhnysse
De Securitate

   drihten segð on godspelle wacað eornostlice forþi þe
  Dominus dicit in aeuangelio. Uigilate   ergo.   quia
ge nyten on hwyl(cre) tide drihten eower towerd ys eallum
 nescitis   qua   hora dominus uester uenturus est. omnibus
ic secge waciað
 dico uigilate.

      se apostol sæde beoð ge eornostlice gleawe 7 waciað
  Petrus apostolus dixit. Estote   ergo   prudentes et uigilate
on gebedum
in orationibus;

      se apostol sæde þænne soðlice secgeað menn sibb 7
  Paulus apostolus dixit. Cum enim dixerint homines pax et
ors(orh)nyss þænne færlic him oferbecymð forw
 securitas. tunc repentinus eis superueniet inte(ritus).

        sæde synd rihtwise and witan 7 weorcu hyra
  Salomon dixit. Sunt iusti atque sapientes. et opera corum

on hauda godes 7 swa þeah nat mann hweþer lufe
in manu dei : et *tamen nescit homo utrum amore*
oððe hatunge wyrþe sy ac ealle (on) towerd beoð gehealdene
an odio dignus sit. sed omnia in futurum re seruantur
ungewisse
incerta;
sæde to warnigenne ys þæt na þæt on us
Hieronimus dixit. Cauendum est. ne quod in nobis
selust ys si asliden on leahter forþi us drihten timan his
optimum est. labatur in uitium; Ideo nobis dominus tempus sui
bediglude tocymes þæt hangigende (?) 7 besceawude ealle on
celauit aduentus. ut pénduli[1] *et suspecti omnes in*
ungewissum symle deman urne we gelyfan beon towerdne
incerto semp*er iudicem* nostrum. *credamus esse uenturum :*
forþi hwænne he towerd sy we nytan eall lif witan
quia quando uenturus sit ignoramus; Omnis uita sapientis
smeaung deaþes ys
meditatio mortis est;
sæde gif ænig ys anwerdes timan bliss swa ys
Gregorius dixit. Si qua[2] *est presentis temporis letitia. sic est*
to donne þæt næfre biternyss æfterfyligendes domes ongean-
agenda ut numquam amaritudo sequentis iudicii rece-
gewite fram gemynde wel oft soðlice feond abered geþanc mid
dat a memoria : Plerumque enim hostis cállidus mentem cum
synne beswicð þæt þænne hit mid hryre geswenced besihð
peccato subplantat[3] *:/ quam cum eam ruina afflictam respicit :*
orsorhnysse cwyldbære mid swæsnyssum beswicð se þe witodlice
securitatis pestiferę blanditiis sedúcit; Qui igitur
(on) geþance orsorh ys gefremmedum unrihtwisnyssum he
mente securus est perpetrátis iniquitatibus ipse
him sylfum gewita ys forþi he unscyldig nys 7 þænne
sibi testis est. quia innocens non est; Cumque
geþanc orsorh byð agyfen on slæwþe mod byð toslopen þænne
mens secura redditur. in torporem animus laxatur; Cum
godu gebroþra ge doð to gemynde yfele dæda ongeangeclypiað
bona fratres ágitis ad memoriam mala acta reuocáte.
þæt þænne wærlice gylt byð onenawen næfre be godum
ut dum cáute culpa cognóscitur. numquam de bono

[1] i. inclinati.   [2] i. aliqua.   [3] i. decipit.

weorce unwærlice mod geblissige tide soðlice æftemyste
opere incaute animus laetetur; Horam uero ultimam
drihten ure forþi us wolde beon uncuþe þæt heo symle
dominus noster idcirco nobis uoluit esse incognitam. ut semper
mæge beon besceawud þæt þænne hi geseon we na magon to
possit esse suspecta. ut dum illam uidere non possumus. ad
hyre butan geswicenysse we beon gegearwude
illam sine intermissione preparemur;

   sæde ne rihtwis be his rihtwisnysse getruwige
Isidorus dixit. Neque iustus de sua iustitia confidat.
na synfull be godes mildheortnysse geortruwige ac he hæbbe
neque peccator de dei misericordia desperet. sed habeat
on heortan hopan samud ge ege swa he hopige mildheortnysse
in corde spem pariter et metum; Sic speret misericordiam.
þæt he rihtwisnysse ondræde swa hopa forgyfenysse upparære þæt
ut iustitiam metuat. sic spes indulgentiae erigat. ut
ege helle symle geswence þeah þe gehwylc si rihtwis
metus gehenne semper affligat; Quamuis quisque sit iustus
næfre neod ys þæt on þisum life sy orsorh þeah þe
numquam necesse est ut in hac uita sit securus; Quamuis
haligra drohtnung luflic sy ungewis swa þeah mannum
sanctorum conuersatio probabilis[1] *sit. incertum*[2] *tamen hominibus*
ys to hwylcum syn ende asende nan þe þincg be synne
est ad quem sint finem destinati; Nulla te res de peccato
orsorhne do þeah þe dædbot miltsung synna sy
securum faciat; Quamuis paenitentia propitiatio peccatorum sit.
buton ege swa þeah mann beon na scyl forþi dædbote
sine metu tamen homo esse non debet quia paenitentiae
bot godcundum for an si ameten dome na menniscum
satisfactio[3] *diuino tantum pensatur*[4] *iudicio non humano;*
ne soðlice æfre hit gedafenað dædbote habban be synnum
Neque enim umquam oportet paenitentem habere de peccatis
orsorhnysse witodlice orsorhnyss gymeleaste ceno gymeleast
securitatem. nam securitas negligentiam parit! negligentia
soðlice oft unwærne to leahtrum forðgewitene ongeangelætt
autem sepe incautum ad uitia transacta reducit;

   sæde ungewiss witodlice ys anra gehwylces lifes
Isidorus dixit. Incertum[5] *namque est unius-cuiusque uitę*

[1] i. laudabilis.   [2] i. incognitum.   [3] i. emendatio.
   [4] i. deliberatur.   [5] i. incognitum.

timan 7 forþi to ofstenne ys þe læs twynigendne deað
tempus. et ideo festinandum est. ne forte dubitantem mors
færlic forecume
repentina preveniat [1];

sæde swa micelum swa we synd orsorge be forð-
Caesarius dixit. Quanto sumus securi de pre-
gewitenum ealswa micelum syn we carfulle be towerdum calle
teritis. tanto simus solliciti de futuris; Omnia
soðlice leahtras oððe synna raþe to us beoð gehworfene gif hi na
enim crimina uel peccata cito ad nos reuertuntur. si non
dæghwamlice mid godum weorcum beon ofercumene
cotidie bonis operibus expugnantur.

XXIIII.

be dysignysse
De Stultitia.

drihten segð on godspelle ælc se þe gehyrð wordu mine 7
Dominus dicit in euangelio. Omnis qui audit uerba mea et
na deð þa gelic he ys were stuntum
non facit ea. similis est uiro stulto;

se apostol þa þe dysige synd middaneardes geceas
Paulus apostolus dixit. Quae stulta sunt mundi elegit
god þæt he gescynde wise forþyldiað soðlice unwise þænne
deus. ut confundat sapientes; Sustinete enim insipientes. cum
ge synd sylfe wise
sitis ipsi sapientes;

sæde dysige þa þe him sylfum synd derigende gewil-
Salomon dixit. Stulti ea que sibi sunt noxia cupi-
niað 7 ungleawe hatiað ingehyd stunt byð gebeaten
unt. et imprudentes odiunt scientiam; Stultus caeditur
mid welerum stunt mid welerum byð geswungen muþ soðlice
labiis. stultus labiis uerberabitur; Os autem
dysiges gescyndnysse nehst · ys se þe stunt ys þeowige
stulti confusioni proximum est; Qui stultus est seruiat
wisum mann gep bediglað ingehyd heorte unwisra
sapienti; Homo uersutus [2] *celat scientiam. cor insipientium*

[1] occupet.   [2] i. cautus.

LIBER SCINTILLARUM. 95

foroclypað dysignysse se þe soðlice stunt ys geopenað dysignysse
prouocabit stultitiam; Qui autem fátuus est áperit stultitiam
his heorte dysigra ungelic byð stunt byð fedd mid
suam; Cor stultorum dissimile[1] *erit; Stultus páscitur im-*
unwisdome dysignysse bliss þam dysigum na gerisað
peritia; Stultitia gáudium stulto; Non décent
stuntne wordu gesette na ealdor weleras wægendes
stultum uerb(a) conpósita. nec principem labia mentientis;
framað ma beran ongeanyrnan gegripenum hwealpum þænne
Éxpedit magis urso[2] *occúrrere raptis fóetibus. quam*
stuntum getruwigendum him sylfum on dysignysse hwæt framað
fatuo confidenti sibi in stultitia; Quid pródest
habban welan stuntan þænne he wisdom biegean na mæg
habere diuitias stulto. cum sapientiam émere non póssit?
mann dysig plegað mid handum þænne he behætt for his freond
Homo stultus plaudet manibus cum spopónderit pro amico suo;
stunt gif he suwa(ð) wis he byð geteald 7 gif he togæderesett
Stultus si tacuerit sapiens putabitur? et si conprésserit
weleras his ongytende muþ dysiges fortredinc(g) his 7 weleras
labia sua intelligens; Os stulti contritio eius. et labia
his hryre sawle his dysignyss mannes nyþeralegð gangas his
illius ruina animę eius; Stultitia hominis supplantat[3] *gressus eius.*
7 ongean god he wealð on mode his na andswara þam stuntan
et contra deum féruet animo suo; Ne respóndeas stulto
æfter stuntscype his þe læs þe þu si geworden him gelic
iuxta stultitiam suam. ne efficiaris ei similis;
andswara stuntan æfter dysigdome his þe læs þe he him sylfum
Respónde stulto iuxta stultitiam suam. ne sibi
wis beon sy geþuht hu on idel hæfð heal(t) fægere
sapiens esse uideatur; Quomodo frústra habet claudus pulchras
scancan swa ungerysenlic ys on muþe dysiges bigspell swa swa
tíbias? sic índecens est in ore stulti parabola; Sicut
se þe asent stan on hypel eal swa se þe syld
qui mittit lapidem in acéruum mercúrii? ita qui tribuit
unwis(um) wyrðscype þeah þu punige stuntne on pil(an) swylce
insip(i)enti honorem; Si contúderis stultum in píl(a) quasi
berenhula punigendum bufan punere na byð afyrred fram him
típsanas feriénte désuper pilo. non auferetur ab éo

[1] i. uarium. [2] vel ursę. [3] i. deponit.

dysignyss his dysig togædcrefealt handa on wege gande
stultitia eius; Stultus cŏnplicat manus in uía ambulans.
þænuc he sylf unwis byð ealle stunto he wenð weleras un-
cum *ipse insipiens sit. omnes stultos aéstimat; Labia in-*
wises beseneccað hync angynn worda him dysignyss
sipientis praecipitabunt eum. initium uerborum ei; Stultitia.
7 æftemyst muþes his getwyld wyrst
et *nouissimum oris illius error pessimus;*

    sunu   menn dysige na gegripað
Hiesus filius Sirach dixit. Homines stulti non adprehendent
wisdom 7 menn dysige na gesceð hi stunt biterlice
sapientiam. et homines stulti non uidebunt illam; Stultus acérbiter
ætwitt fram ansync wordes cacnað dysig swylce
inproperabit; A facie uerbi párturit fátuus tamquam
accnnedes eacnung cildes fla onafæstnud on þeo hundes
géniti pártus infántis; Sagitta infíxa in fémore cánis.
swa word on heortan stuntes gyfu unwises na byð nytlic
sic uerbum in corde stulti; Datus insipientis non erit utilis
þe eagan soðlice his scofonfealde synd lytle he sylð 7 fela
tibi. oculi enim illius septĭnplices sunt. exigua¹ dabit et multa
he ætwitt 7 openung muþes his widmærsung ys stuntan na
inproperabit. et apértio oris illius infamátio est; Fátuo non
byð freond 7 na byð þanc godum his þa þe soðlice etað
erit amicus. et non erit gratia bonis illius; Qui enim édunt
hlaf þæs stuntan lease tungan hi synd of muþo (þ)œs stuntan
panem fátui. falsi linguę sunt; Ex ore fátui
byð onscunod bigspell na soðlice þæt segð on timan his
reprobabitur parabola non enim illam dicit in tempore suo;
heorte þæs stuntan swylce fætt tobrocen 7 ealne wisdom
Cor fatui quasi uas confractum et omnem sapientiam
he na healt racu þæs stuntan swylce seam on wege copsas
non tenebit; Narratio fatui quasi sárcina in uía; Cŏnpedes
synd on fotum dysiges on muþe stuntra heorte hyra 7 on
sunt in pédibus stulti; In óre fatuorum cor illorum: et in
heortan wisra muð hyra sceamu fædres ys be suna
corde sapientium os illorum; Confusio patris est. de filio
ungelæredum se þe lærð stuntne swylce se þe belime tigelan
indisciplinato; Qui docet fatuum. quasi qui conglútinet téstam;

¹ i. pauca.

mid dysigan naht micel na spec þu 7 mid gewitleasum na
Cum stulto non multum loquáris. et cum insensato ne
ga þu sand 7 sealt 7 bloman iscnes eþre ys to berenne
abiéris; Harénam et sál. et mássam férri facílius est portáre.
þænne mann ungleawne 7 stuntne 7 arleasne forebreostu
quam hominem inprudentem. et fátuum et impium; Precordia
þæs stuntan swylce hweowul cretes 7 swylce ex wendende swa
fátui quasi róta cúrri! et quasi áxis uersátilis sic
geþanc þæs dysigan betere ys mann se þe behytt dysignysse
cogitatus stulti; Melior est homo qui abscondet stultitiam
his þænne se þe behytt wisdom his weleras unsnot-
suam quam *qui abscondit sapientiam suam; Labia inpru-*
era dysige receeað wordu soðlice snotera on wæge
dentium stulta narrabunt. uerba autem prudentium statéra
beoð awegene na gemænsuma þu meun ungelæredum þe læs
ponderabuntur; Non commúnices homini indocto. ne
þe he yfele be cynne þinum spece
male de progenie tua loquatur;
sæde stuntspæcne soðlice 7 dyrne na gerist
Hieronimus dixit. Stultiloquum enim et obscúrum non décet
beon cristenne hit gerist soðlice spæce his mid sealte beon
esse christianum. décet autem sermonem eius sále ésse
gestredd þæt he þanc mid hlystendum hæbbe swa hwæt soðlice
conditum. ut gratiam apud audientes hábeat; Quicquid enim
swa se woda spycð hream 7 gehlyd ys to genemnenne
ámens loquitur. uociferatio et clamor est appellandum;
sæde dysig æfter untrumnysse his ongyt 7 æfter
Hilarius dixit Stultus iuxta infirmitatem suam séntit et iuxta
wanhalnysse gecyndes his wat
inbecillitatem naturę suę sápit;
sæde swa swa ne gold mettas ne þrotu wordu
Gregorius dixit. Sicut nec auris escas. nec gúttur uerba
onenæwð calswa ne se dysega ænig cwyde wisdomes ongytt
cognoscit ita nec stultus quisque sententiam sapientię intelligit;
stuntne mid witum on bodunge na geferlæc þu þæt na
Fátuum cum sapientibus in predicatione non sócies. ne
þurh hyne se þe gefyllan þincg na mæg þam þe ofermæg wiðstande
per eum qui implére rém non ualet. illi qui préualet obsístas;
sæde naht dysignysse wyrse naht unwisdome wyrse
Isidorus dixit. Nihil stultitia peius. nihil insipientia deterius.

† H

naht asolcenysse fullicor nytenyss leahtra fostermoder ys
nihil ignáuia túrpius; Ignorantia uitiorum nútrix est.
nytenyss soðlice hwæt sy gylt wyrþlic na ongytt unwis
ignorantia enim quid sit culpa dignum non sentit; Insipiens
syngallice syngað ungelæred soðlice eþelice byþ beswicen dysig on
assidue peccat. indoctus enim fácile decipitur. stultus in
leahter raþe byð asliden
uitium cito delábitur;

XXV.

be gitsunge
De Auaritia.

drihten segð on godspelle warniað soðlice fram ælcere
Dominus dicit in euangelio. Cauete autem ab omni
gytsunge forþi na on genihtsumnysse ænigum lif his ys se þe
auaritia. quia non in abundantia cúiquam uita eius est qui
ah
póssidet;
        se apostol sæde æle forligr 7 unclænnyss oþþe
Paulus apostolus dixit. Omnis fornicatio et inmunditia. aut
gytsung na si furþon genemned on eow æle forliegend oððe
auaritia. nec nominetur in uobis; Omnis fornicator aut
unclæne oþþe gytsere þæt ys deofulgylda þeowdom næfð
immundus. aut auarus. quod est idolorum séruitus non habet
yrfwyrdnysse on rice cristes 7 godes
hereditatem in regno christi et dei;
   sæde gedrefð hus his se þe fyligð gytsunge
Salomon dixit. Contúrbat domum suam. qui sectatur auaritiam.
se þe soðlice hatað gyfa he leofað gytsere na byð gefylled
qui autem odit munera uiuet; Auarus non impletur
mid feo 7 se þe lufað welan wæstmas na onfehð of him
pecunia. et qui amat diuitias. fructus non capiet ex éis;
gytsere soðlice naht ys scyldigre naht nys unrihtlicre þænne
Auaro autem nihil est scelestius; Nihil est iníquius quam
lufian feoh þes witodlice sawle his cyplice hæfð
amáre pecuniam. hic étenim animam suam uenálem habet;

manega fordyde gold 7 seolfor na sy astreht hand
Multos pérdidit aurum atque argentum; Non sit porrécta manus
þin to nimene heo sy to syllene gecliht
tua ad captandum. sit ad dándum collécta;
    sæde swa swa soðlice gytsung on helle gesettan
Augustinus dixit. Sicut enim auaritia in infernum pónere.
ealswa geoc cristes on heofen uppahebban gewunað
ita iugum christi in caelum leuare consuéuit;
    sæde gytsung gemet nat 7 þænne heo calle
Hieronimus dixit. Auaritia modum ignórat. et cum omnia
forswylhð heo ne cann eallunga beon gefylled hyre hingrað symle
déuorat. néscit páenitus saturari? Esurit semper.
7 heo wanspedig ys 7 mid wilddeorenum toþum ealle
et inops est. et cum ferálibus dentibus uniuersa
middaneardes ricu heo totyrð þænne hi gyt fæstende laðlic
mundi regna discérpserit. tunc se adhuc ieiúnam hórribilis
heo segð
confitetur;
    sæde teter witodlice hæfð on lichaman
Gregorius dixit. Inpetíginem quoque habet in corpore.
swa hwylc swa mid gytsunge byð bereafud on geþance gif soðlice
quisquis auaritia uastátur in mente; Si autem
na gyt we magon forlætan agene huru we na gewilnian
néc dum póssumus relínquere própria. sáltem non concupiscámus
fremede to gytsunge heortan fæder beswicð genihtsumnyss
aliena; Ad auaritiam cor parentis[1] *ínlicit*[2] *fecunditas*[3]
    þanon soðlice to gewilnunge gegaderigendre yrfwerdnysse
prólis; Eo[4] *enim ad ámbitum congregandę hereditatis*
byð onæled þe mid manegum yrfwerdum byð genihtsumud
accénditur[5]. *quo multis herédibus fecundatur;*
    sæde gytsigende wer gelic ys helle gytsung
Ciprianus dixit. Auarus uir similis est inferno. auaritia
openlice wét
pálam sáeuit;
    on life yldryna ys gecweden se þe lufað seolfor he na gesihð
In uita patrum dicitur. qui amat argentum non uidebit
ingehyd 7 se þe gaderað þæt biþ fordímmod oððe aþystrod
scientiam. et qui congregat illud obscurabitur;

[1] i. patris.   [2] i. decipit.   [3] i. ubertas.   [4] i. inde.
[5] s. quisque.

XXVI.

be mægene.
De Uirtute.

drihten segð on godspelle nan ys soðlice se þe deð
Dominus dicit in euangelio. Nemo est enim qui faciat
mægen on naman minum 7 he mæge raþe yfele specan
uirtutem in nomine meo. et possit cito male loqui
be me
de me;

se apostol sæde na soðlice on spræce ys rice
Paulus apostolus dixit. Non enim in sermone est regnum
godes ac on mægene sumum þurh gast ys geseald weorc
dei. sed in uirtute; Alii per spiritum datur operatio
mægena geleafa eower na si on wisdome manna ac on
uirtutum; Fides uestra non sit in sapientia hominum. sed in
mægene godes
uirtute dei;

sæde nelle þu forbeodan wel don þæne se þe mæg
Salomon dixit. Noli prohibére benefácere eum qui potest
gif þu mæge eac þu sylf wel do mid ealre heordrædenne geheald
si uáles et ipse benefac; Omni custodia serua
heortan þine for þam þe of hyre lif forðstæpð
cor tuum. quia ex ipso uita procedit;

sæde manega synd mægena hiw þa fyligend-
Hieronimus dixit. Multę sunt uirtutum species. quae sectator-
rum hyra syllað rien heofena an witodlice siðfæt ac
ibus suis tribuunt regna cęlorum? unum quidem iter sed
to becumenne manega rædas se þe framian higð þeah þe he
perueniendi multa conpendia; Qui proficere studet. etiamsi
stæpe fulfremednysse atilð symle swa þeah he sint þæt
grádum perfectionis adtingit. semper tamen inuenit quo
he wexe 7 þurh dagas syndrige him sylfum betere gewyrþe
crescat. et per dies singulos. se ipso melior fiat;
nænig mæg ge mægenu ætgædere ge welan agan
Nemo potest et uirtutes simul. et diuitias possidére;

sæde leahtrað mægen yfelnyss 7 coccelas ofer-
Augustinus dixit. *Uitiat uirtutem malitia? et zizánia trans-*
stigað hwæte
cíndunt frumentum;

    sæde na mæg geþanc rice habban mægena
Ambrosius dixit. Non pótest mens regnum habére uirtutum
buton hit ær ofasceace geoc leahtra
nisi prius excússerit iúgum uitiorum;

    sæde ingehyd witodlice mægen ys eadmodnysse
Gregorius dixit. Sciéntia étenim uirtus est. humílitas
eac swylce hyrde mægenes halig gehwylc eac swylce þænne
étiam cústos uirtutis; Sanctus quisque étiam cum
mid þwyrum geþance byð axsud fram godnysse his bigenege
peruersa mente requíritur. a bonitatis suae stúdio
he na byð awend on wege godes geferan habban gewilniað
non mutatur; In uia dei sócios habére desideráte;

    sæde to mægenum earfoðlice we arisað to leahtrum
Isidorus dixit. Ad uirtutes difficile consúrgimus. ad uitia
butan geswince we beoð aslidene mid digelre mægenes uppahaf-
sine labore dilábimur occulta uirtutis præla-
ennysse hefige soðlice geswincu we þurhteon þæt we to
tione; Grandes enim sudóres impertiámur. ut ad
heofenan astigan magan swa swa lytlum mann fram
caelum conscéndere ualeamus; Sicut paulátim homo a
læstum leahtrum on mæste forðhryst ealswa stæpmælum to
mínimis uitiis in maxima próruit. ita gradátim ad
þam þe synd heage he arist se þe soðlice unendebyrdlice
ea quae sunt excelsa consúrgit; Qui autem inordináte
mægenu gegripan hogað raþe he byð gesiclud þis ys intinga
uirtutes conprehéndere nítitur. cito periclitatur; Hæc est causa
on þinga gecynde þæt swa hwylc swa hwætlice to þeoginege
in rérum natúra. ut quicumque uelóciter ad profectum
efstað butan tweon hrædlice hi beoð geendude ær leahtras
téndunt. sine dubio celériter finiantur; Prius uitia
to awyrtwaligenne on menn þar æfter on to sawenne mægenu
stirpánda sunt in homine. déinde inserénde uirtutes;
witodlice beon geyrfewyrd 7 togeþeodd na mæg soðfæstnyss
Nam coheréri et coniungi non pótest uéritas

mid leasunge þu wylt soðlice mægenu þine geycean geopenian
cum *menducio ; Uis   autem uirtutes tuas augére   publicare*
nelle þu
    noli ;

        sæde   þa geþancu upplice ceasterwaran behealdaÐ
    Gregorius dixit. Ille mentes supérnos   cíues   aspíciunt.
þa þe mid mægena swæccum to gode þurh halige gewilnunga
quae cum uirtutum odoribus ad deum per sancta desideria
   faraÐ   þænne soðlice gyt mid ege godu ænig deÐ fram
proficiscúntur ; Cum uero adhuc timore bona quis ágit. a
yfele eallunga na   gewat   of   ege   anra gehwylc leahtor
malo pénitus non recéssit ; Ex timóre unumquódque uitium
byÐ ofsett of soþre lufe soðlice mægenu beoÐ uppsprungene geleafa
prémitur. ex caritate autem uirtutes   oriuntur.   fides.
hopa soÐ lufu geblissaÐ on weorc   god   þæt   æghwylc mægen
spes. caritas ; Gaudet in ópus bonum. quod únaqueque uirtus
  toþenaÐ
administrat ;

       sæde   naht framaÐ mid wordum areccean   mægen
  Ciprianus dixit. Nihil pródest   uerbis   proférre uirtutem.
7 mid dædum towyrpan soÐfæstnysse
et *factis   destrúere   ueritatem ;*

XXVII.

be leahtrum
De Vitiis.

  drihten segÐ on godspelle fram innan soðlice of heortan
Dominus dicit in euangelio. Ab íntus enim de corde
manna geþancu yfele forÐgewitaÐ unrihthæmedu   forligru
hominum cogitationes male procédunt ;   adulteria   fornicationes
mannslihtas stala gytsung   man   unclænnyss eage   yfel
homicidia. furta. auaritia. nequitia. inpudicitia. oculus malus.
wiþersacung ofermodignyss dysignyss[1] ealle þas yfelu fram innone
blasphémia.   superbia.   stultitia ; omnia haec mala ab intus
forÐstæppaÐ 7 hi gemænsumiaÐ   mann
procédunt. et commúnicant[2] hominem ;

      [1] Dygsinyss in MS.   [2] i. contaminant.

se apostol sæde na eornostlice ricsige synn
*Paulus apostolus dixit. Non ergo régnet peccatum
in uestro mortali corpore. ut oboediátis. concupiscentiis*
on eowrum deadlicum lichaman þæt ge hyrsumian gewilnungum
his
eius;
    sæde unrihtwisnyssa his gelæcceað arleasne 7
Salomon dixit. Iniquitates suae cápiunt impium et
mid rapum synna his anre gehwylc byþ gewriþen
fúnibus peccatorum suorum unusquisque constringitur;
    sæde nan flæsc gefægnað on gode þæt leofað on
Augustinus dixit. Nulla caro exultat in deo quę uiuit in
leahtrum
uitiis;
    sæde na beoð afeormude yfelu leahtra butan
Hieronimus dixit. Non purgantur mala uitiorum. nisi
of wiðmetinege mægena yfele treowes on oste yfel nægel oððe
ex conparatione uirtutum; Male árboris nódo malus clauus aut
wecg on to fæstnigenne ys na magan on dæge domes
cúneus infigendus est; Non póterunt in die iudicii
oþra mægenu oþra leahtres uppahebban abutanberingede
aliorum uirtutes. aliorum uitia subleuáre; Circámdati
soðlice mid leahtrum na magon gescon mægenu ælcne leahtor
enim uitiis. non póssunt uidére uirtutes; Omne uitium
utanyd fram sawle þinre þæt mægenu sawle begytan þu mage
expélle ab anima tua ut uirtutes animę consequi póssis;
we soðlice mid lufe mægena leahtras uton oferswiþan ealle
Nos uero amore uirtutum uitia superémus; Omnes
soðlice menn mid leahtrum urum we gestrangiað 7 þæt we
enim homines uitiis nostris fauémus[1]. *et quod*
mid agenum doð willan to gecyndes we doð
propria fácimus uoluntate. ad naturæ reférimus
neode
necessitatem;
    sæde framgewitende mann fram gode sona leahtra
Isidorus dixit. Recédens homo a deo státim uitiorum
byð getæht anwealde þæt þænne he þolað atihte leahtras ongean-
tráditur potestati. ut dum pátitur intenta uitia. reuer-
gehwyrfende þanon þe he feall understande genoh estelice hine
tendo unde cecidit resipiscat[2]*; Satis delicáte sé*

[1] i. confortamus. [2] i. intellegat.

grapað se þe wyle butan geswince leahtras oferswiþan fulfrem-
þalþat. *qui uult sine labore uitia superare;* Per-
edlice wiðsace leahtre se þe intingan forbuhð to gefremmenne
fecte renuntiat uitio qui occasionem éuitat perpetrandi
synne leahtras soðlice heortan þinre onwreoh wel oft
peccatum; Uitia uero cordis tui reúela; Nonnumquam
mann his leahtras ehtað forþi nys na wundor se þe ær
hominem sua uitia persequuntur? quia nimirum qui prius
willende þa him he dyde gehende þa þar æfter he ongytt eac
uoléndo ea sibi fecit sócia éa póstea sentit étiam
nellende styeigende twyfealdlice ys soðlice gyltes scyldig se
nólens stimulósa; Duplíciter est autem criminis réus. qui
eac forlætt scylda þurh willan 7 beweraþ þa þurh anwil-
et *admittit scélera per uoluntatem. et defendit éa per con-*
nysse toþundennysse betwynon him sylfum underwexað leahtras
tumaciȩ¹ túmorem; Inuicem sibi succrescunt uitia.
þæt þænne an framgewitt æfterfylige oþer hwilon
ut dum unum abiérit. succedat aliud; Aliquando
nytlice byð syngud on læstum leahtrum þæt maran nytlicur
utíliter peccatur in minimis uitiis. ut maiora utilius
beon gewarnude soðlice beoð gehælede leahtras þa
caueantur; Ueráciter autem sanántur uitia. quae
mid mægenum na mid leahtrum byð utasceofene
uirtutibus non uitiis excluduntur;
sæde leahtras soðlice ure fynd ure synd
Caesarius dixit. Uitia enim nostra hóstes nostri sunt;
on life yldryna ys geeweden swa swa fætt corþe cenð
In uita patrum dicitur. sicut pinguis terra germinat
þæt behydd ys on hyre ealswa flæsc fætt forðgelætt
quod absconsum est in ea sic et caro pinguis prodúcit
leahter
uitium;

XXVIII.

he druncennysse.
De Ebrietate.

drihten segð on godspelle begymnað soðlice eow þæt
Dominus dicit in euangelio. Adtendite autem uobis ne

---

¹ i. superbiȩ.

færunga beon gehefegude heortan eowre on oferfylle 7 on druncen-
forte grauentur corda uestra in crapula et *ebrie-*
uysse 7 carum þyses lyfes
tate et *curis huius uite ;*

se apostol sæde nelle ge druncnian wine on þam ys
Paulus apostolus dixit. Nolite inebriari uino. in quo est
galscype
luxuria ;

sæde galful þing win 7 ceastfull druncen-
Salomon dixit. Luxuriosa res uinum et *tumultuósa ebri-*
nyss swa hwylc swa on þysum gegladað he na byð wis na
etas. *quicumque in his delectatur non erit sapiens ; Ne*
beheald þu win þænne hit geoluwað þænne scyð on glæse
intuearis uinum quando fluuéscit. cum splendúerit in uitro
hiw his bit ingæð swæslice ac on latemystum hit tyrþ ealswa
color eius ? ingréditur blánde sed in nouissimo mordebit ut
snaca 7 ealswa slawyrm attru hit tosend oþþe ongytt
cóluber. et *sicut régulus uenéna diffund*et ;

wyrhta druncen na byþ gewele-
Hiesus filius Sirach dixit. Operarius ebriósus non locupleta-
gud. 7 se þe forhogað gehwæde æthwego feald win 7
litur ? et *qui spérnit módica. paulátim décidit ; Uinum* et
wif awedan doð witan 7 hi þreageað andgytfulle
mulieres apostatáre faciunt sapientes. et *árguent sensátos*[1] ;
genihtsum ys menn gelæredum win gehwæde on slæpende
Sufficiens est homini erudito uinum exiguum. In dormiendo
þu na swincst fram him ne þu na ongyst geswinc lufigende on
non laborábis ab illo nec sénties laborem ; Diligentes in
win nele þu forðgeclypian manega soðlice utadræfde win
úinum noli prouocáre. multos enim exterminauit uinum ;
biternyss sawle win micel gesceuct riht lif ys win
Amaritudo animae uinum multum potátum. Aéqua uita est uinum
mannum gif þu dri(ncst) þæt gemetlice syfre þu byst win
hominibus ? si biba(s) illud moderáte sobrius éris ; Uinum
on wynsumnysse gesceapen ys na on druncennysse win
in iocunditatem creatum est non in ebrietatem Uinum
gemetlice gedruncen hæld ys lichaman 7 sawle win
moderáte potátum sanitas est corporis et *animae ; Uinum*

---

[1] i. prudentes.

swyþe gedruncen graman. 7 yrre 7 hryras fela hit deð
multum   potatum   inritationem et iram et ruínas multas facit;
swa swa   fyr   afandað   isen   heard   ealswa   win   heortan
Sicut   ignis   próbat   férrum   dúrum.   sic   uinum   corda
ofermodigra preað
superborum árguit;

      sæde swa hwar swa   fyll   7 druncennyss
Hieronimus dixit.   Ubicumque   saturitas et   ebriétas
byð þar galnys wealt   æfæst næfre win hrenige
fuerit ibi   libido dominatur; Religiosus numquam uinum redóleat [1].
þæt he na gehyre þæt þeodwitan þæt nys coss ræccean
  ne   audiat illud [2] *philósophi. hoc non est osculum porrigere*
ac scencean swa hwæt swa druncnað 7 stede modes ahwyrfð
sed propináre; Quicquid   inebriat et statum mentis euertit.

ealswa utan fleou swa   win   wambe aþenede of mete 7
similiter fugiamus   ut   uinum; Uentrem disténtum cibo et
wines mid drincean þurhgoten lust   gecyndlima   fyligð
uini potionibus rigatum. uoluptas genitalium sequitur;
swa hwæt swa sædlic unlusta attor getele þu
Quicquid seminarium [3] *uoluptatum* [4] *est uenénum putáto;*

     sæde   untrumne   magan   gemetegud mete eac
Ambrosius dixit.   Infirmum stómachum   moderatus cibus. et
win gestrangað druncennyss soðlice lichaman geuntrumað
uinum confórtat.   ebriétas   autem   corpus   debilitat;

wel oft soðlice gyfernyss 7 genihtsumnyss wines fullice on
Plerúmque enim gula   et abundantia   uini. turpiter in
galnysse tolætt win witodlice na byð geteald on gewunan
luxuriam soluit; Uinum   quippe non reputatur in úsum.
ac byð genyþerud on gewitleaste
sed damnatur   in excessum;

     sæde druncennyss soðlice gedrefednysse cenð ge-
Isidorus dixit.   Ebrietas autem perturbationem gignit men-
þances hatheortnysse heortan lig galnysse druncennyss swa
tis? furorem cordis. flammam libidinis; Ebrietas ita
mod geelþeodað þæt hwar hit sy hit nat þanon eac swylce
mentem aliénat. ut ubi · sit nesciat. unde étiam
yfel na byð gefredd þæt þurh druncennysse byð gefremmed
malum non sentitur. quod per   ebrietatem committitur;

[1] i. fragret.   [2] s. proverbium.
[3] i. semen.   [4] i. desideriorum.

manegum lof ys micel druncan 7 na druncnian gehyran þa
Plérisque[1] *laus est multum bibere et non inebriári. audiant hi*
ongean hi secgende witegan wa eow ge þe mihtige synd to
aduersum sé dicentem prophetam. uae[2] *qui potentes estis ad*
druncenne win 7 weras strange to gemencgenne druncennysse
bibendum uinum. et uiri fortes ad miscendam ebrietatem;
na þæt an of wine gedruncnode menn ac eac swylce of
Non solum ex uino inebriantur homines. sed etiam ex
oþrum to drincenne cynnum þa of mislicum gemete beoð
ceteris potandi generibus; quę uario modo con-
gemencgede
ficiuntur;
        swa swa soðlice fisc hyne gearwað þæt
Basilius dixit. Sicut enim piscis se préparat ut
he glentrige æs ealswa se druncena win onfchþ unhold
 gluttiat éscam ita ebriósus uinum suscipit inimicum ;
win soðlice us drihten to blisse heortan na to
Uinum enim nobis dominus ad lętitiam cordis non ad
druncennysse forgeaf manega witodlice menn þurh win
ebrietatem donauit; Plurimi namque homines per uinum
lichaman unhælþe mæste togæderetugan na hi ne mihton
corporis debilitatem maximum contraxérunt. nec potúerunt
begytan ærran trumnysse forþi þe hi na tempredon
cónsequi prístinam firmitatem. quia non temperauerunt
gyfernysse hætan se druncena getelþ hyne sum þinc selust
 gulae ardorem; Ebriosus putat se aliquid optimum
don þænne he byþ þurh fyllas bewylewud on eallum þinge
ágere. cum fuerit per precipitia deuolútus; In omnibus
þe gearwa syferne þæt þe syfernyss clænne gegearwige
te éxhibe sobrium. ut te sobrictas castum exhibeat;

XXVIIII.

be teoðungum.
De Decimis.

drihten segð on godspelle ealle teoþunge eore
Dominus dicit in ęuangelio. Omnem decimationem vestram
dælað he þurh witegan sprycð inbringað ealle
distribúite; Ipse per prophetam loquitur. inférte omnem

---

[1] i. multis.   [2] s. uobis.

teoþunge on bern min þæt si mete on huse minum 7
decimationem in horreum meum. ut sit cibus in domu mea et
afandiað me on þam segð drihten
probate me in his dicit dominus;

se apostol sæde of bearnum mæssepreosthad
Paulus apostolus dixit. De filiis leui! sacerdotium
onfonde bebod hi habbað teoþunga niman fram folce
accipientes mandatum habent decimas sumere a populo
æfter lage þæt ys fram gebroþrum bliðne soðlice
secundum legem id est. a fratribus suis; Hilarem enim
syllend lufað god
datorem diligit deus;

sæde sume dælaþ agene 7 þe welegran
Salomon dixit. Alii diuidunt propria. et ditiores
hi gewyrþað sume gripað na hyra 7 symle on wædle
fiunt. alii rapiunt non sua[1]. *et semper in egestate*
hi synd
sunt;

sæde on ælcere sylene bliðne do ansyne
Hiesus filius Sirach dixit. In omni dato hilarem fac uultum
þine 7 on gefægenunge gehalga teoþunga þine syle þam
tuum et in exultatione sanctifica decimas tuas; Da al-
hehstan æfter sylene his 7 on godum eage to fyndele
tissimo secundum datum eius. et in bono oculo ad inuentionem[2]
do handa þinra forþi þe drihten leanigende ys 7
fac manuum tuarum. quoniam dominus retribuens est et
seofon siþan for an he agylt þe
septies tantum reddet tibi;

sæde teoþunga soðlice gafelu synd beþurfendra
Augustinus dixit. Decime enim tributa sunt egentium
sawla þæt gif teoþunge sylst na þæt an genihtsumnysse
animarum quod si decima dederis. non solum abundantiam
wæstma onfehst ac eac swylce hæle lichamena þu be-
fructuum recipies. sed etiam sanitatem corporum conse-
gyst na beþearf drihten god na mede he bitt ac
queris; Non eget dominus deus. non premium postulat sed
wyrðmynt god soðlice ure se þe gemedemað eall syllan
honorem; Deus enim noster qui dignatus est totum dare

---

[1] i. aliorum.   [2] i. lucrum uel conpositionem.

teoþunge fram us gemedemað ongeanbiddan na him ac
decimam a nobis dignatur repétere. non sibi sed

us butan tween framigende þanon se witega segð frymþa
nobis sine dubio profituram. unde propheta dicit primitias

odene þinre 7 winwringan þinre þu na latast tobringan me
áreae tuę et torcularis tui non tardábis offérre mihi;

gif lator syllan synn ys micele ma wyrse ys na
Si tárdius dare peccatum est quantó magis peius est. non

syllan be campdome be ceape be cræftwyrce agyf teoþunga
dedisse; De militia, de negotio, de artificio redde decimas;

þænne soðlice teoþunga syllende 7 corðlice 7 heofonlice mæge
Cum enim decimas dándo, et terrena! et cęlestia possis

gyfa gecarnian forh(w)i þurh gytsunge mid twyfealdre þe
munera promereri. quáre per auaritiam duplici te

bletsunge bepærest þis soðlice ys drihtnes rihtust
benedictione defráudas! haec enim est domini iustissima

gewuna þæt gif þu him teoþunga na sylst þu to
consuetudo. ut si tú illi decimam non déderis, tu ad

þære teoþunge þu byst geclypud þu sylst arleasum cnihte þæt
decimam reuocíris; Dabis impio militi quod

þu nelt syllan sacerde wel don god symle gearu ys
non uis dare sacerdoti; Bene fácere deus semper paratus est.

ac manna yfelnyss ys forboden teoþunga tosoþan of gafele
sed hominum malitia prohibetur; Decime étenim ex debito

beoð gesmeade 7 se þe hi syllan nele þinc fremede
requiruntur et qui éas dare noluerit. res aliénas

bereafað 7 fela swa þearfan on stowum þar þar he earðað
inuásit; Et quánti pauperes in lócis ubi ipse habitat

him teoþunga na syllendum hungre deade beoð swa fela
illo decimas non dante fáme mortui fúerint. tantorum

manslihta scyldig ætforan þrymsetle eces deman he ætywð
homicidiórum reus ante tribúnal eterni iúdicis apparebit!

forþi þe þinc fram drihtne þearfum geunnan his bryceum
quia rem a domino pauperibus delegátam suis usibus

ætheold se þe eornostlice him oþþe mede gebicgean oððe
reseruáuit; Qui ergo sibi aut premium conparáre aut

synne gewilnað forgyfenysse geearnian agyfenum teoþung-
peccatorum desiderat indulgentiam promeréri! rédditis deci-

um eac swylce 7 of þam nigon dælum hogige ælmyssan
mis.   etiam   et de   nouem   partibus studeat elemosynam
syllan
dare;

XXX.

be grædignysse.
De Cupiditate.

drihten segð on godspelle la hu earfoðlic ys getruwigende
Dominus dicit in guangelio Quam difficile est confidentes
on sceattum rice godes ingan earfoðlice tosoþan þa þe
in pecuniis regnum dei introire; Difficile quippe qui
sceattas habbað on rice godes infarað
pecunias habent in regnum dei introibunt;
           se apostol sæde wyrtruma ys soðlice ealra
Paulus apostolus dixit.   Radix est enim omnium
yfela grædignyss þa sume gyrnende dweledan fram
malorum cupiditas. quám quidam appetentes errauerunt a
geleafan 7 hi ongefæstnodan hi sarum manegum
fide et inseruérunt se doloribus multis;
          sæde siþfatu ælces gytseres sawla agendra
Salomon dixit. Sémitę omnis auari animas possidentium
gegripað wæteru stulre swettran synd 7 hlaf behydd
rápiunt; Aquę furtiuae dulciores sunt. et panis absconditus
wynsumra wæge unriht onscunung ys mid drihtne 7
suauior; Statéra dolosa abhominatio est apud dominum. et
gewihte emne willa his wynsum ys menn hlaf
pondus aéquum uoluntas eius; Suauis est homini panis
leasunge þar æfter byð gefylled muð his mid cealce
mendacii.   postea   implebitur os eius cálculo;
          sunu   sæde wære grædigum 7 fæsthafelum.
Hiesus filius Sirach dixit. Uiro cúpido et tenáci.
butan gerade ys sped oþþe æht ungefyllendlie eage grædignysse
sine ratione est substantia;. Insatiabilis oculus cupiditatis
on dæle unrihtwysnysse na byð gefylled ær þon hit fornime
in párte iniquitatis non satiabitur: donec consúmat
forscarigende sawle his se þe getimbrað hus his on
arefáciens animam suam; Qui aedificat domum suam in

bigleofum fremedum swylce se þe gaderað stanas his on
stipendiis aliénis? quasi qui colligit lapides suos in
wintra
hieme;

manega gescalde synt on goldes belimpu 7 geworden ys on
Multi dáti sunt in áuri cásus. et facta est in
hywe his lyre hyra
specie ipsius perditio illorum;

sæde gewislice grædignyss and ofermodignyss on
Ambrosius dixit. Porro cupiditas atque superbia in
swa micel an ys yfel þæt na ofermodig butan grædignysse
tantum unum est. malum ut nec supérbus sine cupiditate.
na butan ofermodignysse mæge grædig beon funden
nec sine superbia póssit cúpidus inueniri

sæde mid hefigum soðlice sare beoð forlætenne
Isiodorus dixit. Gráui enim dolore amittuntur.
þa þe mid micelre lufe beoð hæfde hwon soðlice þoligende
quae cum magno amore habentur; Minus autem carendo
we sargiað þæt we hwon agende lufiað wuldor
dolemus. quod minus possidendo diligimus Gloriam

tidlicne fyligende 7 gif hi scinende synd utan mid beorhtnysse
temporálem sequentes et si nítidi sunt fóris fulgóre
mihte uman swa þeah æmtige synd on uppahafennysse
potentiae. íntus támen uácui sunt elatione

ofermodignysse se þe on gyrnendlicum wurðscypum worulde
superbiae; Qui in appetendis honoribus sacculi
oððe gesundfulnyssum middaneardes mid onstandendum beswæt
aut prosperitatibus mundi instanti desúdat
geswince ge her ge on towerdum æmtig byð gemett fram
labore et hic et in futuro uacuus invenitur a
reste nænig mæg gastlice gefeohtu underfon buton he ær
requie. Némo potest spiritalia bélla suscipere. nisi prius
flæsces gewylde grædignyssa na mæg to sceawigenne
carnis edomáuerit cupiditates; Non pótest ad contemplandum
god mod beon fri þænne hit mid gewilnungum þyses
deum mens esse libera? cum desideriis huius
middaneardes 7 grædignyssum he gyrnð ne na soðlice heage
mundi et cupiditatibus inhiat; Neque enim álta

beheáldan mæg eage þæt dust belycð ælcere synne
conspícere pótcrit oculus. quem púluis claudit; Omni peccato

ærre ys gytsung 7 lufu feona grædignyss calra
prior est auaritia. et amor pecuniárum; Cupíditas omnium

leahtra andweorc ys gif soðlice byð forcorfen wyrtruma
criminum materia est; Si enim succíditur radix

leahtra na wexað oþre tuddru synna næfre
criminum. non púlulant céteræ sóboles peccatorum; Numquam

beon gefylled ne cann grædignys symle se gytsere beþearf
satiari nouit cupíditas; Semper auarus éget

7 swa micele mare swa he begytt swa micele mare he secð
quantóque magis adquírit. tanto amplius quærit;

wel oft mihtige mid swa micelre grædignysse wodnysse beoð
Plerique potentes tanta cupiditatis rábie inflam-

onælede þæt hi of gemærum hyra þearfan utscufað nys na
mantur. ut de confíniis suis pauperes exclúdant; Non est

wundor þæt sweltende helle fyrum beon getealde þa þe
mirum quod morientes inferni ignibus deputentur? qui

lybbende líg grædignysse hyra na acwenton þa þe
uiuentes flammam cupiditatis suae. minime extinxérunt; Qui

on gewilnunge grædignysse æþmeað mid blæde deoflice
desiderio cupiditatis exéstuant. flatu diabolicæ

onorþunge beoð bærnde
inspirationis uruntur;

sæde feos grædignyss folca heortan dead-
Eusebius dixit. Pecuniae cupíditas populorum corda morta-

ra oferswið eac swylce broþerlice neode gewemð
lium súperat étiam fraternam necessitudinem uiolat;

on life yldryna ys gecweden naht framað feoh nabban
In uita patrum dicitur. nihil pródest pecuniam non habére.

gif willa byð to agenne swa micel uton habban swa micel
si uoluntas fuerit possidendi; Tantum habeamus quantum

swa neod gyrnð na swa micel swa seo grædignyss gewilnað
necessitas expóscit. non quantum cupiditas concupíscit;

naht framað næcednyss þam on ys grædignyss
Nihil prodest núditas. cúi inest cupíditas.

XXXI.

be lare 7 þreaunge.
De Disciplina et Increpatione.

drihten segð on godspelle   ic þa þe ic lufige ic þrenge
Dominus dicit in euangelio.   Ego quos ámo arguo
7 swinge
et castigo ;

  se apostol sæde   ælc soðlice   lar on and-
Paulus apostolus dixit   Omnis autem disciplina in pre-
werdum byð gesewen na beon blisse ac gnornunge æfter þam
senti   uidetur   non esse gaudii sed méroris.   postea
wæstm glædustne begandum þurh hi heo agylt rihtwisnysse
fructum pacatissimum exercitanti per éam reddet iustitiae ;

  sæde   gehyr bearn min   lare   fæder þines
Salomon dixit.   Audi fili mi disciplinam patris tui
7 na forlæt þu lage modor þinre þæt si togeihð gyfu
et ne dimittas legem matris tuę,   ut addatur gratia
heafde þinum 7 myne swyran þinum heald   lare   na
capiti tuo et tórques collo tuo ;   Téne disciplinam ne
forlæt hi geheald þa   forþi þe heo ys lif þin
dimittas eam custodi illam.   quia ipsa est uita tua ;
underfo   lare   7 nelle þu awyrpan hi nelle þu
Accipe disciplinam ! et noli abicere eam ;   Noli
þreagean tælend þæt he na hatige þe þrea wisne
argúere derisórem.   ne oderit té.   Argue sapientem.
7 he lufað þe se þe lufaþ   lare   he lufað ingehyd
et diliget te ; Qui diligit disciplinam ! diligit scientiam.
se þe soðlice hatað þreaginega unwis he ys weg lifes
qui autem odit increpationes ! insipiens est ;   Uia uitae
gehealdendum   lare   se þe soðlice þreaginega forlæt
custodienti disciplinam.   qui autem increpationes relinquit
he fleardað wædl 7 teona þam se þe forlæt   lare
érrat ;   Aegestas et ignominia ei qui déserit disciplinam !
se þe soðlice geþwærað cidendum byð gewuldrod se stunta
qui autem adquiescit arguénti gloriabitur ;   Stultus
tælð   lare   fæderes his se þe soðlice geheal þreaginega
inrídet disciplinam patris tui. qui autem custodit increpationes

I

geap he wyrð se þe þreagincga hatað he swylt swyþor
astútus fiet; Qui increpationes ódit morietur; Plus
framað þreagincg mid þam gleawum þænne hund dynta mid
proficit correptio apud prudentem quam centum plágæ. apud
stuntan
stultum;

   sunu sæde wer gleaw 7 gelæred na
Hiesus filius Sirach dixit. Uir prudens et disciplinatus non
murcnað geþread ær þam þu ahsige na tæl þu ænig-
murmurabit correptus; Priúsquam intérroges ne uitúperes quem-
ne 7 þænne þu ahsast þrea rihtlice se þe hatað þreaguncge
quam et cum interrogáueris corripe iuste; Qui odit correptionem
byð gewanud lif þrea þinne freond oft soðlice gewyr(ð)
minuétur uita; Córripe amicum. sáepe enim sit
gylt 7 na on ælcum worde gelyf þu him ys steor
commíssio. et non in omni uerbo credas illi; Est correptio
leas on muþe teonfulles þrea nehstan ær þam þe
méndax. in óre contumelióso; Córripe proximum ántequam
þu hyne þiwe 7 syle stowe ege þes heahstan synnfull mann
comminéris. et dá lócum timori altíssimi; Peccator homo
forbycð steore se þe hatað steore fotswæð
déuitat correptionem; Qui odit increpationem; uestigium
ys synfulles witodlice se þe ondræt god. he byð gecyrred to
est peccatoris; Nam qui timet deum. conuírtitur ad
heortan his
cor suum;

   sæde leohtlice gestyred he gegearwað arwyrðnysse
Ambrosius dixit. Léniter castigatus. éxhibet reuerentiam
styrendum mid stiðnysse þearle þreagincge gegremud ne
castiganti. asperitate nimiae increpationis offensus nec
þreagincge onfehð ne hæle forþildian emlice swa
increpationem récipit nec salutem; Sustineant aequanimiter ut
untrume þa hi gebetan na magon gestyrede mid swæsre
infirmos. quos emendáre non potúerint castigátos; Blánda
arfæstnysse to berene synd þa beon ungeþreade for hyra
pietate portándi sunt qui increpari pro súa
untrumnysse na magon for mislicnysse syngigendra sume
infirmitate non póssunt; Pro diuersitate peccantium alii
to berenne synd sume to þreagenne forþi gemet todæled ys
portándi sunt. alii castigándi: quia módus diuersus est

synfulra þænne soðlice for eow bet we styrað þænne
peccatorum; Tunc enim pro(p)ter uós melius corrígimus. cum
þa þe wel don hi gelyfað yfelu we geswutcliað
ea quę bene gessísse sé crédunt mala demonstrámus;

synd wel mænige þa þe þreagincge wordu
*Gregorius dix*it. *Sunt nonnulli qui increpationis uerba*
gehyrað 7 to dædbote gehwyrfan onyttað huru witu
audiunt et ad penitentiam redíre contendunt; Uel poéne
aþraciað þa þe meda na ingelaþiað gehylste be rice þæt
térreant. quos prémia non inuitant; Audiat de regno quod
lufige gehyre be susle anra gehwylc þæt he ondræde þæt
ámet. audiat de supplicio unusquisque quod timeat. ut
gif lufu to rice na tyhð huru ege þiwe
si amor. ad regnum non tráhit. uel timor minet;

sæde Halwendlice onfoð rihtwise swa oft be hyra
*Isidorus dix*it. *Salúbriter accipiunt iusti. quótiens de suis*
forgægincgum beoð geþreade manega yfele gelice him on yfel
excéssibus arguuntur; Pleríque mali similes sibi in malum
beweriað se þe þurh swæse wordu geþread na byð gestyred
defendunt; Qui per blánda uerba castigatus non corrígitur
stiþlicur neod ys þæt he sy geþread mid sare soðlice
ácrius necesse est ut arguatur; Cum dolore enim
to forceorfenne synd þa þe leohtlice beon gehæled na magon
abscidenda sunt. quę léniter sanári non possunt;
se þe gemynegud diglice beon gestyred be synne forgymeleasað
Qui admónitus secréto córrigi de peccato négligit.
openlice to cidenne ys þæt wund seo diglice beon gehæled
públice arguendus est. ut uulnus quod occúlte sanári
nat openlice scyle beon gebett openlice synd to cidenne
néscit maniféste debeat emendári; Pálam sunt arguendi
þa þe openlice deriað þæt þænne mid openre sace oþþe flite
qui palam nócent. ut dum apérta obiurgatione
beoð gehælede þa þe hi geefenlæcende agyltan syn geþreade
sanantur. hi qui éos imitando deliquerant corrigantur;
þænne an byð geþread manega beoð gebette betere ys þæt
Dum únus corripitur. plurimi emendantur; Melius est ut
for manegra hælþe. an beo genyþerud þænne þurh anes
pro multorum saluatione únus condemnetur. quam per uníus
leafe manega beoð gedyrfede
licentiam multi periclitentur;

XXXII.

be lareawum oþþe be gelæredum. oþþe
De   Doctoribus   siue
reccendrum oþþe be gymendum.
Rectoribus.

drihten segð on godspelle   farende soðlice bodiað secgende
Dominus dicit in euangelio.   Euntes autem praedicáte dicentes
forþi togenealæcð   rice   heofena   þæt ic secge eow   on
quia adpropinquabit regnum celorum ; Quod   dico   uobis in
þystrum secgað on leohte   7 þæt ge on eare gehyrað bodiað
tenebris dicite in lumine. et quod in aure audítis predicáte
ofer hrofas   ælc bocere gelæred on rice   heofena gelic he ys
super tecta ; Omnis scriba doctus in regno coelorum. similis est
menn hiredes ealdre   se forþbringð of goldhorde his niwe
homini patri famíliás. qui prófert de thesauro suo noua
7 ealde   eadig byð se   þeow þæne þe þænne cymð   hlaford
et uetera ; Beatus ille seruus quem   cum   uenerit dominus
      fint   wacigenne
inuenerit uigilantem ;

        se apostol sæde   fedað seo þe y(s) on eow heorde
Petrus apostolus dixit. Páscite qui est in uobis gregem
godes foresceawigende na genydd ac sylfwilles
dei.   prouidentes non coácte sed spontánee ;

        se apostol sæde swa us   wene   mann swa swa
Paulus apostolus dixit. Sic nos existimet homo   ut
þenas   cristes   7   dihtneras   geryna godes nanum
ministros christi. et dispensatóres mysteriorum dei. nemini
syllende ænige æbyligþe   þæt na si getæled   þenuncg
dantes ullam offensionem. ut non uituperétur ministerium
ure   ac on callum uton gegearcian us sylfe swa swa
nostrum. sed in omnibus   exhibeamus nosmet ipsos sicut
godes þenas   standaþ eornostlice begyrde lendena eowre
dei ministros ;   Státe   ergo   succincti lumbos uestros
on soðfæstnysse 7 sccogiað fet on gegearwunge godspelles
in ueritate. et calciáte pedes in preparationem aeuangelii

sibbe begym þe 7 lare onstand on þam þas soðlice
pacis; Adtende tibi et *doctrine ínstá in illis. haec enim*
donde ge þe sylfne halne þu dest 7 þa þe þe hlystað
faciens et *te ipsum saluum facies.* et *éos qui te audiunt;*
þu soðlice spec þa gerist hale lare
Tu autem loquere quę décet sanam[1] *doctrinam;*

    sæde weleras rihtwises læराð manega þa þe
Salomon dixit. Labia iusti erúdiunt plurimos. qui
soðlice ungelærede synd on heortan wædle sweltað seolfor
autem indocti sunt in cordis egestáte morientur; Argentum
gecoren tunge rihtwises heorte arleasra for nahte þar þar
electum lingua iusti. cor *impiorum pro nihilo; Ubi*
nys gymend folc hryst on lare byð oncnawen
non est gubernator populus córruit; In doctrina nóscitur
wer lar god sylð gyfe on siðfæte forhogigendra
uír; Doctrina bona dabit gratiam. in *itínere contemptorum*
swelgend þar þar na synd oxan binne æmtig ys þar þar
uorágo; Ubi non sunt boues praesépe uacuum est? ubi
soðlice manega æceras þar swutol strencð oxan heorte
autem plurimę ségetes ibi manifésta fortitudo bouis; Cor
witan secð lare wyll lifes lar agendes
sapientis querit doctrinam; Fons uitę eruditio possidentis?
lar stuntra dysignyss se þe gerecð word na togymendum
doctrina stultorum fatúitas; Qui enarrat uerbum non adtendenti
swylce se þe awecð slapende of hefigum slape
quasi qui éxcitat dormientem de gráui sómno;

    sæde se eornostlice offrað offrunge lofes þurh
Origenis dixit. Ille ergo óffert sacrificium laudis. per
þæs word 7 þeawas 7 lare byð geherud 7 byð gebletsud
cuius uerbum et *móres* et *disciplinam. laudatur et benedícitur*
god na ær oþre læran þænne we sylfe gelærede 7
deus; Non ánte alios docére. quam nos ipsi instructi et
gesceadwise beon ge scylon
rationabiles ésse debemus;

    sæde synd þa healdað lage on gemynde ac hi na
Augustinus dixit. Sunt qui ténent legem memoria. sed non
gefyllað on life ma witodlice unscyldige ge na synd gif
ímplent uita; Magis quippe innocentes non estis. si

---

[1] i. integram.

gebroþru eowre þa demende þreagean ge magon swigende
fratres uestros quos iudicando corrigere potestis tacendo
forwyrþan ge þafiað se soðlice se þe fore ys na hyne
perire permittitis; Ipse uero qui préest. non se
     wene on anwealde to wealdenne ac on soþre lufe to þeowi-
(e)*xistimet potestate dominandi. sed caritate serui-*
genne swyþor scyl beon to lufigenne se þe fore ys þænne
endi; Plus debet esse amandus qui préest quam
to ondrædenne nelle þu begyman to welerum specendes ac
timendus; Noli adténdere ad labia loquentis. sed
samodwyrcendes
  cóoperantis;

               sæde se þe hyrde ys he scyl beon eac lareow
Hieronimus dixit. Qui pastor est debet esse et magister.
ne on cyrccum þeah þe he halig sy hyrdes him naman
nec in aecclesiis quámuis sanctus sit pastoris sibi nomen
niman gebristlæcc buton he mæge læran þa he fett þa
adsúmere audeat nisi póssit docére quos páscit; Illi
oðra scylon beon lareowas þa þe hiw drohtnunge hyra
aliorum debent esse doctores. qui speciem conuersationis suae
on micelum timan ær leornodan spæc lare næfre
multo tempore ante didicérunt; Sermo doctrinae numquam
na ateorað ac swa micele swyþor fram lareowe byð uppahafen
déficit sed quánto plús a doctóre fuerit erogátus.
swa micele ma byð getwyfeald 7 þænne underþeodde him
tánto ámplius duplicatur. et cum subiecta sibi
land wæterað næfre wylles yð byð gedruwud þænne þu be
árua rigat. numquam fontis unda siccatur; Cum de
gode spycst swa þu sceal getemprian spæce þæt hlystende
deo lóqueris. ita debes temperáre sermonem. ut audientes
mid mislicum gereorda wordum þæt anra gehywle æfter
diuersis reficias uerbis. ut unusquisque secundum
mihte magan his gedafenlice fodan underfo þænne
possibilitatem stómachi sui. cóngrua alimenta suscipiat; Quando
sacerd þreað syngigende gif hi gehyran forhogiað þar toeacan
sacerdos arguit peccantes. si illi audire contempnunt. ínsuper
7 ongean hyne reþiaþ he na þe læs þreage reþigende
et contra eum saéuiunt. ille nihilóminus íncrepet sguíentes.
na for ege he si ofercumen þæt he læs styre synfulle mid
nec timore superetur quó minus árguat peccatores cum

ealre carfulnysse 7 ontihtincge lareowa þenung ys oþþe
omni sollicitudine et intentione; Doctorum officium est uel
aslidenum hand ræcean oððe dweligendum siþfæt geswutelian
lapsis manum porrigere. uel errantibus iter osténdere;
dysig hit ys ænigne læran þæt he na cann gelæred þyle
Stultum est quémquam docére quod ignórat; Doctus orátor
fela spæca mid feawum wordum geopenað na gescydan
plúres sermones paucis uerbis aperit; Non confúndant
weorcu spæce lareowes þe læs þe þænne he on cyricean specan
opera sermonem doctoris. ne fórte cum in aecclesia lóqui
ongynð stillice gehwylc andswarige hwy þas sylf þu na dest
coéperit. tácitus quislibet respondeat cur háec ipse non facis?
spæc sacerdes gewrita mid sealte gestredd si spe-
Sermo sacerdotis scripturarum sále condítus sit; Lo-
cendum on cyricean na hream folces ac geomerung sy aweht
quentibus¹ in aecclesia non clamor populi sed gémitus suscitetur.
tearas hlystendra lofu him syn forspilð ealdorscype to lærenne
lacrimę auditorum laudes eis sint; Pérdit auctoritatem docendi.
þæs spæc mid weorce byþ toworpen swa swa gleaw beforan
cuius sermo opere destrúitur; Perítus² ante
wege ealswa tunge ungelæccendlic gif he byð gesoht swa
uiam. sic lingua inreprehensibilis³? qu(a)éritur⁴ ut
gelæred be gewyrhton he si underfangen heafud ys cræftes læran
doctus. merito suscipiatur; Caput est artis docére
þæt þu do unscyldig soðlice buton spæc drohtnung swa mic-
quod facias; Innocens enim absque sermone conuersatio. quan-
elum swa heo of bysene framað swa micelum mid swigean derað
tum exemplo pródest. tantum silentio nócet;
of gebeorce hunda 7 mid stafe hyrdes wulfa wodness to afligenne
Latrátu cánum baculóque pastóris. lupórum rábies deterenda
ys sleandne bisceop se genyþerað se þe hricg his
est; Percussórem episcopum ille condemnat. qui dorsum suum
legð to swinglum
ponit ad flagella;
sæde teonfull ys 7 leaslice þreað se þe
Ambrosius dixit. Contumeliósus est et mendáciter árguit qui
teonan deð
contumumeliam facit;

---

[1] s. sacerdotib*us*.
[2] s. sicut.
[3] s. est.
[4] s. si(t).

sæde se þe soðe lufe wið oþerne næfð
Gregorius. dicit. Qui caritatem érga álterum non habet?
bodunge þenunge onfon nateshwon scyl gewuna
predicationis officium suscipere nullátenus debet; Usus[1] quippe
rihtre 7 fulfremedre bodunge yo þæt forebeon na durre se þe
rectę perfectęque predicationis est ut préesse non áudeat qui
underbeon na leornude ne hyrsumnysse underþeoddum bebeode
subésse non dídicit. nec oboédientiam subiectis ímperet
þa uppahafenum na cann gegearwian bodung sacerdes
quam prelátis non nóuit exhibére; Predicatio sacerdotis
mid weorcum to getrymmene ys þæt þa þe he mid wordum lærð
operibus confirmanda est? ut quos uerbis docet
ty mid bysenum bodung swyþor mid dædum þænne mid stef-
instruat exemplis; Predicatio plus actibus quam uoci-
num swege synd manega þa þænne hi metan hi nytan þa
bus sonet; Sunt plerique qui dum metiri[2] sé, nésciunt. qu(a)e
hi na leornudan læran hi gewilniað þa þe hefe mægsterdomes
non didicérunt docére concupíscunt. qui póndus magistérii
swa micele leohtor hi wenað swa micele swa hi strengðe
tánto léuius éstimant. quánto uim
micelnysse þæs hi nytan oft soðlice þa þe nateshwon
magnitúdinis illius ignórant; Saépe énim qui nequáquam
gastlice bebodu onencowan heortan hi læccas seegean hi na
spiritalia precepta cognouérunt? cordis sé médicos profiteri non
ondrædað þa þænne wyrtgemanga strengðe hi na cunnan
metuunt. qui dum pigmentorum uim nésciunt
beon gesewene læccas flæsces hi na forsceamiað swa micelum swa
uidéri médici carnis non erubéscunt; Quántum
in stowe hegra ys swa micelum on frecenysse maran wunað
loco supérior est? tantum in periculo máiore uersatur[3];
swa micelum dæda folces dæd oferstigan scyl bisceopes
Tantum actiones populi actio transcendere debet pr(a)ésulis.
swa micelum swa todælan gewunað lif hyrdes fram hyrde se þe
quantum distáre sólet uita pastóris á grége; Qui
soðlice stowe bodunge onfehð yfelu ongebringan na scyl
cuim locum predicationis súscipit? mala' inférre non debet
ac forberan þæt of þære his geþwærnysse yrre wedendra
sed toleráre? ut ex ipsa sua mansuetudine iram s(a)euiéntium

---

[1] i. consue*tu*do. [2] i. mensurare. [3] s. quis.

geliþige 7 synfulra wunda on oþrum he geswencednyssum
mítiget. et *peccatorum uulnera in aliis ipse adflictionibus*
gewundud gehæle synd wel mænige þa þe mid carfulre gymene
uulneratús sánet; Sunt nonnulli qui solerti cura
gastlice bebodu þurhsmeageað ac þa þe ongytende þurhfarað
spiritalia precepta perscrutantur sed quáe intellegendo pénctrant
libbende hi tredað færunga. hi lærað þæt na mid weorce ac
uiuendo concúlcant? repénte dócent? quod non ópere sed
mid smeaunge hi leornudan 7 þæt hi mid wordum bodiað
meditatione didicérunt. et quod uerbis prędicant
mid weorcum hi oferwinnað nan witodlice swyþor on cyricean
operibus inpugnant? Némo quippe amplius in ecclesia
derað þænne se þe þwyrlice donde naman oððe endebyrdnysse
nocet. *quam qui peruérsę ágens nomen uel ordinem*
halignysse hæfð agyltendne witodlice þisne þreagian nan
sanctitatis habet? delinquéntem namque hunc redargúere nullus
geþristlæcð wæter witodlice hluttrust hyrdas drincað
presúmit; Aquam quippe limpidissimam pastores bibunt?
þænne hi flodas soðfæstnysse rihtlice ongytende hladað ac
cum fluenta ueritatis recte intellegentes háuriunt? sed
þæt sylfe wæter gedrefan ys haligre smeaunge bigenega
éandem aquam perturbáre est. sancte meditationis studia
yfele lybbende gewemde wæter gewislice gedrefed mid fotum
male uinendo corrúmperet; Aquam scilicet perturbatam pedibus
scep drincað þænne underþeodde gehwylce na fyliað wordu
oues bibunt. cum subiecti quique non sectantur uerba
þa hi gehyrað ac þa sylfan þe hi geseoð bysena þwyrnysse
quę audiunt. sed sola quę conspiciunt exempla prauitatis
hi geefenlæceað swa micelum swa gehwyle on þisum middanearde
imitantur; Quanto quisque in hoc mundo
heagur þyhð swa micelum he fint þæt he heardre bere
áltius proficerit tanto ínuenit quod dúrius pórtet;
heard witodlice ys þæt se þe nat lifes his healdan gemetegunga
Durum quippe est ut qui néscit uitę su(a)e tenére moderámina?
dema lifes he gewyrþe oþra þa scylon gymene hyrdelice
iudex uitę fiat aliorum; Illi debent curam pastoralem
underfon þa þe eallunga on hyra lichaman witan flewsan galnysse
suscipere. qui iam in suo corpore sciunt fluxa luxuri(a)e

wealdan þæt þænne hi oþrum strange bodiað hi sylfe mid
dominari¹ ꞉ ut dum aliis fortia prédicant ipsi
gewilnun(gum) hnescum nearulice na underhnigan gif hwænne
desideriis mollibus enéruiter non succumbant; Si quándo
larcow nið rihtwisnysse gyrnð þæt he embe underþeodde
doctorem zelus rectitudinis exigit. ut érga subiectos
reðige haþeortnysse sylf be lufe si na of wælhreownysse
s(a)éuiut². furor ipse de amore sit non de crudelitate ꞉
þæt 7 laga lare ongean agyltende bega 7
quatenus et iura disciplin(a)e contra delinquentes éxerceat et
innan mid fædcrlice arfæstnysse lufige þa þe he utan swylce
intra paterna pietate diligat. quós fóris quasi
ehtende þrenge na soðlice soðlice ys cadmod se þe upplicre
insequendo castigat; Neque enim uere est humilis. qui superni
mihte mid dome þæt he scyle forebeon ongytt 7 oþrum forebeon
nútus arbitrio ut debeat preesse intelligit. et aliis preesse
forhogað ac godcundum dihte underþeodd 7 fram leahtre
contemnit ꞉ sed diuinę dispositioni súbditus atque a uitio
anwilnysse fremende þænne him reccendomes heahnynysse
obstinationis aliénus ꞉ cum sibi regiminis cúlmen
wealt gif eallunga godum forecumen ys mid þam oþrum
imperatur ꞉ si iam bonis preuentus est. quibus aliis
foresi 7 of heortan scyl fleon 7 genydd gehyrsumian seo
présit ³ ꞉ et ex corde debet fúgere et inúitus obedire; Ipsa
witodlice on mægsterdome tunge byð gescynd þænne ellesh(wæt)
quippe in magisterio lingua confúnditur⁴ quando aliud
byð geleornud 7 elleshwæt byð gelær(e)d swa hwyle swa on mæg-
discitur et aliud docetur; Quisquis uirtu-
enum þeonde heorde godes wiðsæcð fedan hyrde healicne
tibus póllens greyem dei rénuit páscere. pastorem summum
byð oferswiðed na lufian wyrðlic eallunga ys þæt gymen
conuincitur non amar(e;) Dignum profecto est. ut cura
haligre cyricean þam þe þa wel gyman mæge sy ongesett
sanctae aecclesiae ei qui hanc bene régere préualet inponatur
ege geþanc reccendes gecadmede þæt na þæt oþþe geþristlæcineg
Timor mentem rectóris humiliet. ne hanc aut praesumptio
gastes uppahebbe oððe flæsces gelustfullung besmite si begymend
spiritus léuet. aut carnis delectatio ínquinet; sit rector

¹ i. domare.   ² i. irascatur.   ³ i. dominetur.
    ⁴ i. confutatur uel perturbatur.

todæled on swigean nytt on worde þæt he na oððe forsuwigende
discrétus in silentio. utilis in uerbo : ne aut tacenda
forðbringe oððe gespecendlice forsuwige se þe witodlice specan
próferat. aut proferénda [1] *reticéscat ; Qui igitur loqui*
wislice hogað swiðlice ondræde þæt na his spæce gehlysteudra
sapienter nititur. magnópere metuat. ne eius eloquio audientium
aunyss sy gescyn(d) swylce soðlice hi sylfe þa þe fore synd gegear-
únitas confundatur ; Tales autem sé sé qui présunt exhí-
wian þam underþeodde diglu eac hyra geyppan hi na
beant quibus subiecti occulta quoque sua pródere non
forsceamian healicust witodlice stow wel byð gegymed þænne se
erubescant ; Summus itaque locu(s) bene régitur. cum is
þe fore ys leahtrum swyþor þænne gebroþrum wealt neod
qui pré est uitiis potius quam fratribus dominatur ; Necesse
ys þæt þænne synne wund on underþeoddum þreagende byþ ge-
est ut cum peccati uulnus in súbditis corrigendo restrín-
wriþen mid micelre carfulnysse eac stiðnyss seo sy gemetegud
gitur. magna sollicitudine étiam districtio ipsa moderetur.
þæt swa laga lare ongean agyltende bega þæt
quatenus sic iúra disciplinæ contra delinquentes exerceat ? ut
arfæstnysse ininoþas na forlæte embe underþeoddan his beon
pietatis uíscera non amittat ; Érga subiectos suos esse
begymend scyl rihtwis axige(n)de mildheortnyss 7 arfæst reþigende
rector debet iustus. cónsulens misericordia et pia sguiens [2]
lar medwyrhta witodlice ys se þe stowe witodlice
disciplina ; Mercennárius quippe est ? qui locum quidem
hyrdes healt ac gestreon sawla na secð swa hwyle
pastoris tenet. sed lucrum animarum non quærit ; Quisquis
witodlice forþi bodað þæt her oþþe lofu oþþe gyfe mede
namque ideo prédicat ut hic uel laudes uel muneris mercedem
underfo eccre butan tweon mede hyne bescyrað swa si began
recipiat aeterna procul dubio mercede sé príuat ; Sic exerceatur [3]
niþ rihtwisnysse ongean þwyre dæda nehstena þæt on
zelus rectitudinis contra praua acta proximorum ? quatenus in
hætan striðnysse nanum gemete si forlæten mægen geþwær-
feruóre districtionis nullómodo relinquatur uirtus mausuetu-
nysse sacerd soðlice naht todælð fram folce þænne nanre
dinis ; Sacerdos enim nihil distat a populo. quando nullo

---

[1] i. enarranda.   [2] i. irascens.   [3] i. adhibeatur.

lifes his gearnunge folces oferstihð dæde nan cræft
uitae suae merito uúlgi transcendit actionem; Nulla ars
beon gelæred si geþristlæht butan atihtre ær smeagunge
docéri presumátur: nisi inténta prius meditatione
si geleornud þænne forman synd geoguþe oððe geonglicnysse
discatur; Cum prima sunt adolescentiae uel iuuentutis
ure tida us gyt fram bodunge to geswicenne ys þæt
nostrae tempora nobis adhuc a predicatione cessandum est. ut
seer tungan ure scyrian na durre eorþan heortan fremedre
uómer linguę nostrę proscíndere non audeat terram cordis aliéni;
lare spæc na gedafenaþ butan on ylde geripudre mid (g)e-
Doctrinae sermo non subpetit[1] *: nisi in aetate profecta; sub-*
hwædum eornostlice 7 mid diglum dome fram sumra earum
tili ergo occultóque iudício a quorúmdam auribus
bodung halig byð ætbroden forþi beon awcht þurh gyfe na
predicatio sancta subtráhitur. quia suscitari per gratiam non
geearniað se on haligre laþunge gelæred bodigend ys se þe eac
merentur; Ille in sancta aecclesia doctus predicator est qui et
niwe cann geyppan be wynsumnysse rices 7 ealde secgean be
nóua scit próferre de suauitate regni et uetústa dícere de
egesan susle bebod witodlice tolyst 7 lærð þænne þæt
terróre supplicii; Mandatum quippe soluit et docet. quando hoc
gehwylc mid stefne bodað þæt he lybbende na gefylð to
quisque uoce prédicat quod uiuendo non ímplet; Ad
rice ecere eadignysse becuman na mæg se þe nele
regnum aeterne beatitudinis peruenire non uálet. qui non uult
mid weorce gefyllan þæt he lærð þæs lif þe byþ forsawen tolafe ys
opere implére quod dócet; Cuius uita despicitur: réstat
þæt bodung sy forhogud to lufe godes 7 nehstan wel oft
ut predicatio contemnatur; Ad amorem dei et proximi plerúmque
heortan gehlystendra ma bysena þænne wordu aweeceað
corda audientium plus exempla quam uerba éxcitant;
sæde se þe soðlice operne be synnum þreað se
Isidorus dixit. Qui enim alium de peccatis arguit. ipse
fram synne scyl beon fremede se þe forgymð rihte don
a peccato debet esse aliénus; Qui néglegit recta fácere.
geswice rihtlice læran ær witodlice hyne sylfne styran scyl
désinat recte docére; Prius quippe semet ipsum corrígere debet.

---

[1] i. non conuenit.

se þe oþre to wel lybbenne mynegian hogað swa *þæt on eallum*
qui alios ad bene uinendum admonére stúdet. ita ut in omnibus
hyne sylfne bysene wel to lybbenne gearwige na synd
semet ipsum fórmam[1] *bene uiuendi prébeat; Non sunt*
to styrigenne to gymene cyricean þa þe gyt leahtrum underlic-
promouendi[2] *ad régimen aecclesiae. qui adhuc uitiis súb-*
geað se þe gymene sacerdes onett gyrnan ær on him
iacent; Qui régimen sacerdotis conténdit appétere; ante in sé
fordeme gif lif his on wyrþscype si wel þæslic gif he na
discútiat[3] *si uita*[4] *honore sit condigna; Quod si non*
twydælð eadmodlice to þam þe he ys geclypud genealæce þænne
discrepat[5] *humíliter ad id quod vocatur accedat; Tunc*
soðlice bodung nytlice byð forðgeræht þænne scearp þanclice
enim praedicatio utiliter profértur. quando efficáciter
byð gefylled se þe na leofað swa he lærd þa þe he bodað
adimpletur; Qui non uiuit sicut docet. ipsam quam prédicat
soðfæstnysse forhogigendlice he deð se þe wel lærð 7 yfele
ueritatem contemptibilem facit; Qui bene docet et male
leofað þæt he lærð wel lybbendum framað forþi soðlice yfele
uiuit. quod docet bene uiuentibus próficit; quod[6] *uero male*
leofað hyne sylfne he ofslyhð se þe wel lærð 7 yfele leofað
uiuit. se ipsum occídit; Qui bene docet et male uiuit
byð gesewen god yfele togeþeodan leoht þystrum gemencgan
uidetur bonum malo coniúngere; lucem[7] *tenebris permiscére.*
soðfæstnysse leasunge hatheorte lareowas þurh wodnysse
ueritatem[8] *mendacio; Iracundi doctores per rábiem*
hatheortnysse lare gemet to ormætnysse wælhreownysse
furoris disciplinae módum ad inmanitatem crudelitatis
gecyrrað 7 þanon betan underþeodde hi mihtan þanon swyþor
connectunt. et unde emendáre súbditos póterant. inde pótius
hi gewundiað ofermodige lareowas gewundian swyþor þænne
uúlnerant; Superbi doctores uulneráre pótius quam
gebetan cunnan sacerdas folca mid unrihte beoð genyþ-
emendáre nouérunt; Sacerdotes populorum iniquitate damnan-
erude gif hi oþþe nytende na lærað oððe syngigende hi na
tur. si eos aut ignorantes non erúdiunt. aut peccantes non

---

[1] i. exemplum. [2] i. eleuandi. [3] i. diiudicet.
[4] s. eius. [5] i. dissonat. [6] i. eo quod.
[7] s. et. [8] s. et.

þreagiað ær beo þu hlystend syþþan lareow lar
árguunt ; Ántea ésto audítor. póstea dóctor ; Doctrína
swa micele swa heo rumlicor geseald byþ swa micele mare
quánto amplius dáta fúerit. tantómagis
heo genihtsumað þa þu mid muþe bodast mid weorce gefyll
abúndat ; Quae óre prédicas. opere adímple.
7 þa þu mid wordum lærst mid bysenum geswutela 7 swa lær
et *quae uerbis dóces exemplis osténde ! et sic ínstrue* [1]
oþre þæt þu þe gehealde æfter andgyte gehyrendes byð spæc
alios. ut te custodias ; Iuxta sensum audientis. erit [2] *sermo*
lareowes swylcne þe agyf underþeoddum þæt þu ma si gelufud
doctoris ; Talem té rédde súbditis. ut mágis améris
þæt þu si ondrædd na si þu egeslic on þinum underþeoddum
quam timeáris ; Non sis terribilis in subiectis tuis.
swa him weald þæt hi þe gegladian þeowian mislice
sic eis domináre ! ut tibi delectentur seruire ; Uáriae
willan mislice lare gewilniað for yfelre gearnunge
uoluntates diuersam doctrinam desíderant ; Pro malo merito
folces byð afyrsud lar bodunge for godum mode hlystend-
plebis. auférīur doctrina predicatiqnis ! pro bono animo audien-
es byð geseald spæc lareowes
tis. tribúitur sermo doctoris ;

on bec. ys gecweden care don sumes of lufe
In libro clementis dicitur ! cúram gérere alicuius ex affectu [3]
cymð forgyman soðlice na læsse ys þænne hatian on life
uenit. neglégere autem nón mínus est quam odísse ; In uita
yldryna ys gecweden nateshwon mid wordum læran geþristlæc
patrum dícitur. nequáquam uerbis docére presúmas.
þæt þu mid weorce ær na worthest
quod opere ante non féceris.

XXXIII.

be geleafan oþþe truwan.
De Fide.

drihten segð on godspelle ealle mihtelice synd gelyfendum
Dominus dicit in euangelio. Omnia possibilia[4] *sunt credenti ;*

[1] i. doce.   [2] s. sic.   [3] i. amore.   [4] i. facilia.

habbað truwan godes se þe na twynað on heortan his ac
Habéte fidem dei. qui non hesitáuerit in corde suo sed
gelyfð forþi swa hwæt swa he segð gewyðre gewyrð him se þe
crediderit. quia quodcumque dixerit fiat fiet ei; Qui
gelyfð on sunu godes hæfð life ece se þe soðlice
credit in filium dei habet uitam aeternam. qui autem
ungeleaful ys suna na gesyhð lif ece ac yrre godes
incredulu(s) est filio non uidebit uitam aeternam sed ira dei
wuniað ofer hyne
manet super eum;

            se apostol sæde hwæt framaþ la broþru mine gif
Jacobus apostolus dixit. Quid próderit fratres mei si
geleafan hwylc secge hyne habban weorcu soðlice he næbbe
fidem quis dicat sé habere. opera autem non hábeat?
mæg la geleafa gehælan hyne geleafa buton weorcum
numquid póterit fides saluare eum? fides sine operibus
idel ys swa swa soðlice lichama buton gaste dead ys
otiósa est; Sicut enim corpus sine spiritu mortuum est.
ealswa geleafa buton weorcum dead ys
ita et fides sine operibus mortua est;

            se apostol sæde mægen soðlice godes ys on hæle
Paulus apostolus dixit. Uirtus enim dei est in salute
ælcum gelyfendum witodlice þa of geleafan synd beoð gebletsode
omni credenti? igitur qui ex fide[1] *sunt. benedicentur*
mid geleaffull(um) abrahame on eallum nimende scyld
cum fideli abrahám; In omnibus sumentes scútum
geleafan 7 helm hæle nimað 7 swurd gastes þæt ys
fidei et gáleam salutis assúmite. et gládium spiritus quod est
word godes buton geleafan soðlice umihtelic ys gelician
uerbum dei; Sine fide autem inpossibile est placére
gode gelyfan soðlice hit ge(dafe)nað togenealæcendne to drihtne
deo; Crédere enim oportet accedéntem ad dominum.
forþi secendum hyne edgyldend gewyrð
quia inquirentibus se remunerator[2] *fit;*

            sæde geleafan ah mid nehstan on þearflicnysse
Salomon dixit. Fidem pósside cum proximo in paupertáte
his þæt eac on godum his þu geblissige
illius. ut et in bonis illius lętéris

---

[1] i. qui fidem habent.   [2] i. redonator.

sæde gif soðlice rihtwis ys se þe of geleafan
Augustinus dixit. Si enim iustus est. qui ex fide
leofað unriht ys soðlice se þe næfð geleafan menn
uiuit. iniquus est autem qui non habet fidem ; Homini
geleafullum eall middaneard welan ungeleaffullum soðlice na
fideli totus mundus diuitiae. infideli autem nec
lytel geleafullum niht on dæg byð gewend ungeleafullum
modicum ; Fidelibus nox in diem mutatur. infidelibus
soðlice ea(c) swylce þæt leoht aþystrað to þam swyþe framað
autem et iam ipsa lux tenebrescit ; Usque adeo[1] *preualet*
geleafa þæt menn ofer sæ mid fotum do gan micel
fides. ut homines super mare pedibus faciat ambulare ; Magna
ys geleafa ac naht framað gif he næfð soðe lufe
est fides ! sed nihil prodest si non habuerit caritatem ;

· sæde hwæt framað gif arleaslice donde god
Hieronimus dixit. Quid prodest si impie agens deum
mid stefne þu clypast þane þu mid weorcum wið(s)ecst god on
uoce inuoces quem operibus negas ! Deus in
godum weorcum geleaffulra na swa micel besceawað offrunge
bonis operibus fidelium non tantum considerat oblationis
micelnysse swa micel swa geleafan soðfæstnysse
magnitudinem. quantum fidei ueritatem ;

sæde se soðlice rihtlice gelyfð se þe begæð
Gregorius dixit. Ille etenim uere credit. qui exercet
wyrcende þæt he gelyfð þurh geleafan witodlice fram ælmihtigum
operando quod credit ; Per fidem namque ab omnipotente
gode we synd oncnawene hwæt framað gif þam sylfan alysende
deo cognoscimur ; Quid prodest si eidem redemptori
urum þurh geleafan we synd geþeodde gif fram him on þeawum
nostro per fidem iungimur : si ab eo moribus
we beoð totwæmede
disiungamur !

sæde eadig ys soðlice se eac rihtlice gelyfende
Isidorus dixit. Beatus est autem qui et recte credendo
wel leofað 7 wel lybbende geleafan rihtne gehealt cristen
bene uiuit. et bene uiuendo fidem rectam custodit ; Christianus
soðlice yfel þænne he æfter godspelles lare na leofað
enim malus dum secundum aeuangelii doctrinam non uiuit.

---

[1] i. tantum.

eac þæne gelefan þæne he mid worde yrþað for uppsprungenre
etiam ipsam fidem quam uerbo cólit. ob órta
costunge eþelice forspilð god gif he ys gelyfed be gewyrhtan
temptatione fácile pérdit; Deus si credítur. merito
he ys geclypud 7 ys gesoht 7 þurh þæt þænne fremedlice
inuocatur et quaéritur! ac per hoc tunc perfecte
ys geherud þænne he ge byð gelyfed geleafa nateshwon
laudatur. quando et creditur; Fides nequaquam
mid strengþe byð ofercumen ac mid gerade and mid bysenum
ui extorquetur. sed ratione atque exemplis
byð gelæred on heortan besyhð god geleafan þar hi na
suadétur; In corde respicit deus fidem. ubi se non
magon menn beladian geleafa soðlice se þe on heortan
possunt homines excusáre; Fides enim quae corde
byð gehealden mid andetnysse muþes to hæle byð gecydd
retinétur[1]. *confessione oris ad salutem profértur;*
manega on geleafan swa micelum hi cristene synd on weorce
Multi fide tantum christiani sunt. opere
soðlice cristenre lare twydælað manega witodlice geleafan
uero christianę doctrinę dissentiunt; Multi quidem fidem
cristes of heortan na lufiað ac of menniscum egesan þæne
christi ex corde non amant. sed humano terróre eandem[2]
þurh lease hiwunge gehealdan hi gehiwiað 7 þa þe beon na
per hypochrisín[3] *tenére se símulant. et qui ésse non*
magon opene yfele þurh egesan leaslice beon oncnawene
possunt apérti máli. per terrórem ficte nóscuntur[4]
gode
boni.

XXXIV.

be hopan oþþe be hihte.
De Spe.

drihten segð on godspelle nelle ge ortruwian ac habbað
Dominus dicit in ęuangelio. Nolite desperáre. sed habéte
geleafan godes on eow
fidem dei. in uobis;

[1] i. habetur.   [2] s. fidem.   [3] i. simulationem.   [4] s. esse.

se apostol sæde we soðlice on gaste of geleafan
Paulus apostolus dixit. Nos autem in [1] *spiritu ex fide*
hopan rihtwisnysse we geandbidigað on hopan soðlice hæle
spem iustitiae expectamus; Spe enim salui
we beoð gewordene hope soðlice se þe ys gesewen nys hopa
facti sumus; spes autem quae uidetur ? non est spes ?
witodlice þæt gesihð æghwylc hwæt he hopige gif soðlice
nam quod uidet quis quid sperat ? si autem
þæt we na geseoð we hopiað þurh geþyld we geandbidigað
quod non uidémus speramus. per patientiam expectamus;

se apostol sæde se þe soðlice twynað gelic he ys
Iacobus apostolus dixit. Qui enim haésitat [2] *similis est*
yþe sæ seo fram winde byð astyrud 7 byð uppferud
fluctui maris. qui a uento movétur et circumfértur [3]*;*

sæde geanbidung rihtwisra bliss hopa soðlice
Salomon dixit. Expectatio iustorum laetitia. spes autem
arleasra forwyrð hopa þe byð geleneged geswenced sawle
impiorum peribit; Spes quae differtur. affligit animam;

sæde na soðlice hal beon ænig mæg
Origenis dixit. Neque enim saluus ésse quisquam pótest.
butan he ær him mildne do god
nisi prius sibi propitium faciat deum;

sæde þa þe yfele don na geswicað mid idelum
Isidorus dixit. Qui male ágere non desístunt. uana
hopan forgyfenysse be godes miltsunge seceað þæne rihte
spe indulgentiam de dei pietate requirunt. quam [4] *recte*
sohtan gif hi fram dæde þwyrre geswicon to ondrædenne
quaérerent ? si ab actione praua cessárent; Metuendum
swyþe ys þæt we na þurh hopan forgyfenysse þa behætt
ualde est. ut néque per spem uenię quam [5] *promittit*
god anrædlice syngian na forþi rihtlice synna gebrið
deus perseueranter peccamus ? neque quid iuste peccata distringit
forgyfenysse we ortruwian ac ægðre frecenysse forbogenre
ueniam desperémus ? sed utróque periculo euitato
7 fram yfele we bugan 7 be miltse godes forgyfenysse
et a malo declinemus. et de pietate dei ueniám
we hopian ælc witodlice rihtwis on hopan 7 fyrhte
sperímus; Omnis quippe iustus spe et formídine

[1] s. fn.   [2] i. dubitat.   [3] i. eleuatur.   [4] s. spem.   [5] uéniam.

hogaðˈ forþi hwilon hyne to blisse hopa upparærðˈ hwilon to
nititur[1]. *quia nunc illum ad gaudium spes érigit? nunc ad*
fyrhte oga helle togefæstnaþ se þe soðlice forgyfenysse
formídinem terror gehénne addicit[2]; *Qui enim ueniam*
be synne ortruwaðˈ swyþor he ortruwunge þænne be synne
de peccato despérat. plus de desperatione quam de peccato
afealðˈ ortruwung geycðˈ synne ortruwung wyrse ys ælcere
cádit; Desperatio anget peccatum. desperatio. peior est omni
synne þrea witodlice þe sylfne 7 forgyfenysse hafa þu
peccato; Corrige igitur te ipsum? et indulgentię habéto
hopan nan swa hefig ys gylt se þe næbbe forgyfenysse
spem; Nulla tam grauis est culpa. quę non habeat ueniam;
na þe orsorhnyss beswicenne fram dædbote tihtinege
Nulla te secúritas decéptum a penitentiae intentione
framdo ungeswicendlice on heortan þinre hopa 7 fyrhta
suspéndat; Incessánter[3] *in corde tuo spes et fermído*
standan samod on þe syn ege and truwa
consistunt; Pariter in te sint timor atque fiducia;

XXXV.

be gife.
De Gratia.

drihten segðˈ on godspelle butan cepe ge underfengon
Dominus dicit in euangelio. Gratis accepistis;
butan cepe syllaþ gyfu 7 soðˈfæstnyss þurh hælende crist
gratis dáte. gratia et ueritas per iesum christum
geworden ys
facta est;
se apostol sæde þar þar soðlice genihtsumude synne
Paulus apostolus dixit. Ubi autem abundauit peccatum.
ofergenihtsumude gyfu þæt swa swa rixude synn on deaðˈ
superabundauit gratia? ut sicut regnauit peccatum in mortem.
swa gyfu rixige þurh rihtwisnysse on lif ece bigleofa
ita gratia regnet per iustitiam in uitam aeternam; Stipendia

---

[1] i. surgere conatur.   [2] i. adstringit.   [3] i. iugiter.

soðlice synne deað gyfu soðlice godes on life ecum aura
enim peccati mors. gratia autem dei in uita aeterna; Uni-
gehwylcum soðlice ura geseald ys gyfu æfter gemete
cuique *autem nostrorum data est gratia. secundum mensuram*
   sylene cristes
donationis christi;

          sæde se þe god ys hlade fram drihtne gyfe
Salomon dixit. Qui bonus est háuriet a domino gratiam
gyfu ys geseald on gesihþe ælces lybbendes ys geseald
Gratia dátur in conspectu omnis uiuentis; Est dátus
þam þe nys nytlic 7 ys geseald þam edlean twyfeald ys
cúi non est utilis. et est dátus cúi retributio dúplex est;

          sæde drihten soðlice se þe pundu forgyfð
Gregorius dixit. Dominus enim qui talénta contulit.
gescead to gesettenne ongeangehwyrfð forþi se þe nu
rationem positúrus rédit quia is qui nunc
mildelice gastlice gyfa sylð striþlice on dome geearnun(g)a
pie spiritalia dona tribuit. districte in iudicio merita
he secð god þæt on smyltnysse byð g(e)numen on
exquíret; Bonum quod in tranquillitate súmitur in
gedrefednysse byþ geswutelud synd witodlice mænige þa þe
tribulatione manifestatur; Sunt námque nonnulli qui
gyfe andgytes onfengon ac sylfe þa þe flæsces synd
donum intelligentię percepérunt sed sola éa quae carnis sunt
witan
sapi(unt)

          sæde hwilon syngigendum us his god gyfa na
Isidorus dixit. Intérdum peccantibus nobis sua deus dona non
na æthryt þæt to hopan godcundre miltsunge geþanc mennisc
rétrahit. ut ad spem diuine propitiationis mens humana
arise fram him soðlice us calle godu gyfe forecumendre
consurgat; ab illo enim nobis omnia bona gratia preueniénte
beoð forgyfene þeogine mannes gyfu godes ys ne (f)ram him
donantur; Profectus hominis donum dei est. nec a sé
mæg ænig ac fram drihtne beon geþread na soðlice aht
pótest quisquam. sed a domino córrigi; Non enim quicquam
godes hæfð agen man þes weg· nys his þænne
boni habet próprium homo. cuius uia non est eius; Cum
gehwylc sume gyfe godes onfehð he na gyrne mare þænne
quisque aliquod donum dei áccipit. non áppetat amplius quam

he geearnode þæt na þænne oþres limes þenunge gegripan
meruit. ne dum alterius membri officium arripere
ongynne þæt þe he geearnude forleose he gedrefð soðlice lichaman
temptat. id quod meruit pérdat ; Conturbat enim corporis
endebyrdnysse ealle se þe nu his côhylde weldæde gegripð
ordinem totum. qui non suo contentus officio sûbripit [1]
fremede þæt we soðlice wise synd þæt wel'ge þæt
aliénum ; Quod enim sapientes sumus. quod diuites quod
mihtige wuniað na oþres ac swyþor godcundre gyfe
potentes. exsistimus. non alterius sed pótius diuino munere
we synd uton brucan eornostlice selust godcundum weldædum
sumus ; Utamur ergo óptime diuinis beneficiis.

þæt ge god na behreowsige syllan 7 us onfon si
quatenus et deum non peniteat dedísse? et nobis accepisse sit
nytlic on todale gyfa mislice onfoð mislice godes
utile ; In diuisione donorum diuérsi percipiunt diuersa dei
gyfa na swa þeah beoð forgyfene anum ealle þæt si for
munera ; Non támen conceduntur úni omnia ut sit pro
note biggencge þæt oþer wundrige on oþrum eft he segð
utilitatis studio. quod alter admiretur in altero ; Item dicit.
gyfa þanca sumum þas sumum soðlice beoð for(g)yfene
Munera gratiarum alii ista alii uero donantur
þa na nys gescald swa beon gehæfd an þæt he na behofige
illa. nec datur ita haberi únum ut non égeat
oþrum afyrran god ys gesæd menn gyfe þæt mann
áltero ; Auférre deus dicitur homini donum quod homo
næfde þæt ys þæt onfon na geearnode
non habuit . id est quod accipere non meruit ;

sæde swa swa sylfwilles gyfu ys onfangen fram gode
Eusebius dixit. Sicut gratis gratia accipitur a deo
swa sylfwilles seo sylfe sy þenud.
ita gratis éadem ministretur ;

XXXVI.

be twirædnysse.
De Discordia.

drihten segð on godspelle ælc rice todæled ongean hit
Dominus dicit in guangelio. Omne regnum diuisum contra se

[1] i. conprehendit.

byð toworpen 7 ælc ceaster oþþe hus todæled ongean hit sylf
desolabitur: et omnis ciuitas uel domus diuisa contra se
hit na stynt   neod hit ys soðlice þat cuman swicunga
non   stabit;   Necesse   est enim.   ut ueniant scandala.
swa þeah   wa þam menn þurh þæne swicung cymþ
uerúm   tamen uáe illi homini per quem scandalum[1] *uenit;*
       se apostol sæde   calle witodlice clæne synd ac
Paulus apostolus dixit. Omnia quidem munda sunt. sed
yfel hyt ys menn se þe þurh sporninege   on sibbe
malum est homini qui   per offendiculum mandúcat; In pace
soðlice geclypode us   god   na soðlice ys twyrædnysse god
autem uocauit nos deus. non enim   est dissensionis deus.
ac sibbe sibb si gebroþrum 7 soð lufu mid geleafan fram gode
sed pacis; Pax[2] *fratribus et caritas cum fide   a   deo*
fæder 7 drihtne hælendum criste
patre et domino   iesu   christo;
         sæde behydaþ hatunge weleras   lease   se þe
Salomon dixit. Abscondunt odium labia mendacia: qui
soðlice getrywlice doð. hi geliciað him wer hatheort forðclypað
autem fideliter agunt. placent ei; Uir iracundus próuocat
saca se þe geþyldig ys he geliþegað awehte   mann þwyr
rixas qui patiens est mitigat suscitátas; Homo peruérsus
aweeð ceasta 7 wordfull asyndrað caldras symle   teonan
súscitat lites. et uerbósus séparat principes; Semper iúrgia
secð   yfel   engel soðlice wælhreow si ascnd ongean hyne
quaerit malus. angelus autem crudélis mittetur contra eum;
       sæde god witodlice on annysse ys 7 þa his gyfe
Gregorius dixit. Deus quippe in unitate est. et illi eius gratiam
habban geearniað þa þe hi him betwynon þurh ceasta swicunga
habére merentur: qui se ab inuicem per sectarum scandala
na   todælað gyfu soðlice nys onfangen butan   ær
non dividunt; Munus[3] *enim non accipitur nisi ántea*
twyrædnyss fram   mode   si anydd   hu   hefig ys gylt
discordia   ab   animo   pellatur; Quam gráuis est culpa
twyrædnysse for þam na   gyfu byð onfangen swa hwæt soðlice
discórdiae: pro qua nec múnus accipitur; Quicquid enim
þwyr 7 gebolgen mod forðbringð · sacendes hatheortnyss
protéruus et indignus animus protúlerit obiurgántis[4] *furor*

---

[1] i. offensio.   [2] s. sit.   [3] i. oratio.
[4] litigantis.

hit ys na   lufu   þreagingce hwylc ys eallunga mildheortnysse
est non dilectio correctionis ; Quále est   iam   misericordie
offrung   seo   mid twyrædnysse nehstan byð tobroht
sacrificium. quod cum   discordia   proximi   offertur;

XXXVII.

be aþsware.
De Iuramento.

drihten segð on godspelle ge gehyrdon þæt gecwedeu ys
Dominus dicit in euangelio. Audistis   quia   dictum   est
on ealdum na forswera þu þu agyltst soðlice drihtne aðswara
antiquis[1] *non periurabis?   reddes   autem domino iuramenta*
þine ic soðlice secge   eow   na swera eallunga   na   þurh
tua. ego autem dico   uobis. non iurare omnino neque per
heofon na þurh corpan sy soðlice spæc eower ys ys na
caélum neque per terram ; Sit autem sermo uester est. est. non.
na þæt soðlice þysum   swyðlicor   ys fram yfele hit ys
non. quod autem   his   abundántius est   a   malo[2] *est ;*
se þe sweraþ on heofone he sweraþ on þrymsetle godes 7 on
Qui iurat   in   caélo.   iurat in   throno   dei. et in
þam se sitt ofer þæt
éo qui sédet super eum[3] *;*

        se apostol sæde menn   soðlice þurh maran hyra
Paulus apostolus dixit. Homines enim per maiorem sui
sweriað 7 ælc wyþerwyrdnysse hyra ende to getrymmincge
iúrant et omnis controuérsiae[4] *eorum finis? ad confirmationem*
ys aðsware
est iuramenti;

        sæde se þe þæt he wat spycð bienigend rihtwisnysse
Salomon dixit. Qúi quod nóuit loquitur index   iustitiae
ys se þe soðlice   lyhþ   gewita ys   facenfull   aðsware
est? qui autem mentítur. testis est fraudulentus ; Iurationi
na geþwærlæce muð þin   wer swyþe swerigende byð gefylled
non adquiescat ós tuum ; Uir multum   iúrans   replebitur

---

[1] s. in.   [2] diabolo.   [3] s. celum.
[4] i. altercationis vel contentionis.

mid unrihtwisnysse 7 na gewit fram huse his wite gif ou
    iniquitate   et non discédit a domo illius plága ; Si in
idel   swerað wer he na byð gerihtwisnd ungelæredlice na
uácuum iuráuerit uir. non iustificabitur ; Indisciplináte non
geþwærlæce muþ þin ys soðlice on þam word synne
    adquiéscat os tuum ? est enim in illo[1] *uerbum peccati ;*

            sæde swa swa leogan na mæg se þe na spycð
Isidorus dixit. Sicut   mentíri non pótest qui non loquitur.
swa forswerian na mæg se þe swerian na gyrnð   nys
sic periurare non pótest qui iurare non áppetit ; Non est
ongean godes bebod swerian ac þænne gewunan to swerigenne
contra dei preceptum iurare. sed dum usum   iurandi
  doð   aðsware leahter we onbeyrnað næfre eornostlice
facimus periúrii crimen incúrrimus ; Numquam ergo
swerige se þe forswerian ondrætt mænige þæt hi beswican
  iúret qui periurare timet ; Multi ut fállant[2]
forsweriað þæt hi þurh geleafan haligdomes geleafan don
periúrant. ut per fidem sacramenti fidem faciant
wordes 7 swa beswicende þænne hi forsweriað 7 hi leogað
uerbi ? sicque fállendo dum periúrant et mentiuntur.
mann unwærne beswicað hwilon 7 mid leasum wroht-
hominem incáutum decipiunt ; Intérdum et falsis crimina-
um beswicene we beoð bepæhte 7 gelyfað þænne hi wepað
tionibus seducti   decípimur. et credimus dum plorant.
þam to gelyfenne næs   wel oft butan aðsware specan
quibus credendum non erat ; Plerúmque sine iuramento loqui
we dihtað ac ungeleaffulnysse hyra þa na gelyfað þæt we
dispónimus. sed incredulitate eorum qui non credunt quod
secgað swerian we beoð genydde 7 swylcere neode to swerigenne
dícimus iurare conpéllimur ? talique necessitate iurandi
  gewunan we doð synd mænige to gelyfenne slawe þa
consuetudinem facimus ; Sunt multi ad credendum pígri qui
ne beoð astyrude to geleafan wordes hefelice soðlice agylt
non mouentur ad fidem uerbi ; Gráuiter autem delinquit.
þa him speccnde swerian genytt on swa hwylcum wrence
qui sibi loquentes iurare cógit ; . Quacumque árte
  worda ænig swerige god swa þeah se þe ingehydes gewita
uerbórum quis iúret. deus támen qui conscientię testis

---

[1] s. opere.   [2] i. dicipiunt.

ys swa þæt onfehð swa se þam byð gesworen undergytt
est ita hoc áccipit sicut ille cúi iurátur intélleyit;
twyfealdlice soðlice scyldig byþ se eac godes naman on idel
Dupliciter autem reus fit. qui et dei nomen in uánum
togenimð 7 his nehstan mid facne gelæhð nys to gehealdenne
adsúmit et proximum dolo capit; Non est conseruandum
haligdom of þam yfel unwærlice þyþ behaten swylce gif
sacramentum quo malum incáute promíttitur. uéluti[1] *si*
ænig myltestran ecne mid hyre to wunigenne geleafan
quíspiam adúlterę perpetuam cum éa permanendi fidem
behate forberendlicur ys soðlice na gefillan haligdom
polliceatur[2] *tolerabilius*[3] *est enim non implére sacramentum;*
þænne þurhwunian on ascumgendre synne
quam permanére in detestabili flagitio;

XXXVIII.

be geþancu(m).
De Cogitationibus.

drihten segð on godspelle eadige cleanre heortan forþi hi
Dominus dicit in euangelio. Beati mundo corde. quoniam ipsi
god geseoð fram innon soðlice of heortan manna ge-
deum uidebunt; Ab intus enim de corde hominum cogi-
þancu yfele forðstæppað unrihthæmedu forligru manslihtas
tationes male procédunt; adulteria. fornicationes. homicidia.
stala gytsung man unclænnyss eage yfel hyrwinega
furta. auaritia. nequitia. inpudicitia. oculus malus. blasphémia.
ofermodignyss dysignyss calle þas yfelu fram innon forðstæppað
superbia. stultitia. omnia haec mala ab intus procédunt
7 hi gemænsumiað mann
et commúnicant hominem;
se apostol sæde geleofestan ic halsige eow swylce
Petrus apostolus dixit. Carissimi obsecro uos tamquam
utacymene 7 ælþeodige þæt ge forhabban eow fram flæsclicum
aduenas et peregrinos. ut abstineatis uos a carnalibus
gewilnungum þa campiað ongean sawle
desideriis: quae militant aduersus animam;
se apostol sæde soð lufu na þencð yfel heo na
Paulus apostolus dixit. Caritas non cogitat malum. non

---

[1] i. quasi.   [2] i. promittat.   [3] i. portabilius.

geblissað ofer unrihtwisnysse heo midblissað soðlice soðfæstnysse
gaudet super iniquitatem. congaudet autem ueritati;
flæsc 7 blod rice godes agan na magon la geleofestan
Caro et sanguis regnum dei possidére non póssunt; Carissimi
uton geclænsian us fram ealre besmitenysse flæsces 7 gastes
mundémus nos ab omni inquinamento carnis et spiritus.
gefremmende se halgunge on ege gastes ic secge
perficientes sanctificationem in timore spiritus; Dico
soðlice on gaste gað 7 gewilnunga flæsces ge na gefremman
autem. Spiritu ambuláte. et desideria carnis non pérficietis;
sæde se þe soðlice getruwað on geþancum his
Salomon dixit. Qui autem confidit in cogitationibus suis
arleaslice he deð geþancu rihtwisra domas geþeahtu soðlice
ímpie ágit; Cogitationes iustorum iudicia. consilia autem
arleasra facenfulle facen on heortan geþencendra yfelu
impiorum fraudulénta; Dolus in corde cogitantium mala;
onscunung synd drihtne geþancu yfele onwreoh drihtne
Abominatio sunt domino cogitationes malę; Reuéla domino
weorcu þine 7 beoð gerehte geþancu þine se þe atihtum
opera tua. et dirigentur cogitationes tuae; Qui adtónitis
eagum geþencð þwyre bitende weleras his he gefremð yfel
oculis cógitat praua. mórdens lábia sua pérficit malum;
na ætwint drihten æle geþanc 7 na behytt hit fram
Non préterit dominum omnis cogitatus. et non abscondit se ab
him ænig spæc on geþancum soðlice arlease axsung
eo úllus sermo; In cogitationibus enim ímpii interrogatio
byþ arlease soðlice æfter þæt hi þohton þreaginege
erit; Impii autem secundum quod cogitauérunt. correptionem
hi habbað lichama soðlice þæt byþ gebrosnud gehefigað sawle
hababunt; Corpus enim quod corrúmpitur ádgrauat animam.
7 ofsett eorðlice onwunung andgyt fela þencendne nys
et déprimit terréna inhabitatio sensum multa cogitantem; Non est
geþanc synfulra snoternyss se þe byð gelytlud on heortan
cogitatus peccatorum prudentia; Qui minoratur corde
þencð idele 7 wer unsnoter 7 worigende þencð stunte ær
cógitat inánia. et uir inprudens et érrans cógitat stulta; Ante
timan ylde togelætt geþanc .
tempus senectam addúcit cogitatus[1];

---

[1] i. cogitatio.

sæde nan mæg fram deofle beon beswicen
Agustinus dixit. Nemo potest a diabolo decipi
butan se þe hyne gegearwian ma wyle his willan geþwærnysse
nisi qui se prebere maluerit suę uoluntatis adsensui;

sæde anweald witodlice deofles na on þrist-
Hieronimus dixit. Potestas quippe diaboli non[1] in temeri-
nysse his and gylpe ac on þinum ys willan deoful
tate[2] illius atque iactantia. sed in tua est uoluntate; Diabolus
þurh þa þe he geopenian gesihð oððe gewislice na trumlice
per ea quę patere uidet. aut certe non firmiter[3]
beloceue he secð infaran 7 to þære heahnysse heortan 7
clausa quaerit inrumpere[4]. et ad ipsam arcem cordis et
sawle becuman 7 sylf intinga arfæstnysse ys þar flæsces nan
animę peruenire; Solaque causa pietatis est ubi carnis nulla
cyð ys na geþafa þu geþancu yfele on heortan þinre
notitia est; Non sinas[5] cogitationes malas in corde tuo
wexan
crescere;

sæde na calle yfele geþancu ure symle
Hilarius dixit. Non omnes male cogitationes nostrae semper
deofles ontihtincge beoð awehte ac oft of ure styrunge
diaboli instinctu[6] excitantur. sed aliquotiens ex nostro motu
beoð besencte gode soðlice geþancu symle fram gode
emerguntur[7]. bonę autem cogitationes semper a deo
synd
sunt;

sæde swa swa mid heafde synd gewissode lima
Gregorius dixit. Sicut capite reguntur membra
ealswa geþancu mid mode beoð geendebyrde þænne soðlice on
ita cogitationes mente disponuntur[8]; Dum enim in
geðance willa na byþ gewyld eac on dæde wealt
cogitatione uoluntas non reprimitur. etiam in actione dominatur[9];
calle soðlice heortan asmeað drihten 7 ealle moda
Omnia enim corda scrutatur dominus. et uniuersas mentium
geþancu ongytt awyrig witodlice gastas on ælce healfe
cogitationes intellegit; Maligni quippe spiritus undique

---

[1] s. est. [2] i. presumptione vel audacia. [3] i. fortiter.
[4] i. ingredi. [5] i. non permittas. [6] i. ortatu.
[7] i. eueniunt vel oriuntur. [8] i. ordinantur. [9] i. principatur.

sawle   genyrwað þænne hyre na þæt an weorcu ac eac swylce
animam angústant[1]*: quando ei non solum opera uer*um *etiam*

spæca   7   þar toeacan geþancn unrihtwisnysse unfealdð
loquutiónes. atque insuper cogitationes iniquitatis réplicant[2].

þænne soðlice on heafde eagan we habbað þænne lif   alysendes
Tunc enim in capite oculos habemus: cum uitam redemptoris

ures   mid stillum   geþance   we geseoð   hwæt framað   þæt
nostri   tacita[3]   *cogitatione conspicimus; Quid prodest quod*

ongean feonda   searwa   eal ceaster   byþ gehealden gif   an
contra hostium insidias tota ciuitas   custoditur. si únum

þyrl   open   byð forlæten þanon fram   feon   beo innagan
forámen apertum relinquitur. unde ab hostibus intretur:

eall soðlice   þæt   cyrtclice   we þenceað swylce on geþance
Omne enim   quod subtiliter[4] *cogitamus. quasi   mente*

we gearcuað   se þe cornostlice on sibbe   wealdan   flæsces
cóquimus[5]*;   Quia   ergo   in   pace   subígere*[6] *carnis*

gewilnunga we nellað þænne on gefeohte for gode þæt   flæsc
desideria   nólumus quando in   bello   pro deo ipsam carnem

we syllað   mod   ure   fram   flæsclicre gelustfullunge to ascyr-
dabimus: Mens   nostra   a   carnali   delectatione   absci-

igenne   ys   ac fram flæsces care neodbehefe to ascyrigenne
denda[7] *est. sed   a   carnis cura necessaria abscidenda*

nys
non est;

on twa tedæled   ys   intinga to syngienne þæt
Isidorus dixit.   Bipertita[8] *est causa   peccandi   id*

ys weorces 7 geþances þæra   an   unrihtwisnyss ys gecweden
est operis et cogitationis. quorum únum iniquitas   dicitur

þæt mid weorce byð gedon   oþer   unrihtwisnyss þæt on geþance
quod opere   géritur. aliud   iniustitia. quod cogitatione

byð togesend   ær   soðlice   dæd   ys   æfter þam   geþanc
admittitur;   Prius autem   actio est   postea   cogitatio:

ær synd lytle weorcu æfter þam gewilnunga embstem soðlice
prius[9] *praua opera post modum desideria; Uicíssim autem*

7 fram geþance weorcu forðstæppað 7 fram weorce geþanc
et   a cogitatione opera procédunt et ab opere cogitatio

.

---

[1] i. coartant.   [2] i. reuoluunt.   [3] i. occulta.   [4] i. eleganter.
[5] i. paramus.   [6] i. dominari.   [7] i. segreganda.
[8] i. in duas partes diuisa.   [9] s. sunt.

LIBER SCINTILLARUM. 141

byþ acenned þeah þe fram wcorce yfelum ænig geswice for
*náscitur; Quámuis ab opere malo quisq*ue *uácet*¹. *pro*
sylfes swa þeah þwyres geþances yfelnysse na byð unscyldig
solíus támen prauę cogitationis malitia non erit ínnocens;
na soðlice þæt an on dædum ac eac on geþancum we agyltað
*Non enim solum factis sed et cogitationibus delínquimus*².
gif him unalyfendlice ongeanyrnendum we beoð gegladode nys
si eis inlicite occurrentibus delectemur; Non est
to ondrædenne gif gode 7 yfele geþancu cuman on geþanc
timendum. si bonę maléquę cogitationes ueniant in mentem.
ac ma wuldorful ys gif geþanc yfel fram godum angytes
*sed magis gloriosum*³ *est. si méns mala a bonis intellectus*
mid gesceade todæld naht framað þæt betwux god 7
ratione discérnit; Nihil iúuat quod inter bonum et
yfel mid andgyte snoterum we gedemað butan mid weorce
malum sensu prudentíore discérnimus. nisi opere
oððe yfele geþancu uton warnian oððe gode andgytu uton don
aut mala cogitáta caueámus. aut bona intellecta faciamus;
on þam geþances anginne wiðstand heafud geþances beluc
*In ipso cogitationis initio*⁴ *resiste. caput cogitationis clúde.*
oþre beoð oferswiðede gif þu forhogast andgytu fram heortan
*cętera*⁵ *superantur; Si préueris cogitationes a corde?*
na forðbrecað on weorce gif þu geþance na geþwærast
non prorúmpunt in opere? si cogitationi non consénseris
weorce raþe þu wiðstyntst na soðlice mæg lichama beon
óperi cito resistis; Non enim pótest corpus cor-
gewemmed butan ær gewemmed sy mod naht mæg flæsc
rúmpi. nisi prius corrúptus sit animus; Nihil potest caro
don butan þæt wyle mod afeorma soðlice fram
*fácere. nisi quod uolúerit animus; Munda*⁶ *enim a*
geþance mod 7 flæsc na syngað betere ys þæt þu forbuge
*cogitatione animum. et caro non peccat; Melius est ut uítes*⁷
leahter þænne þu bete
uitium. quam ut eméndes;
on bec ys gecweden deoful soðlice buton hwylc
In libro clementis dicitur. diabolus enim nisi quis

---

¹ i. cesset. ² i. peccamus. ³ i. laudabile.
⁴ i. in principio. ⁵ s. mala. ⁶ i. purifica. ⁷ i. declines.

lustum his hinc sylfwilles underþeod anweald ongean
uoluptatibus eius sē spónte subdíderit ; potestatem aduersus
mann næfð
hominem non habet ;

on life yldryna ys gecweden swa swa fyr fornimð wex
In uita patrum dicitur ; sicut ignis tabefácit [1] *céeram.*
calswa eac wæcce god geþancu wyrste
ita et uigilia bona cogitationes pessimas ;

XXXVIIII.

be leasunge.
De Mendacio.

drihten segð on godspelle na sege þu lease gewitnysse
Dominus dicit in euangelio. Non dicas falsum testimonium ;
se apostol sæde alecgende leasunge specaþ
Paulus apostolus dixit. Deponentes mendacium loquimini
soðfæstnysse anra gehwylc mid nehstan his nelle ge leogan
ueritatem unusquisque cum proximo suo ; Nolite mentiri
eow betwynan reafigende eow ealdne mann mid dædum his
inuicem spoliantes [2] *uos ueterem* [3] *hominem cum actibus eius.*
7 embscrydende niwne þæne se byð geedinwud . . . .
et induentes nouum eum qui renouátur . . . .
. . . . hand
. . . . *manus*
fram gyfe gif byð cyst heortan gefylled mid godum
a múnere. si fuerit árca cordis repléta bona
willan god eornostlice us on willan si witodlice of
uoluntate ; Bonum ergo nobis in uoluntate sit. nam ex
godcundum fultume byþ on fullfremednysse se genyd
diuino adiutorio erit in perfectione ; Ille coactus
þolað þystru wrace se þe her lustlice þolude þystru
pátitur tenebras ultionis. qui hic libenter sustinuit tenebras
willan willa soðlice god ys swa wiþeræde oþres swa
uoluntatis ; Uoluntas autem bona est sic aduérsa altérius. sicut
ure agene ondrædan nanum þæt þe sylfum rihtlice beon agolden
nostra pertiméscere ; Nulli quod tibi iuste inpéndi

[1] i. consumit. [2] i. expugnantes. [3] i. peccatorem.

þu gewilnast wiðsacan neode nehstan æfter mægen to-
  desideras   denegáre; Necessitati proximi iuxta[1] uires con-
efstan   ac   framian   eac   wiðutan mægenum wyllan   symle
cúrrere[2]. sed prodésse étiam   ultra   uires   uélle. Semper
   anda   fram godan   willan   ungeþwæregaþ god soðlice þurh
inuidia   a   bona uoluntate   discordat; Deus enim   per
yfele   willan   oþra   on oþrum fela   wyrcð   godu
malas uoluntates aliórum in aliis multa operatur bona;
           sæde   ne   of na ascæcð ofsettinege   neod
  Ciprianus dixit. Nec   excúsat   oppressum necessitas
leahtres þar leahter ys   willan
criminis. ubi crimen est uoluntatis;

XLIII.

be reafum
De Indumentis.

drihten segð on godspelle lichama eower betere ys þænne
Dominus dicit in euangelio. Corpus uestrum plus est qua(m)
   reaf   se þe hæfð twa tunecan sylle næbbendum 7 se þe
uestimentum; Qui habet dúas tónicas det   non habénti et qui
hæfð mettas gelice   do
habet éscas similiter faciat;
       se apostol sæde   hæbbende soðlice fodan 7 mid hwam
Paulus apostolus dixit. Habentes autem alimenta et quibus
we beon oferhelede þam   eðhylde syn we
  tegámur[3]   his contenti[4] símus;
         sæde   Þeas gyfu 7 idel ys fægernyss on eallum
Salomon dixit. Fállax gratia et uana est pulchritudo; Omni
   timan   reafu þine syn deorwyrþe 7 ele of heafude þinum
tempore uestimenta tua sint pretiosa et oleum de cápite tuo
  na   ateorige
non deficiat;
         sæde   reaf soðlice þe clæne si abutangedon na
  Augustinus dixit. Vestis autem tibi pura circumdetur non

---

[1] secundum.   [2] i. adiuuare.   [3] i. induamur.   [4] i. sufficientes.

to fægernysse ac for nedbehefe oferhelincge þæt
*ad pulchritudinem sed propter necessarium tegumentum*¹. ne
na þænne begytenum reafum þu byst gescrydd oþre
dum exquisitis indumentis uestieris alteram
fylþe nime
turpitudinem sumas.

sæde plumfeþera hnescnyss geonglice lima
Hieronimus dixit. Plumarum mollities iuuenilia membra
na gehylpe swa hwæt soðlice lichaman ure bewerian mæg
non foueat; Quicquid enim corpora nostra defendere potest.
7 menniscre help(an) wanhalnysse þæt an to genemnene ys
et humanę succurrere inbecillitati hoc una appellanda est
tunice
tunica;

sæde nan witodlice reafu deorwyrðe butan to
Gregorius dixit. Nemo quippe uestimenta pretiosa. nisi ad
idelum wuldre secð gewislice þæt he wyrðfulra oþrum beon
inanem gloriam quęrit uidelicet ut honorabilior ceteris esse
si gesewen nan wyle þar deorwyrðum reafum beon embscrydd
uideatur; Nemo uult ibi pręciosis uestibus indui
þar fram oþrum na mæge beon gesewen for sylfne idelre gylpincge
ubi ab aliis non possit uideri; Pro sola inani gloria
reaf deorwyrðre byþ gesoht
uestimentum pretiosius² quęritur;

sæde gefratewung witodlice reafa geswutelaþ hu
Effrem dixit. Ornatus quippe uestium indicat qualiter
þa þe eorðlice synd we witan 7 þurh biggencg beorhtran scrudes
ea quę terrena sunt sapiamus. et per studium clarioris amictus
from ecere beorhtnysse nacode beon we beoð oncnawene
ab aeterna claritate nudi esse dinoscimur;
þwean ansyne handa 7 fet geornlicor þeowas us geswutelað
Lauare faciem manus ac pedes inpensius³. seruos nos indicat
leahtra
uitiorum;

sæde þænne we soðlice gefratewunga we behealdað
Basilius dixit. Dum enim ornamenta conspicimus
lichamena 7 lichaman 7 sawle we gegremiað scyppend
corporum et corpore et anima offendimus creatorem;

---

¹ i. indumentum.   ² i. pretiosis.   ³ i. uehementius vel diligentius.

XLIIII.

be mildheortnysse.
De Misericordia.

drihten segð on godspelle eadige beoð þa mildheortan
Dominus dicit in euangelio. Beati misericordes
forþi hi mildheortnysse begytað beoð eornostlice mild-
quoniam ipsi misericordiam consequentur Estote ergo miseri-
heorte swa swa eac fæder eower mildheort ys þu na forwyrnst
cordes sicut et pater uester misericors est; Non negábis
mede wædlan 7 þearfum
mercedem indígenę et pauperi;

         se apostol sæde beoð soðlice eow betwynan milde
Paulus apostolus dixit. Estote autem inuicem benigni.
mildheorte scrydað eow swa gecorenan godes 7 halige 7
misericordes. induite uos sicut electi dei. et sancti et
gelufude innoþas mildheortnysse bega þe sylfne to arfæstnysse
dilecti uiscera misericordiae; Exérce te ipsum ad pietatem;
witodlice lichamlic biggencg to gehwædum nytlic ys ærfæstnyss
Nam corporalis exercitatio ad módicum utilis est pietas
soðlice to eallum nytlic ys
autem ad omnia utilis est;

         sæde mildheortnyss 7 soðfæstnyss na þe forlætan
Salomon dixit. Misericordia et ueritas non té déserant[1];
wel deð sawle his wer mildheort se þe soðlice wælhreow ys 7
Benefacit animę suae uir misericors. qui autem crudelis est. et
his magas awyrpð mildsung gearwað lif mildheortnyss 7
propinquos ábicit; Clementia préparat uitam misericordia et
soðfæstnyss gearwiað godu mildheortnyss 7 soðfæstnyss geheald-
ueritas préparant bona; Misericordia et ueritas custo-
að cyning 7 byð gestrangud mid miltse þrymsetl his don
diunt regem et roboratur clementia thronus eius; Fácere
mildheortnysse 7 dom ma geliciað mid gode þænne
misericordiam et iudicium. magis placent apud deum quam
offrunga
uictimę;

[1] i. dimittant.

sunu sæde on demende steopcildum beo þu
Hiesus filius Serach dixit. In iudicando[1] *pupillis   ésto*
mildheort swa fæder ælc mildheortnyss deð stowe anra-
misericors   ut   pater ; Omnis misericordia faciet locum uni-
gehwylcum æfter gecarnunge weorca hyra la hu micel ys
cúique   secundum meritum   operum suorum ; Quam magna[2]
mildheortnyss godes 7 gemiltsung his gecyrrendum to him
misericordia dei. et propitiatio illius conuertentibus ad se ;
gemiltsung mannes abutan freond his mildheortnyss soðlice
Miseratio hominis circa proximum suum ! misericordia autem
godes ofer ælc flæsce se þe mildheortnyss haefð ge he lærð
dei super omnem carnem ; Qui misericordiam habet et docet
ge he tyð swa fæder heorde his se þe deð mildheortnysse
et érudit quasi pater gregem suum ; Qui facit misericordiam
tobringð offrung
óffert sacrificium ;

     sæde gedafenað witodlice eac þæne se þe
Augustinus dixit.   Oportet quippe étiam eum   qui
mildheortnysse secð eac hyne for hæle his sum þincg
misericordiam requírit. et ipsum pro salute sua aliquid
beswincan findan we magon mildheortnysse ac on sawle gedre-
elaborare ; Inuenire póssumus misericordiam. sed in anima contri-
fedre 7 on gaste eodmodnysse on forðsiþe þinum geþenc god
buláta et spiritu humilitatis ; In éxitu tuo cógita deum.
7 on cwyde þinum læf þearfum þu þyder færst 7 weorcu
et in testamento tuo relínque pauperibus tu illúc uádis. et opera
þine þurhwuniað
tua pèrmanent ;

     sæde þar mildheortnyss byð soht butan wiþerwenn-
Gregorius dixit. Ubi misericordia quáeritur sine contro-
incge hæl ys lar butan mildheortnysse swyþe byþ
uérsia[3] *salus est ; Disciplina sine misericordia multum de-*
towurpen gif an butan oþrum si gehealden
struítur. si úna sine áltera teneatur

     sæde na soðlice carnian. godes mildheortnysse
Ciprianus dixit. Neque enim meréri dei misericordiam
mæg se þe mildheort sylf na byð ne na begytt mid god-
póterit qui misericors ipse non fuerit ; Neque inpetrabit di-

---

[1] i. iudicans.   [2] s. est.   [3] i. oppugnatione.

cundre miltse ænig þinc on benum se þe to bone þearfan
uina pietate aliquid in precibus qui ad precem pauperis
na byð mildheort
non fuerit humanus [1];

   sæde mildheortnyss fram midþoligende fremedre
Isidorus dixit. Misericordia a conpatiendo alićne [2]
yrmþe nama gehlet nan soðlice on oþrum beon
misérie uocabulum [3] *sortíta est; Nullus autem in alio esse*
mildheort mæg se þwyrlice libbende on him mildheort nys
misericors pótest. qui práue uiuendo in se misericors non est;
   sæde na gearnian godes mildheortnysse mæg
Ciprianus dixit. Neque meréri dei misericordiam póterit
se þe to bone þearfan he na byð mildheort
qui ad precem pauperis ipse non fuerit humánus;

XLV.

bo efenþrowunge nihstan.
De Conpassione Proximi.

drihten segð on godspelle ealle eornostlice swa hwylce swa
Dominus dicit in euangelio. Omnia ergo quaecumque
ge willað þæt don eow menn swa eac ge doð him þys
uultis ut faciant uobis homines ita et uos fácite illis; Haec
ys soðlice lagu 7 witigan
est enim lex et prophetae;
   se apostol sæde geblissian mid geblissigendum wepan
Paulus apostolus dixit. Gaudere [4] *cum gaudentibus flere*
mid wependum neodum haligra gemænsumigende þurh
cum flentibus necessitatibus sanctorum communicantes. per
soþe lufe þeowian eow betwynan gif abysgud byþ mann on
caritatem seruire inuicem; Si preoccupatus [5] *fuerit homo in*
ænigum gylte ge þe gastlice synd læraþ þus geradne on
aliquo delicto. uos qui spiritales estis instrúite huiusmodi in
gaste liðnysse besceawigende þe sylfne þæt þu eac si costud
spiritu lenitatis considerans te ipsum ne et tu temptéris;
underfoþ untrume geþyldige beoð to eallum
Suscipite infirmos patientes estote ad omnes;

[1] i. misericors.   [2] i. aliorum.   [3] i. nomen.
   [4] s. debemus.   [5] i. preuentus.

sæde se þe forsyhð nehstan his he syngað
Salomon dixit. Qui despicit proximum suum peccat;
geleafan ah mid nehstum on þearflicnysse his þæt eac on
Fidem pósside cum proximo in paupertate illius! ut et in
godum his geblissige ou tide gedrefednysse nehstum þurh-
bonis illius laeteris; In tempore tribulationis proximo pér-
wuna getrywe þæt on yrfwerdnysse his midyrfenuma þu sy
mane fidelis ut in heredidate illius cohéres sis;
forspil feoh for broþor 7 freond fram na awend ansyne
Pérde pecuniam propter fratrem et amicum; Ne auertas faciem
þine fram nehstum þinum se þe pytt dylf nehstan on þæne
tuam a proximo tuo; Qui fóueam fódit proximo in illam
he scalð se þe sett stan nehstan he ætspyrnð on þam 7
décidit. et qui statuit lapidem proximo offendit in eo. et
se þe grin oþrum legð he forwyrð on þam
qui laqueum aliis pónit peribit in illo;

sæde gif hwylc þa þe gesihð on gylte nehstan his
Origenis dixit. Si quis éa quę uídet in delicto proximi sui.
oððe huru na gebicnað oððe on gewitnysse geclypud na þa
uel non índicat. uel in testimonium uocatus. non quę
soþe synd segð wite gyltes byð ongeanfealden to gewitan
uéra sunt dixerit! póena commissi reuóluitur ad conscium;

sæde efenþrowunge soðlice nehstes wel oft besitt
Gregorius dixit. Conpassionem enim proximi plérumque obsidet
arfæstnyss leas se þe soðlice sar onfehð on fremedre
píetas falsa. qui enim dolorem éxcipit in aliéna
neode rode byrð on geþance na soðlice calles
necessitate crucem portat in mente; Neque enim áliter
alysendes ures lima we beoð gewordene butan togeþeodende
redemptoris nostri membra efficimur. nisi inherendo
gode 7 midþoligende nehstum rod witodlice fram cwylminge
deo et conpatiendo proximo; Crux quippe a cruciatu
ys geeweden 7 twam gemetum rod byð uppahafen þænne oððe
dicitur. et duobus módis crux tóllitur[1] *cum aut*
þurh forhæfednysse rode drihtnes we berað oððe þænne
per abstinentiam crucem domini baiulámus aut[2]
þurh midþrowunge nehstes neode his ure
per conpassionem proximi! necessitatem illius nostram

---

[1] i. sustinetur.   [2] s. cum.

we getellað witodlice gif þas ænig for tidlicre geswencednysse
putámus; Nam si haec quisque pro temporali afflictione
gegearwað rode witodlice berð ac faran æfter gode
exhibet: crucem quidem báiulat sed ire post deum
wiðsæcð twam soðlice gemetum rod byþ uppahafen. þænne
recússat; Duobus enim módis crux tóllitur. cum
oððe þurh forhæfednysse byð geswenct lichama oððe þurh mid-
aut per abstinentiam adfligitur corpus. aut per con-
þrowunge nehstan byð geswenct mod midþrowung witodlice
passionem proximi adfligitur animus; Conpassio quippe
menn 7 rihtincg leahtrum scyl beon þæt on anum 7 þam sylfum
homini et rectitudo uitiis debetur: ut in úno eodémque
menn 7 we lufian god þæt he geworden ys 7 we ehtað
homine et diligamus bonum quod factus est et perséquimur
yfelu þe he deð þæt na þænne gyltas unwerlice forgyfað na
mala quę facit. ne dum culpas incáute remittimus[1]*: non*
eallunga þurh soðe lufe midþolian ac þurh gymeleaste
iam per caritatem cómpati. sed per negligentiam
forgyfan beon gesewene þæt eornostlice we scylon gegearwian
concedisse uideamur; Hoc ergo nos debemus exhibére
nehstum þæt unwyrþum us fram scyppende urum we
proximis quod indignis nobis a creatore nostro con-
geseoð beon gegearwud na nehstan lufian byð oferswyðed
spícimus exhibéri; Minus[2] *proximum amare conuincitur:*
se na mid him on neode his eac swylce þa þe him
qui non cum éo in necessitate illius étiam éaque sibi
derigende synd þolaþ nane. þa we magon gebroþrum
noxia[3] *sunt pátitur; Nulla que póssumus fratribus*
agyldan godu we wiðsacan þanon soðlice him se ys ofer
inpéndere bona recussémus; Inde enim ei qui est super
ealle we genealæcean þanon. us þurh midþrowunge nehstes
omnia propinquámus. unde nos per conpassionem proximi
eac swylce under us sylfe we alecgað swa micele
étiam sub nósmet ipsos depónimus; Quánto
swa we swyþor þurh midþrowunge we beoð togetogene.
plus per conpassionem adtráhimur.
swa micele heagre 7 soðlicur we gode genealæcean swa hwylc swa.
tánto áltius ueriúsque propinquamus[4]*; Quisquis*

[1] i. relaxamus.   [2] i. non.   [3] i. nocentia.   [4] s. deo.

yfele na forþyldigað he him sylfum þurh ungeþyld his
malos non tolerat[1] *ipsi sibi per intolerantiam*[2] *suam*
gewita ys þæt he god nyss god he næs þæne yfelra
testis est quia bonus non est ; Bonus non fuit quem malorum
þwyrnyss na fandod(e) isen ure sawle nateshwon
prauitas non probauit[3] *; Ferrum nostrę animę nequáquam*
byð gelædd to gehwædnysse scerpnysse gif þæt þu nære byð
perdúcitur ad subtilitatem[4] *acúminis si hoc non éras erit*
fremedre feole þwyrnysse swa micele eornostlice mare yfele
aliéne[5] *lima prauitatis ; Tánto ergo magis male*
to forþyldigenne synd swa micele swa hi swyþor genihtsumað swa
tolerandi sunt. quánto amplius abundant ; Sic
we scylon don care ure þæt we na forgyman care
debemus ágere curam nostram. ut non neglegámus curam
nehstan gif soðlice þæt beon agolden us rihtlice
proximi ; Si enim et quod inpéndi nobis recte
we willað oþrum we forgyfað 7 þæt us gewyrþan we nellað
uólumus aliis inpertímur et quod nobis fieri nólumus
þæt oþrum don we forbugan soðre lufe lage ungederede
hoc aliis fácere deuitamus caritatis iúra inlǽsi
we gehealdaþ
seruabimus ;

sæde þæt þe getimian þu nelt na nehstum þinum
Basilius dixit. Quod tibi accídere non uís. nec proximo tuo
þu gewilnige becuman besargian on fremedum yrmþum
cupias euenire ; Condoléré[6] *in aliénis calamitatibus*
geferlæcean mid wopum on fremedum gnornungum on
sociáre flétibus in aliénis meróribus : In
gedrefednysse oþres 7 þu beo unrot swylc beo þu oþrum
tribulatione altérius. et tu esto tristis ; Talis esto aliis.
swylce þu gewilnast beon embe þe oþre þæt þu nelt þolian
quales óptas ésse circa té alios ; Quod non uís páti.
na do þu 7 na ongebring oþrum yfelu þæt þu na þolige
non facias. et non ínferas[7] *alii mala ne patiáris*
gelice swa mildheort beo on fremedum gyltum eall swa on
similia ; Ita clemens esto in aliénis delictis sicut in

---

[1] i. non suffert. [2] i. insufferantiam. [3] i. temptauit.
[4] i. exilitatem. [5] i. aliorum. [6] s. debemus.
[7] i. inducas.

þinum þæt na þu elles ne elles oðre deme 7 swa oþre
tŭis. ut nec áliter te. nec aliter alios penses[1]. *et sic alios*
dem swa þu beon gedemed wilnast
iúdica. ut iudicári cápis ;

sæde þænne soðlice us betwynan byrþena ure
Effrem dixit Cum enim inuicem ónera nostra
we berað wiþerwinnan urne deoful we gescyndað 7
portámus. conluctatorem[2] *nostrum diabolum confúndimus*[3] *et*
we ofercumað 7 drihten urne se on heofenum ys
superámus. et dominum nostrum qui in caelis est
we arwurþiað eallswa drenc wæteres þyrstendum on hætan
honorificamus ; Sicut potus áquę sitienti in éstu
sunnan swa spæc frofre breþer on gedrefednysse
sólis. sic sermo consolationis fratri in tribulatione
costunge gesettum
temptationis pósito

XLVI.

be upahafennysse.
De Elatione.

drihten segð on godspelle ælc se þe hyne uppahæfð
Dominus dicit in euangelio. Omnis qui se exaltat
he byð genyþerud
humiliabitur ;

se apostol sæde gif gyt mannum gelicode cristes
Paulus apostolus dixit. Si adhuc hominibus placérem christi
þeow ic nære we na beon gewurdene ideles wuldres
seruus non éssem ; Non efficiamur inánis glorię
grædige us betwynon forþclypigende gemænelice andigende
cúpidi. inuicem prouocantes inuicem inuidentes ;
gif hwylc wene hyne ænig þincg beon þænne he sy naht
Si quis existimat sé aliquid ésse eum sit nihil
sylf he hyne beswicð
ipse sé sedúcit ;

sæde onscunung drihtnes ys ælc andeaw
Salomon dixit. Abominatio domini est omnis árrogans

---

[1] i. iudices.   [2] i. oppugnatorem.   [3] i. perturbamus.

þeah þe he of handa to handa   byð   he na byð unscyldig
    étiamsi   mánu ad manum fuerit.   non   erit ínnocens;
se þe hyne bogað 7 tobrætt teonan he aweһð se þe hopað on
    Qui   se   iactat   et   dilátat.   iúrgia cóncitat; Qui spérat in
drihtne he byð uppahafen
    domino   subleuatur;

            sæde on eall þæt he wat hit sylf   mod   ofsett
    Gregorius dixit. In omne quod   scit sé sé méns déprimat.
na þæt mægen ingehydes gegaderað   wind   uppahafennysse
    ne quod uirtus scientiae cóngregat uéntus elationis
afyrsige wunderlic witodlice   dæd   þænne uppahafennys na
tóllat[1]*; Miránda   quippe   actio cum   elatio   non*
uppahefð ac gehefegaþ þænne   upplic   gyfu to heagrum
    éleuat   sed yráuat; Dum   supérna gratia ad altióra[2]
to understandendum   we beoð gelædde   swa   heagre
    intellegenda   dúcimur?   quanto sublímius[3]
swa we beoð uppahefde swa micelum symle þurh eadmodnysse
         leuamur.   tánto semper per humilitatem
us sylfe mid andgyte urum ofsettan we scylon swyþe
nosmet ipsos intellectu nostro prémere[4] *debemus; Ualde*
witodlice uppahafen mod byð astynt gif se   ofer þæne
   quippe   eláta mens retúnditur. si ipse super quem
hyne uppehefð byð underaled andeawe ueras wiðinnan
   sé   extóllit ·subponatur[5]*; Arrogantes uiri intra*
haligre gelaþunge þeah þe hi god lybbende forfleoð hyne
sanctam aecclesiam? quámuis deum uiuendo refugiunt eum
swa þeah soðlice gelyfende   andettað
támen ueráciter credendo confitentur;

        sæde be rihtwisnysse mægene mid nanes pryte
Isidorus dixit. De iustitię   uirtute   nulla   elatione
þu ofermodiga be godum dædum na beo þu appahafen 7 be
supérbias.   de bonis factis   non   extolláris. et de
godum weorcum na   gylp þu   pryte heage utawyrpð 7
bono opere   non glorieris; Élatio excelsos deiécit et
wiþerwyrdnyss prute genyþerude   þæt þu geswuteligende
arrogantia sublimes humiliauit; Quod   manifestando
miht forlætan suwigende gebeald
pótes amittere. tacendo custodi;

[1] i. auferrat.   [2] i. superiora.   [3] i. altius.
       [4] i. inclinare.   [5] i. deprimatur.

XLVII.

be life mannes.
De Vita Hominis.

segð on godspelle na geþence ge on heortum
Dominus dixit in euangelio. Ne cogitétis in cordibus
eowrum hwæt ge onscrydan oððe hwæt ge etan sawl
uestris quid induamini. aut quid manducétis. anima
eower ma ys þænne mete na þæt ingæð on muð
uestra plus est quam ésca; Non quod intrat in ós
besmitt mann ac þæt forðgæð of muþe þæt
coinquinat hominem? sed quod procédit ex óre hoc
besmitt mann
coinquinat hominem;

se apostol sæde nys rice godes mete 7 drinc
Paulus apostolus dixit. Non est regnum dei ésca et potus.
ac rihtwisnyss 7 sibb 7 bliss on haligum gaste
sed iustitia. et pax et gaudium in spiritu sancto;
selust hit soðlice ys mid gyfe beon gestaþelud heortan na
Optimum enim est gratia stabilíri cór non
mid mettum þa na framedon gangendum on þan
éscis quae non profuerunt ambulantibus in eis;

sæde na geswencð drihten mid hungre sawle
Salomon dixit. Non adflígit dominus fáme animam
rihtwises betere ys slota dryge mid blisse þænne hus
iusti; Melior est bucélla sicca cum gaudio quam domus
full mettum mid sace
p'ena uíctimis cum iúrgio;

sunu. sæde angyn lifes mannes wæter 7
Hiesus filius Sirach dixit. Initium uitę hominis aqua et
hlaf 7 scrud lif manfull to gystigenne of huse on
panis et uéstimentum; Uita nequam hospitándi de domo in
hus betere ys deað þænne lif biter 7 rest
domum; Melior est mors quam uita amára. et requies
ece þænne adl þurhwunigende ælcne mete ytt
aeterna quam languor perseuérans; Omnem éscam mandúcat
wamb 7 ys mete mete betere angyn neodbehefe lifes
uenter. et est cibus cibo melior; Initium necessarium uitę

manna   wæter   fyr 7   isen   meolc 7   hlaf   smedmen
hominum   aqua   ignis. et ferrum.   lac.   et panis   similágineus.
hunig 7   winclyster   winberian 7   ele 7   reaf   þas
*mel.   et   bótrus.   úue.   et oleum. et uestimen*ṯum; *Haec*
calle   haligum   on gode   swa   arleasum 7   synfullum   on yfele
omnia   sanctis   in bona.   sic   impiis   et peccatoribus   in mala
beoð gecyrrede
conuertentur;

        sæde   ælc   yfel   oððe   forþi   leofað   þæt
Augustinus   dixit.   Omnis   malus   aut   ideo   uiuit   ut
he sy geþread   oððe   forþi   he leofað   þæt   þurh   hyne   gode
corrigatur.   aut   ideo   uiuit   ut   per   illum   boni
beon begane
exerceantur;

XLVIII.

be gifum oþþe lácu*m.*
De   Muneribus.

  drihten   segð   on   godspelle   gyfa   ablendað   eagan
Dominus   dicit   in   euangelio.   Munera   excécant   oculos
witena   7 he awendað   wordu rihtwisra
sapientium   et   mútant   uerba iustorum;

    sæde   gyfa   of   bosme   arleas   onfehð   þæt
Salomon   dixit.   Munera   de   sinu   impius   accipit   ut
he forhwyrfe siðfatu domes   na syle þu   fremedum wyrðscype
peruertat   sémitas iudicii; Non   dés   alienis   honorem
þinne
tuum;

    sunu   sæde ær þam þe hi onfon beoð gecyssede
Hiesus filius Sirach dixit. Donec   accipiant   osculantur
handa syllendes 7 on   behatum   gecadmettað stefna hyra
manus dantis   et in promissionibus   humiliant   uoces suas
on   tide   edleanes   hi gyrnað   tide   geseald   soðlice 7
in tempore redditionis[1]   *postulabunt tempus; Datum   uero   et*
onfangen   eall   awritt   þænne   þu sylst   na   ætwit þu
acceptum   omne   describe;   Cum   déderis   ne   inpróperes;

---

[1] i. restitutionis.

swa hwæt swa þu sylst getele 7 ic mete þar handa manega
Quodcumque trádes numera et *appendo ; Ubi manus multę*
synd beluc
sunt cláude ;

   sæde unrihthæmed gelomlice þæt na of
Agustinus dixit. Adulteratur frequenter. quod non ex
willan byð geseald þæt soðlice of agenum byþ getiþud
uoluntate datur. quod enim ex propria prestatur
willan mid ealre soðfæstnysse byð forgyfen
uoluntate. cum omni ueritate donatur ;

   sæde swa micele eornostlice beon eadmodra gehwylc
Gregorius dixit. Tanto ergo esse humilior quisque
scyl of gyfe swa micele hyne gewriþenra beon besceawað on
debet ex munere quanto se obligatiorem esse cónspicit in
agyldendum gesceade se þe eornostlice halige endebyrdnysse
reddenda ratione ; Qui ergo sacros ordines
sylð þænne fram ælcere gyfe hand ascæcð þænne on
tribuit tunc ab omni munere manus éxcutit. quando in
godcundum þingum na þæt an nan feoh ac eac swylce
diuinis rebus. non solum nullam pecuniam. sed étiam
mennysce gyfe na secð
humánam gratiam non requírit.

   sæde we na scylon wiðsacan lifes þises gyfe
Josephus dixit. Non debemus recussáre[1] *uitę istius munus*
þa sealde us god gif mannes sylena we ongeanwyrpað
quod dedit nobis deus ? Si hominis dáta reiciamus.
teonfulle we synd swa micele ma gehealdan we scylan þæt we
contumeliósi súmus. quantómagis seruare debemus quod
fram gode urum onfoð
a deo nostro accipimus ;

XLVIIII.

be ælmessan.
De Elemosina.

drihten segð on godspelle syllað ælmyssan 7 efne ealle
Dominus dicit in euangelio. Dáte elemosinam et *ecce omnia*

---

[1] i. abnuere.

clæne synd eow   becypað þa   ge agnð 7 syllað ælmyssan
múnda sunt uobis;   Uéndite quę possidetis et déte elemosinam;
doð eow saccas   þa na   caldian   goldhord na geteori-
Fácite uobis sácculos[1] *qui non ueteréscant. thesáurum non defici-*
gende on heofonum þider þeof na genealæce ne moþþe
entem in   cęlis.   quo fúr non adprópiat neque tinea
gewemð
corrúmpit;

on bec   ys geeweden betere ys don ælmyssan þænne
In libro tobi   dicitur.   melius est fácere elemosinam. quam
goldhordu goldes ongeanlecgean þa þe doð ælmyssan 7
thesáuros   auri   repónere;   Qui faciunt elemosinam et
rihtwisnysse hi beoð gefyllede mid life ecum
iustitiam   saturabuntur   uita ęterna;

se apostol sæde eadiglicur ys syllan þænne niman
Petrus apostolus dixit. Beátius est dáre quam áccipere.

se apostol sæde se þe spærlice sæwð spærlice he
Paulus apostolus dixit. Qui parce seminat parce et
eac g(e)ripð god soðlice donde we na geteorian þa hwile we
metet; Bonum autem facientes non deficiamus; Dum
timan habban we wyrcean god to eallum swyþost soðlice
tempus habemus operemur bonum ad omnes maxime autem
to hiweþum geleafan mannum
ad doměsticos fidei homines;

sæde synd alysednysse sawle weres welan his se þe
Salomon dixit. Redemptio[2] *animę uiri diuitiae suę qui*
soðlice gemiltsað þearfum eadig he byþ se þe teonað
autem miserebitur pauperi beatus erit; Qui calumniatur
þearfan tælð scyppende his arwurþað soðlice þæne se þe
pauperem éxprobat factóri eius honórat autem eum qui
gemiltsað þearfan
miserebitur pauperi;

sunu sæde beluc ælmyssan on heortan
Hiesus filius Sirach dixit. Conclúde elemosinam in corde
þearfan 7 þeos for þe gebitt fram ælcum yfele fyr
pauperis. et haec pro té exorabit ab omni malo; Ignem
byrnende acwencð wæter 7 ælmyss wiðstynt synne nys
ardentem extinguit aqua; et elemosina resistit peccato; Non est

---

[1] i. marsurios.   [2] s. sunt.

him wel þa þe syngallice synd yfele 7 ælmyssan hi na syllað
eis bene qui assidue sunt mali? et elemosinam non dant;
ælmyss weres swylce tacn mid him for bebod
Elemosina[1] *uiri quasi signáculum cum ipso; Propter mandatum*
togenim þearfan 7 for næfte his ne forlæt hync idelne
adsúme pauperem. et propter inópiam eius ne dimittas illum uácuum;
gesete goldhord on bebodum heahstes 7 hit framað þe ma
Pône thesaurum in preceptis altissimi. et próderit tibi mágis
þænne goldhord ælmyssan þearfan na ascyra þu 7 eagan þine
quam aurum; Elemosinam pauperis ne fráudes et oculos tuos
ne forhwyrf þu fram þea(r)fan sawle hingrigendes ne forseoh þu
ne transuértas a páupere; Animam esurientis ne despéxeris.
7 na gedref þu þearfan on næfte his heortan wanspediges ne
et non exásperes[2] *pauperem in inópia sua; Cor inopis ne*
geswenc þu 7 þu forð na ateo sylene angsumum gebed
adflíxeris. et non prótrahas datum angustiánti[3]*; Orationem*
gedrefedes na awyrp þu 7 na framawend ansyne þine fram
contribuláti ne abicias? et non auertas faciem tuam ab
wædlum fram wanspedigum na framawend eagan þine for
egéno; Ab inope ne auertas oculos tuos propter
yrre wyrigendes þe þearfan on biternysse byð gehyred
iram; Maledicéntis te pauperis in amaritudine exaudietur
ben his gehyrð soðlice hyne se worhte hyne gegaderunge
precatio illius. exaudiet autem eum qui fecit illum; Congregationi
þearfena gecwemne þe do þu ahyld þearfum eare þin
pauperum affábilem[4] *te fácito; Inclína pauperi aurem tuam.*
þæt si gefulfremmed gemiltsung 7 bletsung þin beforan deaþe
ut perficiatur propitiatio et benedictio tua; Ante mortem
wel do sawle þinre 7 æfter mægenum þinum ræcende
bene fac animę tuę. et secundum uires tuas expórrigens
syle þearfum syle þearfum 7 onfoh gerihtwisa sawle þine
da pauperi; Da pauperi et accipe; Justifica animam tuam
ær forðsiþe þinum wyrc rihtwisnysse forþi nys mid
ante óbitum tuum operare[5] *iustitiam quoniam non est apud*
helwarum gemetan mete se þe deð miltheortnysse he lænð
inferos inuenire cibum; Qui facit misericordiam fenerat
nehstum læn nehstum þinum on tide neode his
proximo; Fénera proximo tuo in tempore necessitatis illius;

---

[1] est. [2] i. non perturbes. [3] i. tristi. [4] i. fatuabilem. [5] i. fac.

sædo on cystignysse soðlice þearfena na herereafu
Augustinus dixit. In largitate enim pauperum non spólia
ac gyfa beoð gesohte hwylc seo gyfu ys þa oþer mid
sed dona requiruntur; Quále il'ud munus est quod alter cum
blisse onfchð oþer mid tearum forlæt ofer þæt se geblissað
gaudio áccipit alter cum lacrimis amittit? super quód ille gratulatur
þes asihð þeah þu forgyfe þine beteran ælmyssan
iste suspirat? quámuis largiáris tuum meliorem elemosinam
þu dest gif þu agyfst fremede fremede soðlice ys þæt
facis? si reddas aliénum[1] *; Aliénum enim est quod*
we habbað gif na gedafenigendlice þam we brucað to hæle
habemus. si non conpetenter eo útimur ad salutem;
þeos ys mid gode gecweme ælmyss seo of agenre byð
Haec est apud deum gráta elemosina? que ex uernacula[2] *ex-*
gegearwud spede ne facnfull reaflac byð geseald ma willað
hibétur substantia neque fraudulenta préda tribúitur; Málunt[3]
hi hyra forspillan forgyfende þænne fremede gesettan gelogigende
sé suum pérdere largiendo quam aliéna restitúere conponendo;
sæde to lytlum beode æwfæste þearfan 7
Hieronimus dixit. Ad ménsulam[4] *religiósi? pauperes et*
ælþeodige mid him crist gebeor beon witan wyrþscype ys
peregrini cum illis. christum conuiuam esse nóscant; Gloria[5]
bisceoppa þearfan of æhtum forescęawian teona ealra
episcoporum pauperem ópibus preuidére; Ingnominia[6] *omnium*
sacerda agenum hicgean welan
sacerdotum propriis studére diuitiis;
sæde na si þu idel þænne þu dest ælmyssan
Basilius dixit. Non sis uánus cum féceris elemosinam
behofigendum na þe þam beteran þam þe þu lænst þu wen
indigenti? neque té illo meliorem cúi féneras aéstimes;
sæde synd soðlice þa micele lufiað 7 mænige of
Gregorius dixit. Sunt enim qui magna diligunt. et multa ex
þam þe hi agað wædlum dælan asmeagiað þæt gyltas
his que póssident egénis distribúere pertráctant? ut culpas
hyra ætforan godes eagum. miltheortnysse innoþum alysan
suas ante dei oculos misericordiae. uisceribus rédimant?

---

[1] i. aliorum.   [2] i. ex propria.   [3] s. multi.   [4] i. ad mensam.
[5] s. est.   [6] i. irrisio uel despectio.

þænne gehwylce nedbehefe þearfendum we syllaþ hyra him
Dum quélibet necessaria indigentibus dámus. sua illis
we agyfaþ næs ure we gyfað eorðlice witodlice ealle geheald-
réddimus non nostra largimur ; Terréna quippe omnia ser-
ende we forlætað ac wel gyfende we gehealdað swa hwylc swa
uando amittimus sed bene largiendo scruámus ; Quisquis
nu gode weorcu þearfendum gegearwað him þas synderlice
nunc bona opera indigentibus éxhibet. ei hęc specialiter
agylt on þæs þas lufe gegearwað
inpéndit[1]. *cuius*[2] *haec amore exhibúerit ;*
sæde nane gyltas mid ælmyssum magan beon alysede
Isidorus dixit. Nulla scélera elemósinis pósse redémi.
gif on synnum gehwylc þurhwunað nan ys gyltes forgyfenyss
si in peccatis quisque permánserit ; Nulla est delicti uenia
þænne swa forestæpð mildheortnyss þæt hi fyligean synna
quando sic precédit misericordia ut eam sequantur peccata ;
se þe feond lufað 7 se heofigendum lufe midþrowunge
Qui inimicum diligit. et qui lugenti affectum[3] *conpassionis*
7 frofre forgyfð oððe on sumum neodum geþeaht
et consolationis inpértit[4] *aut in quibúslibet necessitatibus consilium*
gegearwað ælmyssan butan twyon deð þeah þe ænig sy
ádhibet. elemosinam procul dubio facit ; Quámuis quisque sit
þearfa nan swa þeah hwanon sylle behofigendum beladunge
egens[5] *nullam támen unde tribuat egenti excussationem*
næfte mæg ongeanwyrpan twa synd ælmyssan an lichamlic
inópię[6] *pótest obícere*[7] *; Due sunt elemosinę úna corporalis.*
wædligendum syllan swa hwæt swa þu miht oþer gastlic
egenti dare quicquid potúeris. altera spiritalis.
forgyfan fram þam þu derud byst be reaflacum fremedum
dimittere a quó lésus fueris ; De rapinis aliénis
ælmyssan don nys weldæd miltsunge ac gestreon
elemosinam fácere non est officium miserationis ! sed emolumentum[8]
gyltes se þe eornostlice unrihtlice ætbryt rihtlice næfre sylð
sceleris ; Qui ergo iniuste tollit. iuste numquam tribuit ;
ne he wel oþrum gearwað þæt he fram oþru(m) gyrnð
Nec bene altero prebet. quod ab alio extórquet[9] *;*

---

[1] i. donat.   [2] s. in.   [3] i. amorem.   [4] i. donat.
[5] i. pauper.   [6] i. egestatis.   [7] i. obponere.
[8] i. augmentum.   [9] i. exigit.

micel gylt ys þincg þearfena gearwian welegum 7 of
Magnum scélus est rés pauperum prestáre diuitibus et de
æhtum wanspedigra begytan herunge mihtigra ne
sumptibus[1] *inopum adquírere fauórem*[2] *poténtum; Ne*
geceos þu hwam þu gemiltsige þe læs þu forgæge þæne se þe
éligas cúi miseréaris. ne fórte pretéreas eum qui
gecarnað underfon mare ys welwyllednyss þænne þæt ys geseald
meretur accípere; Maior est beniuolentia. quam quod dátur;
se þe mid unrotnysse hand ræcð wæstm edleanes
Qui cum tristitia manum porréxerit! fructum remunerationis[3]
forlæt nys soðlice mildheortnyss þar nys welwillednyss
amittit; Non est enim. misericordia ubi non est beniuolentia;
na ætfeorra þu oþrum þanon oþrum þu sylle naht framað gif
Non auferas alteri unde alii tribuas; Nihil proficit si
oþerne þanon þu gereordst þanon þu oþerne idelne dest
alium inde reficis unde alium inánem[4] *fácis;*

sæde se þe æfter gode ælmyssan deð god
Ciprianus dixit. Qui secundum deum elemosinam facit! deum
he gelyfð 7 se þe hæfð geleafan soðfæstnysse gehealt godes
credit. et qui habet fidei ueritatem. seruat dei
ege se þe soðlice ege godes gehealt on gemiltsungum
timorem; Qui autem timorem dei seruat in miserationibus
þearfena god he geþencð
pauperum deum cogitat;

L.

be gedrefednysse.
De Tribulatione.

drihten segð on godspelle ic þa ic lufige ic þreage 7
Dominus dicit in euangelio. Ego quos amo. arguo et
ic gewilde
castigo;

se apostol sæde þurh. fela gedrefednyssa gedafenað
Paulus apostolus dixit. Per multas tribulationes oportet
us ingan on rice godes on eallum gedrefednysse we þoliað
nos introire in regnum dei; In omnibus tribulationem pátimur.

[1] i. possessionibus. [2] i. laudem. [3] i. retributionis. [4] i. uacuum.

ac we na synd geansumude we synd onscunude ac we na
sed non angustiamur[1]. apporiamur[2]. sed non
synd forlætene ehtnysse we þoliað ac we na synd forlætene
destituimur. persecutionem patimur: sed non derelinquimur.
we synd aworpene ac we na forwyrþað symle cwylmmincge
deicimur. sed non peribimus semper[3] mortificationem
hælendes on lichaman urum abutanferigende þæt eac lif
iesus in corpore nostro circumferentes[4]: ut et uita
hælendes on lichaman urum sy geswutelud
iesus in corporibus nostris manifestetur;

    sæde se þe on þisum middanearde beon geswungen
Augustinus dixit. Qui in hoc mundo flagellari
na gearnað on helle he byþ geþread þænne soðlice we fram
non merebitur: in inferno torquebitur[5]; Cum enim a
drihtne beoð geswungene gif eac geþyldelice we onfoð ⁊
domino flagellabimur. si et patienter excipimus et
eadmodlice þancas we doð gif yfcle we beoð synna forgyfe-
humiliter gratias agimus. si mali fuerimus peccatorum indul-
nysse we onfoð gif soðlic(e) gode ece eadignysse we
gentiam accipiemus. si autem[6] boni aeternam beatitudinem con-
begytað
sequemur;

    sæde se þe æne onfehð yfelu on life his na þa
Hieronimus dixit. Qui semel recipit mala in uita sua non
sylfan cwylmmincga þolað on deaþe þa þe þolode on life
eosdem cruciatus patitur in morte quos est passus in uita;
and micele betere ys magan sargian þænne geþanc
Multoque melius est stomachum dolere quam mentem;
to warnigenne ys wund þæt sargian byð gehæled micel ys
Cauendum est uulnus quod dolore curatur; Magna est
yrre þænne syngiendum na yrsað god læce gif he geswicð
ira quando peccantibus non irascitur deus; Medicus si cessauerit
hælan he ortruwað
curare[7] desperat;

    sæde mid godcundum dihte byð gedon þæt lengtogran
Gregorius dixit. Diuina dispensatione agitur. ut prolixiora
leahtras seocnyss lengre bærnð
uitia egrotatio prolixior exurat;

[1] i. tristamur.   [2] i. iniuriamur.   [3] s. sumus.   [4] i. deportantes.
[5] i. cruciabitur.   [6] s. fuerimus.   [7] i. sanare.   [8] i. infirmitas.

sæde ongeangecyrrende soðlice god mann cwylmð
Isidorus dixit.   Reuértens   enim deus hominem crúciat
þæne syngigende forlæt swingende eft geneosað geendebyrd
quem peccantem deserúerat. flagellando iterum uisitat; Ordinata
ys gemiltsung godes se ær her mann þurh swingla fram
est m'seratio dei qui prius hic hominem per flagella   a
synne he gebet 7 æfter þam fram ecere susle alyst
peccato emendat. et   postea   ab eterno   supplicio liberat;
eft he sæde gecoren soðlice godes sarum lifes þises byð
Item dixit   electus enim dei doloribus uitę huius ad-
gecwylmed þæt fullfremminege lif(es) towerdes gestryne
térilur[1] *ut perfectionem   uitę futurę lucretur*[2] *;*
rihtwisum tidlice swingla to ecum framiað blissum 7 forþi
*Iusto   temporalia flagella ad aeterna proficiunt gaudia. ideó*que
7 rihtwis on witum geblissian 7 arleas on gesundfullnyssum
et iustus in poénis   gaudére. et impius in prosperitatibus
wepan scyl ne rihtwisum ne wiþerwyrdum god mild-
lugére debet; Neque iusto neque reprobo[3] *deus mise-*
heordnysse ætbryt gode her þurh geswinc demð 7
ricordiam ábstrahit; Bonos hic per afflictionem iúdicat et
þar he edgylt þurh miltsunge 7 yfele her forþyldigað þurh
illic remúnerat[4] *per miserationem. et malos hic tólerat per*
tidlice miltsunge 7 þar he witnað þurh ece
temporalem clementiam. et illic púnit per aeternam
rihtwisnysse on þysum soðlice life god arað arleasum 7
iustitiam; In   hac   enim uita deus párcit impiis. et
swa þeah na arað gecorenum on þam he arað gecorenum na
támen non parcit electis. in illa parcet electis. non
swa þeah arað unrihtwisum swa micelum swa gehwylc oþþe on
támen parcet iniquis; Quanto quisque aut in
lichaman oððe on geþance swingla þolað eall swa micelum
corpore aut in mente flagella sustinet. tanto
hyne on ende beon geedleanud he hihte þænne soðlice manega
sé in finem remuneruri spéret; Dum[5] *enim multa*
genyþerigendlice wiþerwyrde agyltan beoð gesewene forsewene
damnabilia[6] *réprobi commisisse uideantur despecti*
fram gode mid nanre bote swingle hi beoð slegene
a   deo   nullo emendationis uérbere feruntur[7] *;*

[1] i. cruciatur.   [2] i. mereatur.   [3] i. abiecto.   [4] i. reditat.
[5] i. quamuis.   [6] s. opera.   [7] i. percutiuntur.

twyfeald dynt ys godcund an on godne dæl mid þam
Gemina[1] *percussio est diuina. úna in bonam partem. qua*
we synd geslegene on flæsce þæt we beon gebette oþer mid þam
percútimur carne ut emendemur; altera qua
we beoð gewundude on ingehyde of soðre lufe þæt we god
uulneramur conscientia ex caritate ut deum
hatlicur we lufian god forþe rihtwise swingð þæt na be
ardéntius diligamus; Deus ideo iustos flagellat. ne de
rihtwisnysse ofermodigende afeallan swingl witodlice þænne
iustitia superbientes cadant; Flagellum namque tunc
adiligað gylt þænne he awent lif ælc godcund slege
déluit[2] *culpam cum mutáuerit uitam; Omnis diuina percussio*
oððe afeormung lifes andwerdes ys oððe angyn wites after-
aut purgatio uitę presentis est aut initium pene se-
fyligendes witodlice sumum swingla on þysum life ongynnað
quentis; Nam quibúsdam[3] *flagella in hac uita ínchoant;*
7 on eceum slege þurhwuniað þeah þe soðlice gylt tuwa
et in aeterna percussione perdúrant[4]*; Quámuis enim cúlpa bis*
sy geslegen an swa slege ys understanden se her ongunnen
percútitur. úna támen percussio intellégitur quę hic (on)cépta
þar byð gefremmed þæt on þam þe eallunga na beoð geþreade
illic perficitur. ut in his qui omnino non corriguntur
forðstæppendra slege swingla æfterfyligendra sy angyn
precedentium percussio flagellorum sequentium sit initium
tintregena sumum diglum godes dome her yfele ys þar
tormentorum. Quibúsdam secreto[5] *dei iudicio. hic male est illic*
wel gewislice þæt þænne her gewylde beoð geþreade fram ecere
bene. scilicet ut dum· hic castigáti corriguntur. ab ęterna
genyþerunge beon alysede sumum soðlice þer wel ys 7 þar
damnatione liberentur. quibúsdam uero hic bene est. et illic
yfele gewislice sumum 7 her yfele 7 þar yfele forþi
male! porro quibúsdam et hic male et illic male. quia
beon geþreade nellende 7 beon geswungene on þisum life
córrigi nolentes et flagellari in hac uita
ongynnað 7 on eceum slege beoð genyþerude murcnian
incipiunt. et in aeterna percussione damnantur; Murmurare
on swinglum godes synfull mann na scyl forþi þe swyþust þurh
in flagellis dei peccator homo non debet. quia maxime per

[1] i. duplex.   [2] i. mundat.   [3] i. aliquibus.
[4] i. perseuerant.   [5] i. occulto.

þæt þe byð geþread hyð gebet anragehwylc soðlice þænne
hoc quod corripitur emendatur; Unusquisque autem tunc
leohtlicur byrð þæt he þolað gif he his framascæcð yfelu for
léuius pórtat[1] *quod pátitur. si sua discusserit*[2] *mala. pro*
þam him byþ onbroht edlean riht rihtwis on wiþerwyrdnyssum
quibus illi infertur retributio iusta; Iustus in aduersis
beon afandud hyne oncneawe na beon aworpene weras halige
probari sé cognoscat non déici; Uiri sancti
swyþor hi aforhtiað gesundfulle þænne wiþerræde forþi godes
plus formídant prospera quam aduersa. quia dei
þeowas gesundfulle awyrpað wiþerræde soðlice læerað þænne
seruos próspera deiciunt[3]. *aduersa uero erudiunt; Tunc*
ma synd godes eagan ofer rihtwise þænne hi beon geswencte
magis sunt dei óculi super iustos. quando eos adfligi
fram unrihtwisum foresawung upplice geþafað þænne rihtwisum
ab iniquis prouidentia superna permittit; Tunc iustus
blissa beoð gedihte ece þænne mid andwerdre gedrefednysse
gaudia disponuntur aeterna? quando presenti tribulatione
beoð afandude swa micelum swa soðlice we on þissere worulde
probantur; Quantum enim in hoc saeculo
beoð tobrocene swa micelum on ecnysse we beoð getrymede
frángimur. tantum in perpetuo solidamur.
swa micelum swa we on andwerdum synd geswincte eall swa micelum
Quantum in presenti adfligimur tantum
on towerdum we geblissiað gif we her mid swinglum beoð oftredene
in futuro gaudebimus; Si hic flagellis adtérimur.
afeormode on dome we tocumaþ symle god her swincð þa he
purgati in iudicio aduenimus; Semper deus hic uérberat quos
to hæle ecere gegearwað na witodlice murcna þu na
ad salutem perpetuam préparat; Non igitur múrmures. non
swica þu na sege þu hwi þolige ic yfelu forþi æfter gemete
blasphémes. non dicas quare sustineo mala? quia iuxta módum
leahtres læsse ys edleon wræce se þe soðlice on swinglum
criminis minor est retributio ultionis; Qui enim in flagellis
murcnað god ma gegremað se þe soðlice wiþerræde geþyldelice
múrmurat deum plus inrítat; Qui uero aduersa patienter
forþyldigaþ god þe raþor geglaðað gif . soðlice þu wylt beon
tolerat. deum citius placat; Si enim uis pur-

---

[1] i. sustine*t*.   [2] i. liberauerit.   [3] i. deponunt.

LIBER SCINTILLARUM.   165

asformud on wite þe wreg 7 godes rihtwisnysse hera
gari   in pœna   té accûssa et dei   iustitiam lauda;
ealle þe þe gelimpað butan godes na gewyrþaþ
Uniuersa quę tibi áccidunt absque dei non fiunt
willan unrihtwisra miht ofer þe of godes ys geseald
uoluntate; Iniquorum potestas super te ex dei datur
geleaf ealle þa þe wiþerwyrdað of godes geþeahte doð
licentia; Omnes qui tibi aduersantur. dei consilio faciunt;
geþyldelice þa leohtran þu byrst gif þa hefigran byst gemunan
Patienter leuiora portabis si grauiora fueris recordatus.
adl soðlice leahtras aseð adl mægena galnysse
Languor enim uitia éxquoquit languor uires libidinis
tobryoð untrumnyss hefig syfre deð sawle
frangit; Infirmitas grauis sobriam facit animam;

sæde ne he wyrþe nys on deaþe onfon frofre
Ciprianus dixit. Nec dignus est in morte accipere solacium
se þe hyne na geþohte beon to sweltenne geswice anra gehwylc
qui sé non cogitauit esse moriturum; Désinat[1] *unusquisque*
be gode oþþe be godum besargian gif þæt he þolað ongyt
de deo uel de bonis conquiri[2]*. si quód pátitur intellegat*
hyne gearnian (mi)d trumnysse sawle untrumnysse lichaman
sé merére; Firmitate[3] *animę infirmitatem corporis*
we oferswiþað wite ge þæne on gode beon dom þæt se þe
uincimus; Sciatis hanc in deo esse censuram[4] *ut qui*
mid weldædum na byþ onenawen huru mid witum he sy ongytan
beneficiis non agnóscitur uel plagis intellegatur;
on life yldryna ys gecweden betere ys soðlice her beon agoldene
In uita patrum dicitur. melius est enim hic persolui
witu þænne æfter forðsiþe lifes þyses on ecnysse beon ge-
poénas. quam post éxitium uitę huius in aeternum cru-
cwylmmed mid fyre
ciari igni

LI.

be frymþum oþþe offrungum.
De Primitiis siue oblationibus.

se apostol sæde weldæde soðlice 7 gemænnysse
Paulus apostolus dixit. Beneficii autem et communionis

[1] i. cessat.   [2] i. dolere.   [3] i. fortitudine.   [4] i. iudicium.

nelle ge forgytan mid þylcum soðlice offrungum byþ geearnud
nolite obliuisci ; Talibus enim hostiis promeretur

god
deus

onsegednyssa arleasra onscunigendlice drihtne
Salomon dixit. Uictime impiorum abominabilis domino.

willan rihtwisra gecwemlice eala bearn gif þu hæfst wel do
uota iustorum placabilia ; Fili si habes benefac

mid þe sylfum 7 wyrþe offrunga tobring gemyndig beo þu forþi
tecum. et dignas ablationes offer. memor esto quoniam

deað na latað offrigendes of unrihtum offrung gewemmed ys
mors non tardabit ; Immolantis ex iniquo oblatio maculata[1];

godu unrihtwisra na fand(að) se hehsta on offrungum
Bona iniquorum non probat altissimus ; In oblationibus

unrihtwisra na on micelnysse offrunga na gemiltsað
iniquorum. nec in multitudine sacrificiorum non propitiabitur

god synnum se þe tobringð offrunge of spede oþþe æhte
deus peccatis ; Qui offert sacrificium ex substantia

þearfan swylce se þe offrat sunu on gesyhþe fæder his
pauperis. quasi qui uictima(t) filium in conspectu patris sui ;

þu na ætywst ætforan gesihþe godes æmtig offrung rihtwises
Non apparebis ante conspectum dei uacuus ; Oblatio iusti

gefættað weofud 7 swæcc wynsumnysse ys on gesyhþe
inpinguat altare. et odor suauitatis est in conspectu

þæs hehstan offrung rihtwises andfenge ys 7 gemynde his
altissimi ; Sacrificium iusti acceptum est et memoria illius

na forgytt drihten nelle þu bringan gyfa þwyre na
non obliuiscetur dominus ; Noli offerre munera praua. non

soðlice underfehð þa god mid godum mode wyrðscype agyld
enim suscipit illa deus ; Bono animo gloriam redde

gode 7 na wana þu frymþa handa þinra
deo et non minuas primitias manuum tuarum ;

sæde mid micelre scormunge offrunge to adilegenne
Gregorius dixit. Magna purgatione sacrificiorum deluinde

synd gyltas leahtra .
sunt culpę uitiorum ;

[1] s. est.

LII.

be unrotnyssa.
De Tristitia.

drihten segð on godspelle soðlice ic secge eow þæt ge wepað
Dominus dicit in euangelio. Amen dico uobis quia plorabitis
7 poteriað ge middaneard soðlice geblissað ge soðlice beoð
et flebitis uos mundus autem gaudebit. uos autem con-
geunrotsude ac unrotnyss eower byð gehworfen on blisse
tristabimini sed tristitia uestra uertetur in gaudium;

se apostol sæde sco soþlice æfter gode unrotnyss ys
Paulus apostolus dixit. Quae enim secundum deum tristitia est
dædbote on hæle stapolfæste wyrcð worulde soðlice
penitentiam in salutem stabilem operatur; Saeculi autem
unrotnyss deað wyrcð manfull wyrttruma biternysse
tristitia mortem operatur; Nequam radix amaritudinis
upp wexsende gelæt 7 þurh þa beoð besmitene mænige
sursum germinans impedit et per illam inquinantur multi;

sæde heorte geblissegende gegladað ansyne on gnornunge
Salomon dixit. Cor gaudens exhilarat faciem. in merore
sawle byð aworpen gast mod geblissegende ylde blowende
animę deicitur spiritus; Animus gaudens aetatem floridam
deð gast unrot adrigð banu
facit. spiritus tristis exsiccat ossa;

sunu sæde la bearn on godum þu na syle ceorunge.
Hiesus filius Sirach dixit. Fili in bonis non des querelam.
7 on ealre sylene na syle þu unrotnyss wordes yfeles ælc
et omni dato non des tristitiam uerbi mali; Omnis
wite unrotnysse heortan ys unrotnysse na syle þu sawle þinre
plaga tristitia cordis est. tristitiam non des animę tuę;
wynsumnyss heortan þæt ys lif mannes unrotnysse aweganyd
Iocunditas cordis haec est uita hominis; Tristiam expelle
fram þe manega soþlice ofslyhð unrotnyss 7 nys notu on
a te. multos enim occidit tristitia. et non est utilitas in
hyne heorte þwyr sylð unrotnysse 7 mann gleaw wiðstynd
illa; Cor prauum dabit tristitiam. et homo peritus resistet
hyre to unrotnysse soðlice efst deað unrotnyss heortan
illi. Ad tristitiam enim festinat mors; Tristitia cordis

gebigð swyran   na syle þu on unrotnysse heortan þine ac
*flectit ceruícem ; Non déderis in   tristiti*a*m   cor   tuum. sed*
awegnyd hi fram þe
  repelle eam   a   te ;

              sæde gif þu wylt soðlice næfre   beon unrot wel
  Isidorus dixit.   Uis   autem numquam esse tristis. bene
leofa   digle   ingehyd unrotnysse leohtlice forþyldigað god
uiues ; Secreta conscientia tristitium   léuiter   sustinet ; Bona
lif blisse symle hæfð   ingehyd   soðlice scyldiges symle
uita gaudium semper habet ; Conscientia autem   rei   semper
on wite ys scyldig   mod   næfre   orsorh ys swa swa on
in poéna est ; Réus animus numquam securus est ; Sicut   in
    reaf   moþþe 7 wyrm forswylhð treow eall swa unrotnyss
uestimentum tínea. et uérmis déuorat lignum ; ita   tristitia
derað heortan heort bliþe   gode   strengþe   deð weres
*nocet   cordi ; Cór létum bonam   ualitudine*m *facit ; Uiri*
soðlice unrotes   byrnað banu
  autem tristis. ardéscunt ossa.

LIII.

be   fagernysse.
De Pulchritudine.

   drihten segð on godspelle   crist   ys se þe geliffæstað flæsc
Dominus dicit in euangelio. Christus est qui uiuíficat ; caro
na framað   aht
non pródest quicquam ;

              sæde   leas   gyfu 7 ydel ys fægernyss
  Salomon dixit. Fállax gratia et mana est pulchritudo ;
         sæde fægernyss to lufigenne ys la bearn se þe
  Basilius dixit. Pulchritudo diligenda est   fili !   qui
blisse gastlice gewunaþ onasendan uton forbugan cwyldbære
letitiam spiritalem consuéuit infúndere ;   Euitémus   perniciósas
fægernyssa þæt na ealra   yfela   cynrenu on us beon on-
pulchritudines. ne omnium malorum genera in nós inro-
gebrohte   wis   wer na besceawað lichaman wlite   ac
gentur ; Sapiens uir non considerat córporis decórem ; sed
  sawle unwis soðlice on flæslicum byð emhæfed wis   wer
animę. insipiens autem in carnalibus detinetur ; Sapiens uir

wif onscunað weorcfull dysig soðlice gewilnigende hi
mulierem réspuit gestuósam. stultus autem concupíscens eam
byð underplantud wer snoter fram ungleawum wife fram awent
supplantatur ; Vir prudens ab inprudenti muliere auertit
eagan his galfull soðlice behealdende hi he byð toslopen
oculos suos ! luxuriósus autem intuens eam sóluitur
swa wex fram ansyne fyres crist na on lichaman ac on
ut céra a facie ignis ; Christus non in corporis sed in
sawle fægernysse gegladað þa eornostlice eac ðu lufa
*animę pulchritudine delectatur ; Illa*m *ergo et tu dilige*
on þære gegladað god
in quam delectatur deus ;

LIIII.

be gebeorscipum.
De Conuiuiis.

drihten segð on godspelle þænne macast gebeorscype clypa
Dominus dicit in euangelio. Cum facis conuiuium. uóca
þearfan wanhale healte blinde 7 eadig þu byst forþy hi
pauperes. debiles. claudos cecos. et beatus eris quia non
nabbað hwanon hi agyldan byð agolden soðlice þe on
habent unde retribuant. retribuetur enim tibi in
æriste rihtwisra
resurrectione iustorum ;

se apostol sæde sam ge eornostlice etan sam ge
Paulus apostolus dixit. Siue ergo manducátis. siue
drincan sam ge aht elles ge don ealle on wuldre godes doð
bibitis. siue aliud quid facietis omnia in gloria dei fácite ;
sæde betere ys geclypian to wyrtum mid soðre lufe
Salomon dixit. Melius est uocáre ad olera cum caritate
þænne to bulluce gemæstum mid hatunge
quam ad uitulum saginátum cum odio ;

sunu sæde nelle þu grædig beon on ealre
IIiesus filius Sirach dixit. Noli áuidus esse in omni
wiste 7 na þe bewera ofer ælcne mete on manegum
epulatione. et non té effundas super omnem escam ; In multis

soðlice mettum byþ untrumnyss 7 cwyld togeneálæhð
enim éscis erit infirmitas. et *pestilentia adpropinquabit*
oð ðæne dropan ofer beod na astrece þu hand þine
usque ad cóleram; Super mensam ne extendas manum tuam
ær 7 mid andan besmiten þu forsceamige gif þu to middes
prior. et *inuidia contaminatus erubéscas; Si in medio*
manegra sæte ær him na astrece þu hand þine na þu
multorum sedísti. prior illis non extendas manum tuam. nec
ær bide drincan gif genydd byst on etinege swyþe aris
prior póscas bíbere; Si coáctus fueris in edéndo multum. surge
of midlene 7 spiw 7 hit gehlypð þe 7 þu na togelæd lichaman
de medio et uóme. et *refrigerabit te* et *non addúcas corpori*
þinum untrumnysse on gebeorscype wines na þrea þu nehstan
tuo infirmitatem; In conuiuio uini non arguas proximum.
7 na forscoh þu hyne on wynsumnyss his wer beheáldende
et *non despicias eum in iocunditate illius; Uir*[1] *respiciens*
on mysan fremede nys lif his on geþance bigleofan he fet
in mensam aliénam non est uita eius in cogitatione uictus; Alit
soðlice lif his mid mettum fremedum
enim animam suam cibis aliénis;

sæde to gebeorscype synfulles gebeden to þam
Hieronimus dixit. Ad conuiuium peccatoris rogatus ad hoc
ga þæt gastlice inlaþigendum þinum þu gearwige mettas
ambula ut spiritales inuitatóri tuo prébeas cibos;
goddra þinga bedu ys þænne lichama þa sylfan wyle
Bonarum rerum postulatio est quando corpus éadem uült
habban þa gast
habére quę spiritus;

sæde genihtsumian on gebeorscypum specolnyss
Gregorius dixit. Abundáre in conuiuiis loquácitas
gewunaþ symle soðlice lust midfyligð estas þænne lichama
sólet semper enim uolúptas comitatur épulas; Cum corpus
on gereordes gelustfullunge byþ alæten heorte mid idelre blisse
in refectiones delectatione resóluitur cor ináni gaudio
byð toslopen symle estum felaspecolnyss fyligð 7 þænne
relaxatur; Semper aépulas loquácitas sequitur; Cumque
wamb byþ gereord tunge byþ gewyld .
uenter reficitur lingua effrenatur;

[1] s. dico.

LV.

be hlehtre 7 be wope.
De   Risu et Fletu.

drihten   segð   on   godspelle   eadige   þa þe   heofiað   nu
Dominus   dicit   in   euangelio.   Beati   qui   lúgent nunc.
for þi   hi   beoð gefrefrude   wa eow   ge þe hlihhað   nu   for þi
quoniam ipsi consolabuntur;   Ué uobis qui   ridétis nunc!   quia
ge hofiað   7   wepað
lugébitis et flébitis;

   se apostol sæde geblissiað fulfremede   beoð
Paulus   apostolus dixit.   Gaudéte   perfecti   estóte;
   se apostol sæde earme beoð heofiað 7 wepað hlehter
Iacobus   apostolus dixit.   Miseri estóte.   lugéte et plórate.   risus
eower on heofunge byþ gehworfen 7   bliss   on gnornunge
uester in   luctum   conuertitur!   et gaudium in merórem;
   sæde leoht rihtwisra geblissað   sawle   heorte
Salomon dixit.   Lux iustorum.   laetificat   animam;   Cor
geblissigende gegladað ansyne on gnornunge sawle byð aworpen
gaudens   exhilarat faciem.   in   meróre   animę   deicitur
gast   mod geblissigende   ylde   deð blowende   gast
spiritus.   Animus   gaudens.   aetatem facit flóridam.   spiritus
unrot adrigð ban hlehter sare byð gemineged 7   ytemyste
tristis exsiccat ossa;   Risus dólori   miscébitur!   et extréma
blisse heofineg abysgað swylce þurh leahter stunt   wyrcð
gaudii luctus occupat[1];   *Quasi   per   rísum   stultus operatur*
scylda   secð   tælend   wisdom   7   he na   gemet   lar
scélus[2]; *Quaerit derisor sapientiam et   non inuenict.   doctrina*
snotera   eþelic gearwe synd tælendum   domas   7 hameras
prudentium fácilis;   Parata sunt derisoribus[3] *iudicia!   et mállei*
sleande   stuntra   lichamum   stunt   on hleahtre uppahefð
percutientes stultorum corporibus;   Fátuus in   rísu.   exaltat
stefene his   wer soðlice   wis   uneaþe stillice   hlihð
uocem suam;   Uir autem sapiens.   uix tácite ridebit;
   sæde   bliss worulde idel mid micelre andbidunge
Augustinus dixit.   Laetitia sęculi uana cum magna expectatione

[1] i. optin*et*.   [2] i. culpa.   [3] i. stultis.

byþ gehopud þæt heo cume 7 heo na mæg beon gehealden þænne
speratur ut ueniat. et non pótest tenéri cum
he cymð betere ys unrotnyss unriht þoligendes þænne blisse
ueneril; Melior est tristitia iníqua patientis quam laetitia
unriht dondes
iniqua facientis;

      sæde wer wis mid geþungenysse þeawa
Hieronimus dixit. Uir sapiens grauitate[1] *morum*
bliðnysse anwlatan gemetegað gif gesæld scine na si þu
hilaritatem fróntis témperat; Si felicitas elúceat. non sis
gylpende gif yrmð getimað wacmod na wuna þu se þe
iáctans. si calámitas contígerit. pusillánimis non existas; Qui
hwilende ys on blisse ece he byð on wite
temporárius[2] *est. in lætitia perennis erit in poéna;*

    sæde andwerde blissa æfterfyliað ece heofunga
Gregorius dixit. Præsentia gaudia secuntur perpetua lamenta;
nan man witodlice mæg ge her geblissian mid worulde 7 þar
Némo étenim pótest et hic gaudére cum seculo et illic
rixian mid drihtne gif ænig ys andwerdes timan bliss swa
regnare cum domino; Si qúa[3] *est presentis temporis letitia. ita*
heo ys to donne þæt næfre biternyss fyligendes domes
est agenda. ut numquam amaritudo sequentis iudicii
gewite fram gemynde
recédat a memoria;

    sæde hafa þu temprunge on gesundfullum geþanc
Isidorus dixit. Habéto temperamentum[4] *in prósperis mentem*
ne mid blisse ne mid gnornunge þu awend ge to godum
nec gaudio nec merórc commutes[5] *et ad bona*
witodlice ge to yfelum getempera heortan þine
igitur. et ad mala tempera cór tuum;

    sæde nelle þu grennicndum welerum hleahter forð-
Basilius dixit. Noli dissolutis labiis risum pro-
bringan wodnyss witodlice ys mid cyrme hlyhhan ac smercigende
ferre: améntia namque est cum strépitu ridére. sed subridendo
þæt an blisse geþances geswutelian na gedafenað þam se to
tantum lætitiam mentis indicare; Non cónuenit ei qui ad
fulfremednysse hogað gamenian mid cnafan beo þu on yfelnysse
perfectionem nítitur. iócari[6] *cum paruulo; Esto in malitia*

---

[1] i. honestate.   [2] i. momentaneus.   [3] i. aliqua.
[4] i. mediocritatem.   [5] s. nec.   [6] i. ludere.

lytel 7 wer fulfremed on andgyte on sumum þe gegearwa
paruulus. et uir perfectus in sensu; In quibusdam té exhibe
caldne on sumum þe geongne plega soðlice alætene
sénem. in quibusdam te infántem; Iócus autem remissam
gefremð sawle 7 gymcleuse embe godes bebodu ne he
éfficit animam. et neglegentem érga dei precepta; Nec
gyltas his na mæg to gemynde ongeangeclypian 7 forgytende
delicta sua pótest ad memoriam reuocáre. et obliuíscens
þa na hyne totiht to dædbote nanne hæfð togang
éa non sé instigat ad penitentiam; Nullum habebit accéssum
heortan onbryrduyss þar byþ ongemetegud hleahter 7 plega
*cordis conpunctio. ubi fuerit immoderat*us[1] *risus ac iocus;*

LVI.

be wurþscipe maga.
De Honore Parentum.

segð on godspelle arwurþa fæder 7 moder þæt
Dominus dicit in euangelio. Honora patrem et matrem. ut
wel sy þe 7 þu si langlife ofer eorþan
bene sit tibi et sis longeuus super terram;

se apostol sæde fæderas nelle ge to yrsunge gegremian
Paulus apostolus dixit. Patres. nolite ad iracundiam prouocare
bearn eowre ac lærað hi on lare 7 on þreale
filios uestros. sed edocéte illos in disciplina et correctione
drihtnes ne na soðlice scylon bearn magum goldhordian ac
domini; Nec enim debent filii parentibus thesaurizare[2] *sed*
magas bearnum
parentes filiis;

sæde se þe geswencð fæder 7 forflyhð moder
Salomon dixit. Qui adfligit patrem et fugit matrem
edwitfull ys 7 ungesælig sunu wis geblissað fæder bearn
ignominiósus[3] *est et infélix; Filius sapiens letificat patrem. filius*
stunt unrotnyss ys moder his
stultus mestitia est matris suę;

sunu sæde swa se þe goldhordað eall swa
Hiesus filius Sirach dixit. Sicut qui thesaurizat. ita

---

[1] i. intemperatus.   [2] i. lucrari.   [3] i. inproperiosus.

se þe arwurþað moder his se þe arwurþað fæder he byð ge-
qui honorificat matrem suam; Qui honôrat patrem iocunda-
wynsumud on bearnum se þe arwurðað fæder his life he leofað
bitur in filiis; Qui honorat patrem suum uita uiuet
lengran se þe gehyrsumað. fæder he gehlypð mæder se þe
longiore; Qui obœ́dit patri refrigerabit matri; Qui
ondræt god he arwurþað magas arwurþa fæder þinne þæt
timet deum honôrat parentes; Honôra patrem tuum. ut
oferbecume þe bletsung fram drihtne bletsung fæder
superueniat tibi benedictio a domino; Benedictio patris
fæstnað hus bearna curs soðlice moder awyrtwalað
firmat domum filiorum; Maledictio autem matris. eradicat
trymmincge ne wuldra þu on teonan fæder þines nys
firmamentum; Ne gloriéris[1] *in contumelio patris tui. non est*
þe wuldor ne sceand wuldor soþlice mannes of wyrþscype
tibi gloria sed confusio; Gloria enim hominis ex honôre
fæder his ys 7 æpsenyss suna fæder butan wurþscype ys
patris sui est? Et dedecus filii pater sine honore est;
la bearn onfoh ylde fæder þines 7 na geunrotsa þu hyne
Fili súscipe senectam patris tui. et ne contristes cum
on life his 7 gif he ateorað on andgyte forgyfenysse syle 7
in uita illius? et si defécerit sensu ueniam da et
na forhoga þu hyne on þinum mægene ælmyss soðlice fæder
ne spérnas eum in tua uirtute; Elemosina enim patris.
beo na byð on forgytincge yfeles hlisan ys se þe forlæt his
non erit in obliuione; Malę famę est qui relinquit
fæder 7 se ys awyriged fram gode se þe gegremaþ moder
patrem. et est maledictus a deo qui exásperat[2] *matrem;*
arwurþa fæder þinne 7 geomerunga moder þinre na forgyt þu
Honora patrem tuum et gémitus matris tuę ne obliuiscáris;
gemun þu þæt þu butan þurh hi þu nære agyld magum
Memento quoniam nisi per illos non fuisses; Retribue parentibus
hu dydon hi þe
quomodo[3] *illi tibi;*

sæde god hit ys witodlice æfter gode lufian
Hieronimus dixit. Bonum est quidem post deum amare
magas 7 bearn ac gif neod cymð. þæt lufu maga 7
parentes ac filios. sed si necéssitas uenerit. ut ámor parentum ac

---

[1] i. grataleris.   [2] i. conturbat.   [3] s. fecerunt.

bearna godes lufe byþ wiðmeten 7 na mæge ægþer
filiorum dei amori conparétur. et non póssit utrúmque
beon gehealden þænne hatung on magum arfæstnyss on gode
seruári tunc odium in propinquis pietas in deo
ys arwurþa fæder þinne ac gif he na þe fram soðum fæder
est ; Honora patrem tuum. sed si té a uéro patre
na asyndrað swa lange wite þu blodes mægþe swa lange
non séperat ; Támdiu scito sanguinis cópulam[1]. *quámdiu*
swe he his wat scyppend
ille suum nóuerit creatorem ;

     sæde mægas ure swa agene innoþas utan lufian
Basilius dixit. Parentes nostros ut propria uiscera diligamus.
gif togenealæccan us to þeowdome cristes na forbeodað
si accédere nos ad seruitutem christi non prohibúerint ;
gif hi soðlice forbeodað na byrigenna hyra fram us
Si autem prohibúerint. nec sepulchra illorum a nobis
scylon beon besceawude
debentur áspici.

LVII.

be bearnum.
De Filiis.

drihten segð on godspelle se þe lufað sunu oððe dohter
Dominus dicit in euangelio. Qui amat filium aut filiam
ofer me nys he me wyrþe
super me non est me dignus ;

    se apostol sæde bearn hyrsumiað magum eowrum
Paulus apostolus dixit. Fili oboedite parentibus uestris
on drihtne þæt soðlice riht ys arwurþa fæder þæt wel si
in domino ! hoc enim iustum est ; Honora patrem ut bene sit
þe 7 þu si langlife ofer eorþan
tibi. et sis longeuus super terram ;

    sæde gód forlæt bearn 7 nefan se þe sparað
Salomon dixit. Bonus relinquit filios et nepótes ; Qui párcit
gyrde his be hatað sunu his se þe soðlice lufað hyne an-
uirgę suę odit filium suum qui autem diligit illum in-
rædlice lærð cynehelm yldryna bearn bearna 7 wyrðscype
stánter érudit ; Corona sénum filii filiorum ! et gloria

---

[1] i. propinquitatem.

bearna fæderas hyra yrre fæder sunu stunt 7 sar moder
*filiorum   patres   eorum ; Ira patris filius stult*us*. et dolor matri*s
sco þe cende hyne
 quae genuit eum ;

sunu   sæde la suna þe synd lær   hi   7 gebig
Hiesus filius Sirach dixit. Filii tibi sunt érudi illos. et curua
hi fram cildhade   hyra   dohtra þe synd geheald lichaman
illos a   pueritia illorum ; Filie tibi sunt serua   corpus
þæra 7 na etyw þu bliðe ansyne þine to him na
illarum. et non ostendas hilarem faciem tuam ad illas ; Non
wynsuma þu on bearnum arleasum þeah hi beon gemænigfylde
 iocundéris in   filiis   impiis si   multiplicentur ;
na geglade þu ofer suna gif nys   ege godes mid him
Non oblectéris super filios. se non est timor dei cum ipsis ;
betere ys an ondrædende god þænne þusend bearna arlease
Melior est. Unus timens   deum. quam mille filii impii ;
se þe lufað sunu his he gemænigfylt him swingla se þe
Qui diligit filium suum   assiduat   illi flagella ; Qui
lærð sunu his he byð gehered on him 7 tomiddes hiwcuþ-
docet filium suum   laudabitur   in illo ? et in medio domesti-
ra on him he byþ gewuldrod se þe lærð sunu his on
corum[1] *in illo   gloriabitur ;   Qui docet filium suum in*
reſpuncan he asent feond 7 tomiddes freonda wuldrað
 zelum   mittet inimicum et in medio amicorum gloriabitur
on him na syle þu suna anweald on geoguþe his 7 na
in illo ; Non dés filio potestatem in iuuentute sua. et ne
forseoh þu geþancas his fram bearnum þinum warna þu 7
 despicias cogitatus illius ; A filiis tuis cáue et
fram hiwcuþum þinum si þu asyndrud suna 7 wife breþer 7
 a domesticis tuis   separare ; Filio et muliere fratri et
freond na syle þu anweald ofer þe on life þinum betere
 amico. non dés potestatem super te in uita tua ; Melius
ys soðlice þæt bearna þine þe biddan þænne þe behaldan on
est enim ut filii tui té rogent. quam te respicere in
handa bearna þinra nytlic ys butan bearnum sweltan þænne
manus filiorum tuorum ; Utilis est sine filiis móri quam
forlætan bearn arlease lær sunu þinne 7 wyrc on him
relinquere filios impios ; Dóce filium tuum et operare in illo.

[1] i. contubernialium.

þæt þu na on fylþe his þu beo gescynd na syle þu oþrum
ne   in turpitudine illius confundáris; Ne dederis aliis
æhte   þine þe læs þe ofhrywe þe ofer dohter gul-
possessionem tuam. ne forte peniteat té; Super filiam luxu-
fulle fæstna heordrædene þe læs þe heo ahwænne do þe on
riosam firma custodiam.   ne   quando   faciat té in
tale cnman feondum þinum
obprobrium uenire inimicis tuis;

sæde   wer   wis   þænne   sunu   his   godes
Hieronimus dixit. *Uir sapiens quando filium suum bone*
tuddres forlæt na besargige þæt he þylcne forleas ac
indolis amittit? non doleat   quod   talem perdiderit sed
geblissige þæt he swylcne hæfde
gaudeat quod   tálem habúerit?

LVIII.

be welegum 7 þearfum.
De Diuitibus et Pauperibus.

drihten segð on godspelle welig earfoðlice ingæð on rice
Dominus dicit in guangelio. Diues difficile intrabit in regnum
heofena 7 eþelicur ys olfend þurh þyrel nædle þurhfaran
caelorum. et facilius[1] est camélum per forámen ácus transire.
þænne weligne ingan on rice heofena   wa eow weligum
quam diuitem intráre in regnum caelorum; Uę uobis diúitibus
ge þe habbað   frofre   eowre   eadige þearfan on gaste
qui   habetis consolationem uestram; Beati' pauperes spiritu.
forþi þe hyra ys rice heofena
quoniam ipsorum est regnum caelorum;

sæde   geþyld   þearfena   na forwyrþ on ende
Propheta dixit. Patientia pauperum non peribit in finem[2];
þonne ofermodigað se arleasa biþ ónǽled þearfa
Dum   superbit   impius   incénditur pauper;

sæde god geceas þearfan on þisum
Iacobus apostolus dixit. Deus elégit pauperes in hoc

[1] i. possibilius.   [2] i. semper.

middanearde welige on geleafan 7 yrfwerdas rices þæt he beħet
   mundo.   diuites in   fide. et heredes regni quod repromisit
lufigendum hyne
diligentibus se;

               se apostol sæde   welegum þyssere worulde bebeod
Paulus apostolus dixit. Diuitibus huius sæculi precipe.
na prutlice witan   na hopian on ungewisson   welena
non superbe sápere. neque sperare in incerto diuitiarum.
ac on gode se þe getiþað us ealle genihtsumlice to brucenne
sed in deo qui prestat nobis omnia abundanter ad fruendum;
þa þe wyllað welige beon hi onbefeallað on costunge 7 on
   Qui uolunt diuites fieri.   incidunt   in temptatione et in
    grin   deofles Swa swa wædligende mænige soðlice gegod-
laqueum diaboli; Sicut   egentes   multos autem locu-
igende   swylce naht hæbbende 7 ealle   agende
pletantes. tamquam nihil habentes et omnia possidentes;

         sæde   bletsung drihtnes welige deð   na
Salomon dixit. Benedictio domini diuites facit.   nec
byð geferlæht him gedrefednyss na framiað welan on dæge
   sociabitur   eis   adflictio; Non proderunt diuitię in die
wræce rihtwisnyss soðlice alyst fram deaþe se þe getruwað
ultionis[1]*; Iustitia uero liberabit a morte; Qui confidit*
on welum his ahrist byþ gehealden rihtwisum sped oþþe æht
in diuitiis suis corruit; Custodietur iusto.   substantia
synfulles se þe gaderað goldhordu mid tungan leasunge idel
peccatoris; Qui congregat thesauros lingua mendacii? uanus
ys 7 byþ ætspornen æt grinum deaþes betere ys þearfa 7
est et inpingitur ad laqueos mortis; Melior est pauper et
behofigende him þænne wer wulderfull 7 genihtsumigende
 indigens sibi.   quam uir gloriosus et   sufficiens
hlafe ealle dagas þearfan yfele se þe forsihð þearfan
pane; Omnes dies pauperis mali; Qui despicit pauperem
onhyscð scyppende his   7 se þe on hryre oþres geblissað
exprobrat factori eius. et qui in ruina alterius laetatur.
he na byð unscyldig se þe teonað   þearfan onhyscð
non erit innocens; Qui calumniatur pauperem exprobrat
scyppende his   arwurðað soðlice þæne se þe gemiltsað
  factori   eius. honorat autem eum qui miseretur

---

[1] *iudicii.*

þearfum mihtige soðlice mihtelice tintregan þoliað streng-
pauperi; Potentes autem potenter tormenta patiuntur; For-
rum soðlice strengre onstynt cwylmincg
tioribus autem fortior instat cruciatio;
sunu sæde nelle þu begyman to æhtum
Hiesus filius Sirach dixit. Noli adtendere ad possessiones
unrihtwisum 7 na sege þu ys me genihtsum lif nelle þu
iniquas. et ne dixeris est mihi sufficiens uita; Noli
grædig beon on welum unrihtwisum naht soðlice framiað
auidus esse in diuitiis iniustis. nihil enim proderint
þe on dæge ofertogennysse 7 wræce nelle þu syllan menn
tibi in die obductionis[1] *et uindicte; Noli dare homini*
strengrum þe þæt gif þu lænst swylce þu forloren hæbbe
fortióri té. quod si fenerabis tamquam perditum habe;
se þe gylpð on his æhte þearflicnysse he ondret la bearn na
Qui gloriatur in substantia paupertatem ueretur; Fili ne
on manegum syn dæda þine þeah þu welig beo þu na byst
in multis sint actus tui. etiamsi diues fueris non eris
unmæne fram gylte god ys æht þam nys
inmúnis a delicto; Bona est substantia. cui non est
synn on inngehyde weleges soþlice 7 þearfan heorte
peccatum in conscientia; Diuitis autem et pauperis cor
god 7 on eallum timan andwlita hyra bliþe se þe
bonum; et in omni tempore uultus illorum hilaris; Qui
seeð beon g(e)welegud he framawent eage his god
quérit locupletari. auertit oculum suum; Bonus
welig se þe byð gemet butan womme speda oþþe æhta
diues qui inuentus est sine macula; Substantiae
unrihtwisra eall swa flot beoð adrugude 7 eall swa þunor
iniustorum sicut fluuius siccabúntur. et sicut tonitruum
micel on ren þurhfarað ys manfullust þearflic-
magnum in pluuiam pertransibunt; Est nequissima[2] *paupér-*
nyss on muþe arleases swincð þearfa on wanuuge
tas in ore impii; Laborabit pauper in diminutione
bigleofan 7 on ende he wyrð wanspedig god 7 yfel lif 7
uictus; et in fine fit inops; Bona et mala uita et
deað þearflicnyss 7 wurðfullnyss fram gode synd gemun þu
mors. paupertas. et honestas a deo sunt; Memento

---

[1] i. retributionis.   [2] i. pessima.

þearflicnysse on tide genihtsumnysse 7 neode þearflic-
paupertatis in tempore abundantię. et *necessitatem pauper-*
nysse on dæge welena
tatis in die diuitiarum;

    sæde ma ys þearfum geseon heofen-astyrredne
Augustinus dixit. Plus est pauperi uidére cęlum stellatum
þænne welegum hrof gegyld
quam diuiti tectum inaurátum;

    sæde swa micele soðlice mare wyrðscype
Hieronimus dixit. Quantum enim maior honor
swa micele maran frecednyssa raþe þolaþ searwa wuldorfull
tantum[1] *maiora pericula; Cito pátitur insidias gloriosus;*
na lof ys agan welan ac for criste þa hogian
Non laudis est possidére diuitias. sed pro christo éas contémpnere;
genihtsumaþ us be andwerdum þissere worulde angsumnyssum
Sufficit nobis de presentibus huius seculi angustiis
þencean hwæt neod ys andgyt to ungewissum aþeniau
cogitare. quid necesse est sensum ad incerta exténdere?
þa oþþe begytan we na magan oþþe raþe fundene we for-
Quę aut cónsequi non póssumus. aut cito inûenta pér-
spillað swa lange swa we wuniað on care worulde 7 sawl
dimus; Quámdiu uersámur in cúra sęculi. et anima
ure æhta mid gymene gewriþen ys be gode freolice
nostra possessionum procuratione deuincta[2] *est de deo libere*
þencean we na magon
cogitare non póssumus;

    sæde eorðlic fægernyss byð gedrefed þænne
Gregorius dixit. Terréna pulchritudo confúnditur[3]*. cum*
hyhð heofenlic byð openud on þissere worulde mihtig
celsitudo caelistis aperitur; In hoc saeculo pótens
sum gif wæs(t)m næfð godes weorces eac swylce
quilibet. si fructum non habet bone operationis. étiam
eac lettinege gegearwað oþrum on folce ma gewuniað
et inpedimentum préstat cęteris; In populo plus sólent
naman weligra þænne þearfena beon witen gewunaþ soðlice
nomina diuitum. quam pauperum sciri; Sólet enim
þinga genihtsumnyss micele(þe)ma fram godcundre lufe
rerum abundantia. tantómágis a diuino amore

---

[1] s. erunt.   [2] i. asstricta.   [3] i. perturbatur.

geþanc alysan micele þe ma þeos gyrnð mislice þencean
mentem soluere. quantómagis hęc éxigit diuersa[1] *cogitare;*
to maran sare geþanc astyriað hynþa maran næfre
Ad maiorem dolorem mentem cómouent damna maiora; Numquam
witodlice butan sare byþ forlæten butan þæt butan lufe
quippe sine dolore amittitur. nisi quod sine amore
byð agen swa hwylc swa tidlice 7 geteorigendlice
possidetur; Quisquis temporalia ac defectíva
fyligð fyll gyrnð swa hwylc soðlice upplice gyrnð
séquitur? occásum pétit. quisquis uero supérna desíderat?
þæt he on eastdæle wunige he geswutelað
quia in oriente hábitet demónstrat;

sæde wite be wiþerrædum middaneardes se
Ciprianus dixit. Poénam de aduersis mundi ille
ongyt þam bliss 7 wuldor ælc on muddanearde ys se
séntit cúi laetitia et gloria omnis in mundo est; Ille
witodlice gnornað 7 wepð gif him yfele byþ on worulde
igitur méret et déflet. si sibi male sit in sáeculo.
þam þe wel na mæg beon æfter worulde
cúi bene non pótest esse post sęculum;

sæde rice in þisum leasum life þænne hi be
Isidorus dixit. Diuites in hac falláci uita dum de
mihte wurþscype þinga 7 genihtsumnysse gebærað færunga
potentia gloríam rerum. et abundantiam géstiunt. repénte
on tide þe hi nytan on unwenedum forþsiþe he beoð gegripene
hóra quá nésciunt inproúiso éxitu rapiuntur.
and forswelgendum grunde to cwylmenne eceum helle
atque absorbénte profundo cruciandi aeternis gehénne
brynum hi beoð getealde swa micelum swa ænig ma
incéndiis deputantur; Quánto quisque amplius
woruldlices wyrðscypes wyrðnysse byð gehyd swa micele
sęculáris honoris dignitate sublimatur? tanto
hefelicur gymena hefum byð gesymed gif soðlice uneaþe
gráuius curarum ponderibus adyrauatur; Si enim uix
mæg synna sawle forbugan na gehefegud micele ma
úalet peccata animę deuitáre non grauátus. quantómagis
mid bisgunge worulde gewriþen se þe on þisre worulde wel
occupatione seculi deuinctus; Qui in hoc saeculo bene

---

[1] i. uaria.

tidlice wealdt butan ende on ecnysse rixað 7 be
temporaliter imperat. sine fine in perpetuum regnat. et de
wuldre worulde þissere to eceum gewit wuldre þa þe
gloria seculi huius. ad aeternam transit gloriam; Qui
soðlice þwyrlice rice begað æfter reafe scinendum 7
uero praue regnum exércent. post uestem fulgentem et
leoht stana nacode 7 earme to helwarum to þreagenne
lumen lapillórum. nudi et miseri ad inferna torquendi
nyþerastigað for yfelnysse folces eac cyningas beoð awende
descendunt; Pro malitia plebis étiam reges mutantur.
7 þa þe ær wæron gesawene beon gode onfangenum rice
et qui ánte uidebantur esse boni? accepto regno
hi wurþað unrihtwise sume ofermodige welegan þinga
fiunt iniqui; Quósdam supérbos diuites. rerum
genihtsumnyss deð uppahafene na synd æhta on leahtre ac
cópia facit elátos; Non sunt ópes in uitio sed
willa witodlice leahter on þingum nys ac on gewunan
uoluntas; Nam crimen in rébus non est. sed in usu
dondes godum gyfum wel hi brucað þa þe welan him
agentis; Bonis donis bene utuntur. qui diuitias sibi
forgyfene on þingum halwendum brucað godum yfele
concéssas in rébus salutaribus perfruuntur; Bonis male
hi brucað þa þe oþþe unrihtlice for tidlicum gestreone
utuntur qui aut iniuste pro temporali lucro
demað oþþe sum þinc godes for ideles wuldres willan
iudicant. aut aliquid boni pro uanę gloriae appetitu
doð yfelum yfele brucað þa derigende geþancu
faciunt; Malis male utuntur. qui nóxias cogitationes
mid weorcum þwyrum gefremmað wel yfelum brucað þa þe
operibus prauis perficiunt; Bene malis utuntur qui
galnysse flæsces mid gemæclicum wyrþscype gewriþað
luxuriam carnis coniugali honestáte restringunt;
hefiglice on god agyltað þa þe welum fram gode forgyfenum
Gráuiter in deum delinquunt qui diuitiis a deo concessis.
7 na on þingum halwendum ac on gewunum þwyrum brucað
et non in rebus salutaribus sed in usibus prauis utuntur;
warna wyrðscypes þa þu healdan butan gylte na miht
Cáue honores. quos tenére sine culpa non pótes;
heahnyss wyrðscypa micelnyss gylta ys þæt soðlice
Sublimitas honórum. magnitudo scélerum est; Hoc autem

hæfð for an god æht andwerdra þinga gif lif
habet tantum bonum possessio presentium rerum. si uitam
gereorde earmra butan þam costung ys middaneardes
reficiat miserórum: pr%ter hoc temptatio est; Mundi
gestreonu swa micele maran susla hi syllað swa micele swa
lúcra tánto maiora supplicia dabunt. quanto et
hi maran synd lang soðlice mid þingum urum þurhwunian
ipsa maiora sunt; Díu enim cum rébus nostris durare
we na magan forþi oððe we þa sweltende we forlætað
non póssumus. quia aut nos illas moriendo desérimus.
oþþe hi us libbende forlætað anweald raþe hryre þolaþ
aut illi nos uiuentes déserunt; Potestas cito ruínam pátitur;
næfre geþances reste hæfd se þe carum eorþlicum hyne
Numquam mentis requiem habet. qui curis terrenis sé
underþeod symle reste geþances þu hæfst gif þu fram þe
súbdit; Semper requiem mentis habebis si a té
middaneardes cara framawyrpst swyþe seldan ys þæt þa þe
mundi curas abiéceris; Ualde rarum est ut qui
welan agað to reste efstan ys uppahafennyss
diuitias póssident ad requiem téndant; Est elatio
þearfena þa ne welan uppahebbað 7 willa on him sylf
pauperum quos nec diuitiæ éleuant. et uoluntas in eis sóla
oferprut ys þisum 7 gif speda wana synd for geþances
supérba est; His et si ópes désunt propter mentis
swa þeah toþundennysse ma þænne ofermodige welegan
támen tumórem plúsquam supérbi diuites
beoð genyþerude
condempnantur;

sæde feawum forebeon gecynd sealde manegum
*Iosephus dixit. Paucis preésse natura dedit. pluri*bus
gehyrsumian
obtemperáre [1]

LVIIII.

be onfangenysse swegea.
De Acceptione Personarum.

segð on godspelle na underfoh þu mæþe ne
Dominus dicit in guangelio. Non accipias persónam nec

---
[1] i. obedire.

gyfa na byð todal mæþa swa lytel
munera; Nulla erit distantia personarum; Ita paruum
gehlyste call swa micel
audias ut magnum;

se apostol sæde wuldor byð soðlice byð 7 sibb
Paulus apostolus dixit. Gloria[1] *autem erit et pax*
ælcum wyrcendum god iudeiscum ærest 7 nys
omni operanti bonum iudéo primum et gréco; Non est
soðlice swegea onfangennyss mid gode gif sweg
enim personarum acceptio apud deum; Si persónam
mannes na underfehð nys swegea onfangend god ac
hominis non áccipit. non est personarum acceptor deus. sed
on ealre þeode se þe ondræt hyne 7 wyrcð rihtwisnysse
in omni génte qui tímet eum et operatur iustitiam
andfencge ys him
acceptus est illi;

sæde onfon sweg arleases hit nys god
Salomon dixit. Accipere personam impii non est bonum
þæt þu buge fram rihtwisnysse domes se þe segð arleasum
ut declines a ueritate iudicii; Qui dicit impio
rihtwis þu eart wyrian him folcu 7 ascuniað hyne
iustus es maledicent ei populi. et detestabuntur eum
mægða 7 þa þe þreageað heriað hyne 7 ofer hy
tribus. et qui árguent laudabuntur eum. et super ipsos
cymþ bletsung se þe oncneawð on dome ansyne he na
uenict benedictio; Qui cognóscit in iudicio faciem non
deð wel
facit bene;

sunu sæde na underfoh þu sweg þæt þu
Hiesus filius Sirach dixit. Non accipias personam ut
na agylte nelle þu wiðstandan ongean ansyne mihtiges
delínquas; Noli resistere contra faciem potentis;
eall swa onscunung ys ofermodigum eadmodnyss swa
Sicut abominatio est supérbo humilitas. sic
onscunung þam welegan þearfan synd ofermodigra sped
excératio diuiti pauperes[2] *; Superborum substantia*

[1] s. erit.   [2] s. sunt.

byþ awyrtwalud 7 hus oððe biwrædcn þæt þearle welig ys
eradicábitur. et domus quę nímis lócuples est.
byð gewacud mid ofermodnysse
adnullábitur superbia ;

sæde riht dom ys þar na mæþa ac
Hieronimus dixit. Équum iudicium est ubi non persónę sed
weorcu beoþ besceawude
opera considerantur ;

sæde hwæt soðlice mid gode waccre hwæt beon
Gregorius dixit. Quid uero apud deum uílius quid esse
forsewenlicur mæg þænne healdan wyrþscype mid mannum 7
despectius pótest. quam seruare honorem apud homines. et
inran gewitnysse eagan na ondrædan
interni testis oculos non timére ;

nys sweg on dome to besceawigenne
Isidorus dixit. Non est persóna in iudicio consideranda.
ac intinga swyþor beoð gewurþude menn on þissere worulde
sed causa ; Plus uenerantur homines in hoc saeculo
for tidlicre mihte þænne for arwurðnysse halignysse
pro temporali potentia. quam pro reuerentia sanctitatis.
he onfoð soðlice þæt hi ma synd welige 7 þæt hi menn
suscipiunt enim quod mágis sunt diuites. et quod homines
synd eallunga hi forseoð intingan beseoh na mæþe
sunt omnino despíciunt ; Causam réspice non persónam ;

LX.

be siþfæte.
De Itinere.

drihten segð on godspelle ingoð þurh nearu gæt
Dominus dicit in ęuangelio. Intráte per angustam pórtam.
forþi brat 7 fæcfull ys weg se gelæt to forspillednysse 7
quia láta et spatiósa est uia quę dúcit ad perditionem ; et
manega synd þe ingað þurh þæne hu nearu ys weg 7
multi sunt qui intrant per éam ; Quam angústa est uia et
earfoþe se gelæt to life 7 feawa synd þe fyndað
difficilis quę dúcit ad uitam et pauci sunt qui inueniunt
hyne
eam ;

se apostol sæde warniað witoðlice gebroþu hu
Paulus apostolus dixit. Uidéte itaque. fratres quómodo

wærlice ge gan na swa unwise ac swa wise
caute ambulctis. non quasi insipientes. sed ut sapientes;

gangas rihte doð mid fotum eowrum þæt na healtigende
Gressus rectos fácite pedibus uestris. ut non claúdicans

worige ma soðlice si gehæled
erret[1] magis autem sanetur;

sæde ne gelusta þu siþfatum arleasra ne þe
Salomon dixit. Ne delectéris sémitis impiorum. nec tibi

na gelicige yfelra weg rihtwisra soðlice weg swylce leoht
placeat malorum uia; Iustorum autem sémita quasi lux

scinende forðstæpð 7 wyxst oþ to fulfremedum dæge
splendens procédit et créscit usque ad perfectam diem;

weg arleasra deorcfull hi nytan hwar hi gefeallað eagan þine
Uia impiorum tenebrósa. nésciunt ubi córruunt; Oculi tui

rihte geseon 7 bræwas þine forestæppan gangas þine gerece
recta uideant. et pálpebre tuæ precédant gressus tuos; Dirige

weg fotum þinum 7 ealle wegas þine beon getrymmede
sémitam pedibus tuis et omnes uiæ tuae stabilientur;

framawent fot þine fram yfele wegas soðlice þa þe æt
Auérte pedem tuum a malo. uias enim quæ a

swyþrum synd cann drihten besyhð drihten wegas
dextris sunt nouit dominus; Respicit dominus uias

manna 7 ealle gangas his he besceawað siþfæt soðlice
hominum et omnes gressus illius considerat; Iter autem

arleasra beswicð hi wer snoter geriht gangas his
impiorum decipiet eos. uir prudens dirigct gressus suos;

þænne g(e)liciað drihtne wegas mannes synd witodlice
Cum placúerint domino uiæ hominis. inimici quoque

his beoð gecyrrede to sibbe
eius conuertentur ad pacem;

sunu sæde na fanna þu þe on ælcum
Iliesus filius Sirach dixit. Non uéntiles te in omni

winde 7 na' far þu on ælcne weg mid þristum na far þu
uento. et non éas in omnem uiam; Cum audáce non éas

[1] s. quis.

on wege þe læs þe he hefige yfelu his on þe on weg hryres
in uia. ne fórte gráuet mala sua in té; In uia ruínę
na far þu 7 na ætsporn þu on stanas
non ías. et non offendas in lapides;

sæde betere ys soþlice fulfremed lif secendum
Origenis dixit. Melius est enim perfectam uitam quęrenti
on siðfæte sweltan þænne na faran witodlice to
in itinere móri quam non proficísci quidem ad
fulfremednysse secende
perfectionem querendam;

sæde stunt wegferend ys se þe on siþfæte
Gregorius dixit. Stultus uiátor est. qui in itinere
wynsume mæda besceawigende byþ forgyten siðfæt on þam
amoéna práta conspiciens. obliuiscitur íter in quó
he onette onspornendum fet siðfæt ure byð gedon gif
tendebat; Inoffénso péde íter nostrum agitur. si
god 7 nehsta mid fullum mode byð gelufud
deus ac proxemus íntegra mente diligitur;

LXI.

be andgytum.
De sensibus.

drihten segð leoht lichaman þines ys
Dominus dicit in euangelio. Lucérna corporis tui est
eage þine gif eage þin byð anfeald eall lichama þin
oculus tuus Si oculus tuus fuerit simplex. totum corpus tuum
leoht byð gif hit soðlice manfull eac eall lichama
lucidum[1] erit; Si autem[2] nequam[3] étiam totum corpus
þin deorcfull byð
tuum tenebrósum erit;

se apostol sæde awra gehwylc in his andgyte
Paulus apostolus dixit. Unusquisque in suo sensu
genihtsumige na ga ge swa swa hæþene gað on
abúndet; Non ambuletis sicut et gentes ambulant in
idelnysse angytes hyra on þystrum adimmiað
uanitate. sensus sui tenebris obscurátę;

---

[1] i. purum.   [2] i. oculus.   [3] i. malum.

sunu   sæde   god   andygyt   oð   timan
Hiesus filius Sirach dixit. Bonus sensus usque in tempus
bediglað wordu 7 weleras manegra areceeað andgyt his
abscóndit uerba. et labra multorum enarrabunt sensum eius;
wurðscype 7 wuldor on spæce wises tunge soðlice
Honor et gloria in sermone sensati[1]*? lingua uero*
ungleawes awendineg ys his gif þu gesihst witan
inprudentis subuérsio est ipsius; Si uideres sensatum.
awaca to him of gesihðe byþ oneuawen wer 7 fram
euígila ad illum; Ex uisu cognóscitur uir. et ab
geancyme ansyne byþ oneuawen wita nys andgyt þar
occúrsu faciei cognóscitur sensatus; Non est sensus ubi
genihtsumað biternyss scrud lichaman 7 hlehter toþa
abúndat amaritudo; Amictus corporis et risus dentium.
7 ingang mannes cyþaþ be him on welerum witan
et ingressus[2] *hominis. enuntiant de illo; In labiis sensáti*
byð gemet gyfu stille 7 wis byþ gewurþud healdað þe
inuenítur gratia; Tácitus et sensatus honorabitur; Serua té
fram stuntum þæt þu na graman habbe gebig fram
ab insensato[3] *ut non molestiam habeas; Deflécte ab*
unwitan 7 þu gemetst reste 7 þu na wiþerast on
insensato et inuenies requiem. et non exacerbáberis in
stuntnysse his pricigende eage utgelæt tearas 7 se þe
stultitia illius; Púnguens oculus. deducit lácrimas. et qui
pricaþ heortan forþbringð andgyt tomiddes stuntra
púngit cór prófert sensum; In medio insensatórum[4]
geheald word timan fram anum witan byð oneardud
serua uerbum tempori; Ab uno sensáto inhabitabitur
on eþele 7 fram þrim arleasum byþ forlæten on andgyte si
patria. et a tribus impiis deseretur; In sénsu sit
þe geþanc godes
tibi cogitatus dei

LXII.

be þeowum 7 hlafordum.
De Seruis et Dominis.

drihten segð on godspelle eadige þeowas þa þa þænne
Dominus dicit in euangelio. Beati serui illi. quos cum

---

[1] i. sapientis.   [2] i. incessus.   [3] i. stulto.   [4] i. stultorum.

cymð drihten gemet wacigende nan þeow mæg twam
uenerit dominus inuenerit uigilantes; Nemo seruus potest duobus
hlafordum þeowian oððe soðlice ænne on hatunge hæfð 7
dominis seruire; Aut enim unum odio habet. et
oþerne he lufað oþþe anum he togeþeot 7 oþerne
alterum diligit. aut uni adherebit et alterum
he forhogað
contempnet;

   se apostol sæde þeowas underþeodde beoð on eallum
Petrus apostolus dixit. Serui subditi estote in omni
ege hlafordum na þæt an godum 7 gemetfæstum ac
timore dominis. non tantum bonis et modestis sed
eac swylce earfoþrum
étiam difficilioribus[1]*;*

   se apostol sæde drihten soðlice gast ys
Paulus apostolus dixit. Dominus autem spiritus est.
þar þar soðlice gast drihtnes þar byþ freodum swa hwylc swa
ubi autem spiritus domini ibi libértas[2]*; Quicumque*
synd under geoce þeowas hlafordas hyra mid eallum wyrðscype
sunt sub iugo serui! dominos suos omni honore
wyrþe hi getellan drihtnes þæt riht ys 7 riht þeowum
dignos arbitrentur; Domini quod iustum est et aequum seruis
gearwiað witende þæt ge eac drihten habbað on heofene
praestáte. scientes quoniam et uos dominum habetis in caelo;
anra gehwylc swa hwæt swa he deð god þæt he onfehð fram
Unusquisque quodcumque facerit bonum. hoc recipiet a
drihtne sam þe þeow sam þe frig
domino. siue seruus siue liber;

   sæde þeow wis wealt bearnum stuntum
Salomon dixit. Seruus sensátus dominabitur filiis stultis.
7 betwuh gebroþru yrfwerdnysse todælð se þe estelice fram
et inter fratres heriditatem diuidet; Qui delicate a
geoguðhade fet þeow his þæræfter hyne ongyt ofer-
pueritia nutrit seruum suum. postea illum sentiet con-
modigne
tumácem;

   sunu sæde na dera þu þeow wyrcende on
Hiesus filius Sirach dixit. Non ledas seruum operantem in

---

[1] i. discolis vel stultis.   [2] s. erit.

soðfæstnysse na beryp ðu þeow wisne ne þu næftigne
ueritate; Non defraúdes seruum sensátum. néque ínopem
forlæt hyne þeowe wisum frige þeowiað ⁊ unwis na
derelínquas illum; Seruo sensáto liberi seruiunt. et ínscius non
byð gewurþud fodan gebyriaþ ⁊ gyrd ⁊ seam assan hlaf ⁊
honorabitur; Cibaria[1] *et uirga et ónus ásino. panis et*
lar ⁊ weorc þeowum geoc ⁊ bend gebigeað hnecean
disciplína. et opus seruo; Iugum et lórum. cúruant ceruícem
stiþne ⁊ þeow ahyldað weorcu singále oððe gelomlice
dúram. et seruum inclínant operationes assiduę;
þeowan yfelwyllendum wriþa ⁊ fotcopsas send hyne on
Seruo maliuolo tortúra. et cónpedes mitte illum in
weorc þæt he na æmtige gif he ys þe þeow getrywe
operationem ne uácet; Si est tibi seruus fidelis.
he si þe swylce sawl þin swylce broþer swa hyne ateoh gif
sit tibi quasi anima tua quasi fratrem sic eum tracta; Si
þu derast þeow unrihtlice on fleam he byþ gewend unbind
léseris seruum iniustę in fúgam conuertetur; Láxa
handa þeowum ⁊ he secð freodom betere ys underþeod
manus seruo. et qūęret libertatem; Melior est subiecta
þeowdom þænne uppahafen freodom on weorce gesete
séruitus. quam eláta libértas; In opere constitue
þeow swa soðlice gedafenað him
seruum. sic enim cóndecet illi;

sæde hwæt mare mæg beon gegearwud þeowe
Hieronimus dixit. Quid magis pótest prestari seruo.
þænne beon mid hlaforde his genoh rice ys se þe hlafe na
quam esse cum domino suo? Satis diues est. qui pane non
behofað þearle mihtig se þeowian na byð genyd
indiget nímium pótens qui seruíre non cógitur;

an soðlice hlaford gelice ge hlafordum
Isidorus dixit. Unus enim dominus aequaliter et dominis
bringð gebed ge þeowum
fért orationem et seruis;

swylcne þu gewilnast embe þe beon hlaford
Ciprianus dixit. Qualem cúpis érga té ésse dominum.
swylc beo þu sylf ongean þeow þinne
talis ésto ipse cóntra seruum tuum;

---

[1] s. debentur.

LXIII.

be midwununge godra 7 yfelra.
De Consortio[1] *Bonorum et Malorum.*

se apostol sæde we biddað soðlice eow gebroþru þæt
Paulus apostolus dixit. Rogamus autem uos fratres ut
ge ætbredan eow fram ælcum breþer gandum unendebyrdlice
subtrahátis uos ab omni fratre ambulánte inordináte ;
gewitan fram unrihtwisnysse ealle þe geclypiaþ naman
Discédant ab iniquitate omnes qui ínuocant nomen
drihtnes
domini ;
se apostol sæde riht witodlice 7 swyþe riht ys
Petrus apostolus dixit. Iustum igitur et ualde iustum est
beon asyndrud þæne se þe wyle beon gehæled fram him se þe
separári eum qui saluare uult ab éo qui
nele
non uult ;
sæde la bearn min gif þe fedan synfulle na
Salomon dixit. Fili mi si té lactáuerint peccatores. non
geþwærlæce him na anda þu mann unrihtwisne ne þu ne
adquiéscas eis ; Ne emuléris hominem iniustum nec
geefenlæc wegas his
imitéris uias eius ;
sunu sæde gewit fram unrihtwisum 7 at(eo)rian
Hiesus filius Sirach dixit. Discéde ab iniquo et deficient
yfelu fram þe weras rihtwise syn þe gebe(o)ras 7 on ege
mala abs té ; Uiri iusti sint tibi conuiuę. et in timore
godes si wuldrung þin byrþen ofer hyne byrð se wurðfulran
dei sit gloriatio tua ; Póndus super sé tollit[2] *qui honestióri*
him gemænsuma(ð) welegran þe na gefera beo þu swa hwylc swa
sé commúnicat ; Ditióri té ne sócius fueris ; Quemcumque
þu gecnawst begymende ege godes geornfull beo þu him
cognóueris obseruantem timorem dei assiduus ésto illi ;
sæde haligra lif oþrum rihtineg to lybbenne
Ambrosius dixit. Sanctorum uita céteris norma[3] *uiuendi*

---

[1] i. communione. [2] i. eleuat. [3] i. exemplum.

ys se þe soðlice haligum were togeþeod of his geornfulnysse
est; Qui enim sancto uiro adhéret; ex eius assiduitate
7 gewunan spæce bysne weorces onfchð þæt he si
et usu loquutionis exemplum operis accipit. ut accen-
onæled on lufe soþfæstnysse þa þe oþre to unrihtwisnysse
datur in amorem ueritatis; Qui alios ad iniquitatem
lærende þurhteoð on him sylfum þenunge deofla to
suadéndo pértrahunt. in semet ipsis ministerium démonum ad
unrihtwisnysse onfoð þeah þe hi þurh gecynd deoflu
iniquitatem suscipiunt; quámuis per naturam démones
hi na synd halig soðlice gelaþung on flæsclicum brad ys on
non sint; Sancta enim aecclesia in carnalibus ampla est in
gastlicum nearu ne soðlice swyþe heregendlic ys godne
spiritalibus angústa; Néque enim ualde laudabile est bonum
beon mid godum ac godne beon mid yfelum swa swa soðlice
esse cum bonis. sed bonum esse cum malis; Sicut enim
hefigran gyltes ys betwut gode godne na beon swa oremætes
grauioris culpe est inter bonos bonum non esse; ita inmensi
ys lofes god eac swylce betwuh yfele wunian
est preconii[1]. *bonum étiam inter malos extitísse;*

sæde swa to gewilnigenne ys þæt gode sibbe habban
Isidorus dixit. Sicut obtandum est ut boni pacem habeant
him betwynan swa to wilnigenne ys þæt yfele him betwynan syn
inuicem. sic obtandum est. ut mali inuicem sint
twyschte þa þe þæne upplican eþel gewilniað na þæt an
discórdes; Hi qui supernam patriam desiderant. non solum
yfelra þeawas ac eac midwununga forfleoð gif þu byst
malorum móres. sed et consortia fugiunt; Si fueris
gefera drohtnunge goddra þu byst 7 mægenes hyra
sócius conuersationis bonorum; eris et uirtutis eorum;
gelic soðlice gelicum beon togeþeod gewunað frecenfull ys
Similis enim simili coniúngi sólet; Periculosum est
lif mid yfelum adreogan cwyldbære ys mid þam þa þe
uitam cum malis dúcere. perniciósum est cum his qui
þwyres willan synd beon geferlæht betere ys soþlice habban
práue uoluntatis sunt sociári; Melius est enim habére
yfelre hatunge þænne midwununge swa swa manega godu
malorum odium quam consortium; Sicut multa bona

---

[1] i. laudis.

hæfð gemæne lif haligra eall swa maneg yfelu tobringð
habet commúnis uita sanctorum sic plura mala ádfert
geferscype yfelra
  societas malorum;

LXIIII.

be freondscipe 7 be feondscipe.
De Amicitia et Inimicitia.

drihten segð on godspelle ge frynd mine ge synd gif
Dominus dicit in euangelio. Uos amici mei estis. si
ge doþ þa ic bebeode eow
feceritis quae ego precipio uobis;

se apostol sæde ende soðlice bebodes ys soþ lufu of
Paulus apostolus dixit. Finis autem prǽcepti est. caritas de
heortan clænre 7 inngehyd god 7 mid geleafan na gehiwedum
corde puro et conscientia bona et fide non ficta;

se apostol sæde freondscype þises middaneardas unhold
Iacobus apostolus dixit. Amicitia huius mundi inimica
ys gode swa hwylc swa soðlice wyle freond beon worulde
est deo; Quicumque enim uoláerit amicus esse saeculi
þissere feond godes byð gesett
huius. inimicus dei constituetur;

sæde na sege þu frynd þinum ga 7 ongeangecyrr 7
Salomon dixit. Ne dicas amico tuo uade et reúertere. et
to morgen ic sylle þe þænne þu ofstede miht syllan na
  cras dabo tibi! cum státim póssis dare; Ne
syryw frynd þinum yfel þænne he on þe hæbbe truwan
moliaris[1] amico tuo malum cum ille in té habeat fiduciam;
se þe forsyhð freond his wædligende on heortan ys frynd
  Qui déspicit amicum suum. indigens corde est; Amici
weligra manega inntingan þinne asmea mid frynd þinum 7
  diuitium multi; Causam tuam trácta cum amico tuo. et
digle utlendiscum na onwreoh þu swa se asent speru
  secrétum extráneo ne reuéles; Sicut qui mittit lánceas

---

[1] i. ne excogites.

7 flana on deað swa wer se fracudlice deraðˣ frynd hys
et sagittas in mortem. sic uir qui fraudulenter nocet amico suo;
nelle þu gewurþ(an) for frynd feond nehstan
    Noli   fíeri   pro amico inimicus proximo;
        sunu   sæde   word   wered gemænigfylt frynd
Hiesus filius Sirach dixit. Uerbum dúlce multiplicat amicos.
7 gelíþigað fynd gif þu ahst freond on costunge ah
et mítigat inimicos; Si póssides amicum in temptatione pósside
hyne 7 na ebelice gelyf him ys soðlice freond æfter timan
eum et non fácile crédas illi; Est enim amicus secundum tempus
his 7 na þurhwunað on dæge gedrefednysse ys freond se
suum et non permanebit in die tribulationis; Est amicus qui
byð ongeangan to feondscype ys soðlice freond gefera beodes
regréditur ad inimicitiam; Est autem amicus sócius mensę.
7 he na þurhwunað on dæge neode freond gif he þurhwunað
et non permanebit in die necessitatis; Amicus si permánserit
þe trum byþ þe swylce efenlice 7 on hiwcuðlicum þinum
tibi firmus erit tibi quasi coaequális. et in domesticis tuis
getrywlice he deðfram feondum þinum begym 7 fram feondum
fiducialiter áget; Ab inimicis tuis adtende[1] *et ab inimicis*
þinum si þu asindrod freond getreowe bewerung strang se þe
tuis separare; Amicus fidelis protectio fortis. qui
soþlice gemet hyne he fint goldhord frynd getrywum non
autem inuenit illum inuenit thesaurum; Amico fidéli nulla
ys wiðmetineg freond getreowe læcedom lifes 7 undead-
est conparátio; Amicus fidelis medicamentum uitę et immorta-
licnysse þa þe ondrædaþ drihten hi gemetað freond getrywne
litatis; Qui métuunt dominum inueniunt amicum fidélem;
na forlæt þu freond ealdne niwe soþlice na byþ gelic
Ne derelinquas amicum antiquum. nóuus enim non erit similis
him win niwe freond niwe ealdaþ 7 mid wynsumnysse
illi; Uinum nóuum. amicus nóuus ueteréscet et cum suauitate
þu drincst þæt na ælcne mann ingelæd on hus þin
bibes illud; Non omnem hominem inducas in domum tuam.
manega soðlice synd searwa facenfulles na byð onenawen on
multę enim sunt insidię dolosi; Non agnóscitur in
godum freond 7 na byþ behydd on yfelum feond frynd
bonis amicus. et non abscónditur in malis inimicus; Amico

---

[1] i. caue.

7 fynd nelle þu areccean andgyt þin 7 gif ys þe gylt
et inimico noli enarráre sensum tuum. et si est tibi delictum
nelle þu abarian he gehyrð soðlice þe 7 he gehealt þe 7 swylce
noli denudáre[1]. *audiet enim té. et custódiet te.* et quasi
bewerigende synn hatað þe þu gehyrdest word ongean
deféndens peccatum ódiet te; Audisti uerbum aduersus
nehstan þinne þænne he swelte on þe truwigende forþi
proximum tuum. cum moriátur in té fidens quoniam
na þe he tobryc𝛿 þrea freond þe læs þe he na understande
non te disrumpet; Córripe amicum ne forte non intelléxerit.
7 he secge ic na dyde oððe gif he deð he na eft togeyce
et dicat non feci. aut si fécerit ne íterum áddat
don se þe leahtrað freond he tobricð freondscype to frynd
fácere; Qui conuítiat[2] *amicum dissoluit*[3] *amicitiam; Ad amicum*
eac gif þu atyhst swurd na ortruwa 7 gif he geeadmed
étiam si prodúxeris gladium ne despéres. et si humiliáuerit
hyne ongean þe 7 fram ansyne þinre behyd hyne
sé contra té. et a facie tua absconderit sé
anmodne þu hæfst freondscype godne freond gif geopenaþ
unánimem hábeas amicitiam bonam; Amicus si aperúerit
muð unrotne na ondræd þu freond halbærne ic na gescynde
os triste. non timeas; Amicum salutárem non confúndor:
fram ansyne his na me ic behyde 7 gif yfele me on-
a facie illius non me abscondam. et si mala mihi ob-
geancumað þurh hyne ic þolige eadig se þe fint freond
uénerint per illum sustinébo; Beatus qui inuenit amicum
soðne se þe abarað digla freondes he forspilð geleafan 7
uerum; Qui denúdat[4] *archána amici. pérdit fidem et*
he na fint freond to sawle his abarian soðlice
non inueniet amicum ad animam suam; Denudáre autem
freondes digelnyssa ortruwung hyt ys sawle mid frynd þinum
amici mysteria. desperatio est animae; Cum amico tuo
getrym þin word 7 getrywlice do mid him 7 on eallum
confirma uerbum. et fideliter áge cum illo: et in omni
timan þu gemest þæt þe nedbehefe ys ys freond on anum
tempore inuenies quod tibi necessarium est; Est amicus solo
naman freond na forgyt þu freondes þines on mode þinum
nomine amicus; Non obliuiscáris amici tui in animo tuo.
7 na ungemyndig sy his on weorcum þinum se þe ondræt
et non immemor sis illius in operibus tuis; Qui timet

[1] s. inimico. [2] i. uituperat. [3] i. destruit. [4] i. reuelat.

drihten emne he hæfð freondscype godne forþi æfter
dominum aeque habebit amicitiam bonam. quoniam *secundum*
him byþ freondscype his æfter mægene þinum warna þe
illum erit amicitia illius; Secundum uirtutem tuam cáue té
fram nehstan þinum 7 mid wisum 7 snoterum smen
a proximo tuo et cum sapientibus et prudentibus trácta
ne gelyf þu fynd þinum on ecnysse swa soðlice ar
Non credas inimico tuo in aeternum[1] *sicut enim aeraméntum*
omað yfelnysse his on welerum his byð geweredlæhþ
cruginábit malitia illius In labiis suis indulcatur[2]

feond 7 on heortan his syrwð þæt he underwende þe
inimicus! et in corde suo insidiatur ut subuértat té
on seað on eagum his wepð feond 7 swylce æt
in fóueam; In oculis suis lacrimátur inimicus. et quasi ad
dura he underdelfeð fotwylmas þine heafud his he eweeð 7
iánuam suffódiet plantas tuas; Caput suum mouébit. et
manega wunigende he awent andwlitan his on eagum þinum
multa susurrans[3] *commutabit uultum suum; In oculis tuis*

wepð feond 7 gif he fint timan na byþ gefylled mid
lacrimatur inimicus. et si uénerit tempus non satiabitur san-
blode gif onbeyrnaþ þe yfelu þu gemest feond þinne þar
guine; Si incúrrerint tibi mala! inuenies inimicum tuum illic
ærran synfull gedrefð frynd 7 tomiddes sibb habbendra
priorem; Pcccator turbábit amicos. et in medio pacem habentium
onsent feondscype na gesete þu feond þinne wið þe
inmittit inimicitiam; Non státuas inimicum tuum pénes té.
ne he na sitte æt swyþran þinre þe læs þe he gecyrred on
nec sédeat ad dexteram tuam! ne forte conuersus in
stowe þine he sece heahsetl þin
locum tuum inquirat cathederam tuum;

sæde yfelwille soðlice mod byþ gedrefed gif
Augustinus dixit. Maliuolus uero animus contristatur. si
his feond astyrud ætwint wite
eius inimicus commotus euáserit poénam;

sæde on freondum soðlice na þineg byð soht
Hieronimus dixit. In amicis enim non rés quéritur
ac willa halig lufu ungeþyld · næfð leas
sed uoluntas; Sanctus amor impatientiam non habet falsus

[1] i. unquam.   [2] i. dulcit loquitur.   [3] i. detrahens.

hlisa raþe byð ofsett þa þe soð lufu gesamnað eorþena
rúmor cito obprímitur; Quos caritas iungit terrarum
langness na ascyrað
longitudo non séparat;

sæde þænne soðlice to soþan getrywe we synd gif
Gregorius dixit. Tunc enim ueráciter fideles sumus. si
þæt we mid wordum behatað mid weorcum we gefyllaþ
quod uerbis permittimus operibus adimplemus;
se soþlice fynd mid swurde na mæg ehtan
Qui enim inimicos gladio non pótest pérsequi.
he eht mid gebede
perséqitur oratione;

sæde þænne soþlice freond byð gelufud gif na
Isidorus dixit. Tunc uére amicus amatur si non
for hyne ac for gode byþ lufud se þe soðlice unmetlice
pro sé. sed pro deo amatur; Qui enim intemperanter
freond lufað for hyne ma hyne næs for gode lufað oft
amicum amat pro sé magis illum non pro deo ámat; Sepe
þurh hiwunge freondscype byð gegaderud þæt se þe na
per simulationem amicitia colligitur! ut qui non
mihte openlice beswican he beswice facenlice þænne
potuit apérte decípere decipiat fraudulenter; Tunc
gehwylc ma byþ willan rihtwisnysse godcundre wiþerræde
quisque magis fit affectui iustitiae diuine contrárius.
þænne he forsihþ freond mid sumere wiþerwyrdnysse
cum déspicit amicum aliqu(a) aduersitate
geslegenne þænne soðlice wiþeræde forþstæppað freond
percússum; Dum enim aduersa procedunt amicus
facenfull byð oferheled 7 ofstede forsyhþ þæne hyne lufian
fraudulentus detegitur státimque despicit quem se deligere
hiwude freondscype gewis mid nanre strengðe byþ utalocen
simulauit; Amicitia cérta nulla úi excluditur.
on manum timan byð adilegud swa hwar swa hyne went
nullo tempore abolétur. ubicúmque se uerterit
tima he trumlicust wunað seldene synd frynd þa þe
tempus. illa firmíssime mánet; Rári sunt amici qui
oð ende wuniað leofe þa þe soðlice sume
usque ad finem existant cári; Quos enim áliqui
togaderegesamnode þurh soþe lufe hæfdon æfterþam to
conglutinátos per caritatem habuérunt postquam ad

hyhþe wurþscypes cumað frynd habbau forhogiað se
culmen honoris uenerint. amicos habere despiciunt; Illa

soð ys freondscype se naht secð of þingum freondes
uera est amicitia. quae nihil quęrit ex rebus amici.

butan sylfe welwyllednysse gewislice þæt sylfwylles he lufige
nisi solam beniuolentiam scilicet ut grátis ámet

lufigende wel oft freondscype of neode oþþe
amantem; Plerúmque amicitia ex necessitate uel

wanspedignysse byþ acenned þæt si þurh þæne gehwylc þæt
indigentia[1] *nascitur ut sit per quam quisque quod*

he gewilnað he begyte se soðlice freondscype gewislice
desiderat consequatur; Ille autem amicitiam ueráciter

secð se naht wædligende þæne gyrnð witodlice se au of
quaerit qui nihil egendo eam áppetit. nam illa ex

næfte scort ys 7 flugol þes oþer clæne and ece
inopia breuis[2] *et fugitiua. ista pura atque perpetua;*

na si þu leoht on freondscype heald symle bend
Non sis léuis in amicitia. rétine semper uinculum

anrædnysse se þe freond trywne forlyst þænne he ongyt
constantiae; Qui amicum fidelem perdiderit. tunc sensit

hu micel godes he hæfð syþþan habban he geswicð betere
quantum boni habáerit postquam habére desierit; Mélius

ys feondscypas manna ungeleaffulra underbugan ece
est inimicitias hominum infidelium subire perpetuas

þænne gode gebyligdum freondscypas derigendlice forðclypian
quam deo offenso amicitias nóxius prouocáre;

gif scalð feond þin nelle þu geblissian na geblissa þu
Si ceciderit inimicus tuus nole gratulári; Non letéris

ofer feond on forwyrðc þæt ofer na becuman on þe
super inimicum intéritu ne superueniant in té

gelice se þe soþlice geblissað feondes for fylle raþe onbefealð
similia Qui enim gaudet inimici cásu cito incidit

on þæne
in illum

---

[1] i. inopia. [2] s. est.

LXV.

be geþeahtum.
De Consiliis.

on dædum apostola ys gecweden gif ys of mannum
In Actibus Apostolorum dicitur. Si est ex hominis
geþeaht þis oððe weorc si tostenct gif hit soðlice of gode
consilium hoc? aut opus dissoluetur[1] *si uero ex deo*
ys ge na magon tostencean
est non potéritis dissóluere;
sæde geþeaht gehealt þe 7 snoternyss gehealt
Salomon dixit. Consilium custódiet té et prudentia seruabit
þe gehealt lage and geþeaht 7 byþ lif sawle þiure 7
té; Custodi legem atque consilium et erit uita anime tuę et
gyfa gomum þinum weg dysiges riht on eagum his se þe
gratia faucibus tuis; Uia stulti recta in oculis eius qui
soðlice wis ys he gehyrð geþeahtu þa þe soðlice ongynnað
autem sapiens est audit consilia; Qui autem ineunt[2].
gesibbe geþeahtu fyligð hi bliss þa soðlice doð
pacis consilia sequetur eos gaudium; Qui autem águnt
ealle mid geþeahte hi beoð begymede mid wisdome gep ealle
cuncta cum consilia reguntur sapientia; Astátus omnia
deð mid geþeahte beoð tostencte geþancu þar þar nys
ágit cum consilio; Dissipantur cogitationes. ubi non est
geþeaht þar þar soðlice manega synd geþeahteras
consilium. ubi uero plures sunt consiliarii
beoð getrymmede geþancu mid geþeahtum beoð gestrangude
confirmantur; Cogitationes consiliis roborantur.
7 mid gymenum to smeagenne synd gefeohtu 7 byþ hæl
e gubernáculis tractánda sunt bélla. et erit salus
þar þar fela geþeahtu synd swa wæter deop swa
ubi multa consilia sunt; Sicut áqua profunda sic
geþeaht on heortan weres ac mann snoter ahlæt
consilium in corde uiri? sed homo prudens exháuriet
þæt
illud;

[1] i. dissipabitur.   [2] i. incipiunt.

	sunu		sæde	manega	gesibsume	synd þe
Hiesus	*filius*	*Sirach*	*dixit.*	*Multi*	*pacifici*	*sunt tibi*
rædbora	si þe	an	of þusendum	mid stuntum	na	ræd
consiliarius sit tibi únus de			*mille ;*	*Cum fátuis*	*ne consilium*	
þu hæbbe	na	soðlice	hi magon	lufian	butan þa þe	him
hábeas.	*non*	*enim*	*póterunt*	*diligere.*	*nisi quae ipsis*	
	liciað	mid utscytlinge ne do þu geþeaht oþþe ræd			na	ælcum
placúerint ; Cum		*extráneo ne facias*	*consilium*		*Non omni*	
menn heortan þine		geswutela þe læs		þe he afyrre	þe	gyfe
homini cor		*tuum manifestes.*		*ne forte áuferat tibi gratium*		
7	he si gemidleahtrud		tunge	witan	swylce	lagoflod
et	*conuitietur tibi ;*		*Lingua*	*sapientis*	*quasi*	*diluuium*
	onyþað	7	ræd	his swa	wyll lifes	þurhwunað
inabundabit		*et*	*consilium illius sicut*		*fons uitę*	*pérmanet ;*
mid wriþan	treowenum	gewriþen		grundweall	getimbrunge	
Loraménto	*ligneo*	*conligatum*		*fundamentum*	*aedificii*	
na	byþ toslopen swa	eac	heorte	getrymmed	on	geþance
non	*dissóluitur.*	*sic*	*et*	*cor*	*confirmatum*	*in cogitatione*
rædes	dondum	manfullust		geþeaht	ofer	hyne
consilii ;	*Facienti*	*nequíssimum*		*consilium.*	*super*	*ipsum*
sylfne byð befealde(n)		7	na	byð onenawen	hwanon hit cume	
	deuoluitur	*et*	*non*	*agnoscitur*	*unde ueniat*	
him butan geþeahte	naht	þu do 7	æfter	dæde	þu na dædbetst	
illi ; Sine	*consilio*	*nihil fácias. et*	*post*	*factum*	*peniteberis ;*	
fram andigendum	þe forhafa		geþeaht	mid were	æwfæstum	
A	*zelantibus*	*té ábstine*	*consilium ; Cum*		*uiro*	*religioso*
trahtna	be halignysse	7	mid	rihtwisum	be rihtwisnysse	
tracta	*de sanctitate.*	*et*	*cum*	*iusto*	*de iustitia ;*	
heortan	gode	rædum	gesete	7	toforan ælce	dæde
Cor	*bonum*	*consiliis*	*státue*	*et*	*ánte omnem*	*actum*
geþeaht	trum	si				
consilium	*stábile sit ;*					
		sæde	rædfæst	mod	oneardaþ	se þe
Gregorius dixit. Consiliatórem				*animum*	*inhabitat.*	*qui*
sarigende be andwerdum		to	eceum	efst		
dolens de presentibus		*ad acterna*		*festinat ;*		
		sæde	ær	dæde	þenc lange	ær weorc
Isidorus dixit. Ante				*factum*	*cógita diu*	*ante opus*
foresmea	lange	þæt	þu wyld	don	lange asec	lange
premuditáre	*diu ; Quod*		*uis*	*ágere.*	*diu exquire.*	*diu*

fanda 7 swa þu do þænne þu lange þencst þænne do
próba et sic facias; Cum diu cogitáueris tunc fac
þæt þu fandast
quod probaueris;

sæde on ælcum weorce þe þu þencst don
Basilius dixit. In omni opere quod cógitas fácere
ærest þenc god 7 gif æfter gode ys þæt þu þencst
primum cógita deum. et si secundum deum est quod cógitas
geornlice asmea 7 gif hit ys riht beforan gode gefulfreme
diligenter examina: et si est rectum coram deo pérfice
þæt gif soðlice þwyr byð gemett ofaceorf þæt fram
illud si uéro peruérsum fuerit repértum amputa illud ab
sawle þinre
anima tua;

LXVI.

be forþgewitenum.
De Defunctis.

drihten segð on godspelle la stunta on þissere nihte sawl
Dominus dicit in guangelio. Stúlte hac nocte anima
þin utgæþ fram þe þa þe eornostlice þu gearwudest hwæs
tua egredietur a té: quae ergo parasti cuius
beoð hi
erunt:

se apostol sæde eadig deade þa þe on drihtne
Iohannes apostolus dixit. Beati mortui qui in domino
sweltað
moriuntur;

se apostol sæde nænig soðlice ure him sylfum
Paulus apostolus dixit. Nemo enim nostrum sibi
leofað 7 nænig him sylfum swelt swa hwæþer soðlice swa
uiuit. et nemo sibi móritur. siue enim
we lybbað drihtne we lybbað swa hwæþer soðlice swa we sweltað
uiuimus domino uiuimus siue enim mórimur
drihtne we sweltað
domino mórimur;

sæde gemynd rihtwises mid lofum 7 nama
Salomon dixit. Memoria iusti cum laudibus et nomen

arleasra afulað deadum soþlice menn arleasum nan byþ
impiorum putréscit ; Mortuo enim homine impio. nulla erit
leneg hopa
ultra spés ;

         sunu   sæde   fram deadum na forbeod þu
Hiesus filius Sirach dixit. A mórtuo non prohíbeas

  gyfe mid heofigendum ga na þe forslæwe geneosian
gratiam ; Cum lugentibus ámbula non té pígeat uisitáre

untrumne of þisum soðlice on rædincge þu byst gewend nelle þu
infirmum. ex his enim in dilectione uersáberis ; Noli

be deadum geblissian witende þæt ealle we sweltaþ ælc
de mortuo gaudére sciens quoniam omnes mórimur ; Omnis

  miht sceort lif sceort adl forestæpþ læce
potentátus bréuis uita ; Bréuem languórem precédit medicus.

swa eac cyning to dæg ys 7 to morgen he swelt þænne soðlice
síc et rex hodie est et crás morietur ; Cum enim

  swelt mann he ah næddran 7 wilde deor 7 wyrmas
moriétur homo hereditabit[1] serpéntes. et béstias et uérmes ;

lyt hwon wep ofer deadne forþi þe he rest on tide forsiþes
Módicum plóra super mórtuum quoniam requiéuit ; In tempore exitus

þines
tui dis-

                  (Some folios wanting.)

þæt na se þe under ys 7 þænne he unrihtlice færunga byþ gewriþen
ne is qui súbest et cum iniuste fórsitan ligatur.

þæne gewriþincge his dom of oþrum gylte geearnige hyrde
ipsam obligationis suę sententiam ex alia culpa mereatur ; Pastor

cornostlice oþþe unbindan undomlice ondræde oþþe gewriþan se
ergo uel absoluere indiscréte timeat uel ligare ; Is

soðlice þe under handa hyrdes ys beon gewriþen ondræde
autem qui sub manu pastoris est. ligari timeat

huru unrihtlice þæt he na hyrdes sui dom ondrædan
uel iniuste. ne pastoris his iudicium timére

  tæle
reprehendat.

                  [1] i. possidebit.

LXXVI.

be bysenum.
De Exemplis.

   segð on godspelle ofer heahsetl sæton
Dominus dicit in euangelio. Super cáthedram Moysi sederunt
boceras 7 sunderhalgan ealle eornostlice swa hwylce swa
scribę et pharisęi; Omnia ergo quecumque
hi secgað eow gehealdað 7 doð æfter weorcum soþlice
dixerint uobis seruáte et fácite. secundum opera uero
hyra nelle ge don hi secgað soþlice 7 hi na doð
eorum nolite fácere. dicunt enim et non faciunt;
   se apostol sæde god soðlice gœfenlæceað on gode
Paulus apostolus dixit. Bónum autem aemulamini in bono.
symle bysen beo ge getrywe on worde on drohtnunge on
semper exemplum estóte fideles in uerbo. in conuersatione in
soþre lufe on geleafan þeogincg þin swutul sy eallum on
caritate in fide; Proféctus tuus manifestus sit omnibus; In
eallum þe sylfne gearwa bysene godra weorca
omnibus té ipsum prebe exemplum bonorum operum;
   sæde meun godum on gesihþe his sealde god
Salomon dixit. Homini bono in conspectu suo dedit deus
wisdom 7 ingehyd 7 blisse
sapientiam. et scientiam et laetitiam;
   sæde swa georufullnyss hiredwiste eall swa
Hieronimus dixit. Sicut assidúitas familiaritatem ita
unhiredwist forhogunge gearwað betere ys þincg hiredcuð
infamiliáritas contemptum parat; Melius est rém familiárem
beon gewanud þænne sawle hæle forwyrpan
minui. quam animę salutem perire;
   sæde þa þe soþlice lif hyra oþre witan forfleoð
Gregorius dixit. Qui enim uitam suam alios scire fugiunt
him sylfum onælede synd ac oþrum on bysne leohtes hi na
sibimet ipsis accensi sunt. sed aliis in exemplo luminis non
synd þa soðlice þe bysna mægena foregyrnað 7 leoht godes
sunt; Hi enim qui exempla uirtutum prérogant. et lumen boni
weorces þurh lif 7 word godcund geswuteliaþ rihtlice
operis per uitam et uerbum diuinum demónstrant. iúre

leohtfatu beoð genemnede on bysne gylt þearle byþ ætywed
lampades appellantur; In exemplum culpa uehementer osténditur.
þænne for arwurðnysse endebyrdnysse synfull byð arwu(r)þud
quando pro reuerentia ordinis peccator honoratur;
se witodlice gemetum eallum scyl to bysne beon getogen
Ille igitur módis omnibus debet ad exemplum pertrahi.
se þe eallum flæsces þrowungum sweltende eallunga gastlice
qui cunctis carnis passionibus moriens. iam spiritaliter
leofað
uiuit;

sæde ne ænig æfter slide dædbote
Isidorus dixit. Nec quisquam post lapsum poenitentiae
ortruwige forgyfenysse þænne he besceawað haligra geedniwunge
desperet ueniam dum conspicit sanctorum reparationem
beon eac æfter hryre for þisse note beoð gewritene
fuisse étiam post ruinam; Ob hanc utilitatem scribuntur
haligra hryras 7 forspyllednyssa þæt hi symle don hæla
sanctorum ruínae et perditiones. ut semper faciant salutes
menniscre sawle gif we gecorene wæron geefenlæcan unrihtwise
humanę animáe; Si apti fuimus imitari iniquos
on yfel hwi slawe synd we geefenlæcean rihtwise on god
in malum cur pigri sumus imitari iustos in bonum;

LXXVII.

be leorningcnihtum.
De Discipulis.

drihten segð on godspelle nys leorningcniht ofer
Dominus dicit in euangelio. Non est discipulus super
magister fullfremed soðlice ælc byþ gif he byþ swa swa
magistrum perfectus autem omnis erit si sit sicut
his lareow
magister eius

se apostol sæde spræc eower on gyfe sealte si
Paulus apostolus dixit. Sermo uester in gratię sale sit
gestredd þæt ge witan hu eow gedafenige anra gehwylcum
conditus ut sciatis quómodo uos oporteát unicuique
andswarian
respondére;

sæde geblissaþ mann on dome muþes his 7 spæc
Salomon dixit Letatur homo in sententia oris sui et sermo
gecoplic ys selust andswaru liþe tobrycð yrre spæc stið
oportúnus est obtimus; Responsio mollis frangit iram. sermo durus
awecð hathcortnysse isen mid isene byð gescyrped 7 mann
suscitat furorem; Férrum férro acúitur et homo
scyrpð ansyne freond(es) his
exácuit faciem amici sui;

       sæde gif ys þe andgyt andswara
Iliesus filius Sirach dixit. Si est tibi intellectus respónde
nehstum þinum gif na soðlice hand þin sy ofer muð þinne
proximo tuo sin autem manus tua sit super os tuum.
þæt þu nu sy gefangen mid worde ungelæredum 7 þu beo gescynd
 ne capiaris uerbo indisciplináto et confundáris;
    sæde warna ær lareow þænne leorningeniht
Hieroninus dixit. Cáue ánte magister quam discipulus.
ær cniht beon þænne hægesteald oððe geongcempa warna
ante miles esse quam tíro;   *Cáue*
þæt þu na butan lareowe þu na ga weg þæne þu næfre
né sine doctóre ingrediáris uiam. quam nunquam
na innageodest 7 on dæl operne forbugende gedwyld þu þolige
ingressus és. et in partem alteram declinans errórem patiaris.
ma soðlice na ga þu þænne neod sy þæt þu na oþþe yrnende
Plus autem non ámbules quam necesse est. ne aut currendo
beo ateorud oþþe yldinege donde þu hnappige nan cræft butan
lásseris aut móram faciens obdórmias; Nulla árs absque
lareowe byþ geleornud langum timan þu leorna þæt þu tæce
magistro díscitur. multo tempore discas quod dóceas;
ne gelyf þu herigendrum þinum ma tælendum eare na
Nec crédas laudatoribus tuis immo inrisóribus aurem ne
ahyld þu na gyrn þu maran mægenum þinum forþi þe
adcómmodes; Non adpetas maiora uiribus tuis. quia
selre ys on eadmodrum trum faran þænne hangendum
melius est in humilioribus tútum pergere. quam péndulo
grade on heagrum flogettan na lærð fæder sunu
grádu in altioribus fluctuáre;· Non érudit pater filium
butan þæne he lufaþ na þreað lareow leorningeniht
nisi quem ámat. non córrigit magister discipulum.
butan þæne þe he byrnendes gesihð orþances se þæt
nisi eum quem ardentióris cérnit ingénii. Qui quod

he ahsað   cann   na   deð   þæt   to leornigenne   ac
intérrogat   nouit.   non   agit   id   discéndi   sed

mid biggencge   to   onenawenne   onenawan   se   þe
studio   agnoscendi;   Agnóscere   ille qui

to andswarigenne ys scyl gelicnysse sundorhalgena forþi
responsúrus   est debet similitudinem pharisęorum   quia

na swylce leornungeniht ac swylce fandere togenealæcð
non quasi discipulus   sed quasi temptator accedit;

wer carfull 7 wis þeah þe he leornian sum þincg wyle ma
Uir studiosus et sapiens étiamsi discere aliquid uult magis

he lærð þænne snoterlice ahsað synd sume þa þe mid ormettre
docet dum prudenter intérrogat; Sunt aliqui qui nimia

æhte worda þurh dysignysse areceeað oþrum þæt hi sylfe
facultate uerborum per audaciam edísserunt aliis quod ipsi

na understandaþ
non intellegunt

         sæde be godum geahsad suwa betere ys soþlice
Isidorus dixit De bono interrogatus tacito. melius est enim

suwian wiþerwerdum þænne andswarian
reticére improbis quam respondére

         sæde   se bet lærð se dæghwamlice wyhst.
Ciprianus dixit. Ille melius docet qui cotidie créscit

7 framað leornigende beteran ne soþlice wyrþe mæg
et proficit discendo melióra; Neque enim idóneus potest

beon cniht se þe na aweht on felde ær byþ þænne
esse miles. qui non excitatus in campo prius fúerit; Tunc

soðlice æt nehstan spæc 7 gescead halbære scearp þancfullice
enim demum sermo et ratio salutaris efficáciter

byþ geleornud gif geþyldelice þæt byþ geleornud byþ gehyred
discitur si patienter quod discitur audiatur;

   lar   hyrde hopan onfangenyss geleafan heretoga
Disciplina[1] custos spei. receptaculum fidei. dux

sipfætes hælbæres tyndre and ceap godes cynnes
itineris salutaris. foméntum ac negótium bone índolis

lærestre mægenes deð on criste wunian symle . 7 ealne weg
magistra uirtutis facit in christo manére semper ac iugiter.

[1] s. est.

gode libban to behatum heofenlicum 7 to godcundum
deo uiuere. ad promissa coelestia et diuina
medum becuman
premia peruenire.

    sæde ne soþlice wurþlic ys uðwitan
Eusebius dixit. Neque enim dignum est. philósophum
beon genemned þæne se þe be þam þe he na cann openlice
 nominári eum qui de his quae néscit publice
forðcyð
protestatur.

LXXVIII.

be costunge 7 martirdome.
De Temptatione et Martyrio.

drihten segð on godspelle on þam nelle ge geblissian
Dominus dicit in euangelio. In hoc nolite gaudere.
forþi gastas eow beoð underþeodde geblissiað soþlice þæt
quia spiritus uobis subiciuntur. gaudete autem quod
naman eowre awritene synd on heofenum nelle ge ondrædan þa
nomina uestra scripta sunt in caelis; Nolite timére eos
þa ofslcað lichaman sawle soðlice hi na magon ofslean
qui occidunt corpus. animam autem non possunt occidere;
    se apostol sæde syfre beoð 7 waciaþ forþi
 Petrus apostolus dixit. Sobrii estote et uigilate quia
wiþerwinna eower deoful swylce leo grymetigende ymbfærð
aduersarius uester diabolus quasi leo rugiens circuit
secende hwæne he forswelge
querens quem deuoret;
    se apostol sæde wiðstandaþ deofle 7 he flyhð fram
 Iacobus apostolus dixit. Resistite diabolo et fugiet a
eow
uobis;
    se apostol sæde wæpnu campdome ures na
 Paulus apostolus dixit. Arma militiae uestrę non
flæsclice synd ac gelicigende gode
 carnalia[1] sed placentia deo;
    sæde se þe wel utgæþ of costunge 7 þæne
 Origenis dixit. Qui bene éxiit de temptatione. et quem

---

[1] s. sunt.

costung afandudne agylte se cymð to hæle domes
temptatio probabilem reddit. iste uenit ad sanitatem iudicii;
gif þu gesihst æt sumum cyrre ehtere þinne þearle
Si ergo uideris aliquando persecutorem tuum nimium
wedende wite þu þæt fram atendeudum his deofle
seuiēntem. scito quia ab accensore suo dēmone
byþ geþræst
purguetur;

    sæde ælc mann se þe oþerne on lichaman per-
Augustinus dixit. Omnis homo qui alium in corpore
eht ær he sylf on heortan ehtnysse þolian byð oncnaw-
séquitur prius ipse in corde persecutionem sustinēre cognósci-
en witodlice gif eac þam þæne he eht sum þincg of his æhte
tur; Nám si étiam illi quem perséqitur aliquid de substantia
ætbryt maran him hynþa oþþe dara he deþ forþi nænig
túlerit! maióra sibi detrimenta ipse facit. quia nemo
hæfð unriht gestreon butan rihtum demme þar þar gestreon
habet iniustum lúcrum sine iusto damno; Ubi lucrum
þar þar daru gestreon on cyste daru on ingeþance
ibi damnum. lucrum in árca. dámnum in conscientia;
he ætbryt reaf 7 forlyst geleafan he begyt feoh 7
Tulit uestem. et pérdit fidem. adquirit pecuniam. et
forlyst rihtwisnysse
pérdit iustitiam;

    sæde naht þam strengre þe oferswið deofol
Hieronimus dixit. Nihil éo fortius qui uincit diabolum.
naht unþoligendlicre þænne se þe fram flæsce byþ oferswiþed
nihil intolerabilius quam qui a carne superatur;
gif tunglu heofenes na synd clæne on gesihþe drihtne
Si ástra celi non sunt munda in conspectu domini.
micele ma we menn þæra lif costung ys deofles
quantómagis[1] nos homines quorum uita temptatio est; Diaboli
flana fæstena 7 wæccena mid cile to gewyldenne synd
sagittę ieiuniorum et uigiliarum frigore restingíndę sunt;
miceles oððe hefiges cornostlice mægenes ys 7 carfulre georufullnysse
Grandis ergo uirtutis est et sollicitę diligentię
oferswyþan þæt þu acenned si on flæsce 7 na flæsclice
superari quod natus sis in carne! et non carnáliter
lybban na þæt an agotennyss blodes on andetnysse
uiuere; Non solum effusio sanguinis in confessionem

[1] s. non sumus mundi.

byþ geteald ac estfulles witodlice geþances ungewemmed
reputatur. sed deuóte quoque mentis inmaculata

þeowdom dæghwamlic martyrdom ys feond abered læte
séruitus cotidianum martyrium est; Hostis callidus tarda

to deaþe susla þurhsecende sawla gewilnað acwellan
ad mortem supplicia conquirens animas cupit iuguláre[1]

na lichaman na ondrædan we ehtera yfelra reþnysse
non corpora; Non timeamus persecutórum malorum seuítiam

7 wiþersacerdra wodnysse forþi þe cymð dæg domes on
et blasphemantium rabiem quia ueniet dies iudicii in

þam ure mægen byþ gecynehelmud 7 hyra reþnyss
quo nostra uirtus coronabitur. et eorum seuitia

byþ witnud
punietur;

sæde þænne soþlice yfelra þwyrnyss wyxt
Gregorius dixit. Cum uero malorum peruérsitas créscit.

na þæt an beon tobrocen bodung na scyle ac eac
non solum frángi predicatio non debet. sed étiam

beon geiht þas deþ godcund mildheortnyss þæt of anum
augéri; Haec ágit diuina misericordia ut ex úna

7 þam sylfum þinge of þam flæsclicum sylþ swingle of þam
eadémque re ex qua[2] *carnalibus dát flagellum ex éa*[3]

gastlicum mægenum gearwige eacen swylce
spiritualibus uirtutibus prestet incrementum[4]*; Quasi*

eornostlice heorde wulf tostencð þænne geleaffulra folc
ergo gregem lúpus dissipat cum fidelium populum

deoful þurh costunge cwelþ þeah þe inntinga ehtnysse
diabolus per temptationem nécat; Quamuis occasio persecutionis

wana ys hæfð swa þeah 7 sibb ure martyrdom his
déest habet támen et pax nostra martyrium suum!

forþi 7 gif flæsces swuran isene we na underþeodaþ mid gastlic-
quia etsi carnis cólla férro non súbdimus spi-

um swa þeah swurde flæslice gewilnunga on geþance
ritali tamen gladio carnalia desideria in mente

we cwellað
trucidámus;

sæde þeah þe deoful costunga rihtwisra
Isidorus dixit. Quámuis diabolus temptationes iustorum

[1] i. occidere. [2] s. misericordia. [3] s. re.
[4] i. augmentum.

þeogincgum symle ongebringan gewilnige gif fram gode
profectibus   semper   inférre   cupiat.   si   a   deo
anweald na onfehð nateshwon begytan mæg þæt he bitt
potestatem non accipit. nullátenus adipísci pótest quod pétit ;
na elleshwar gewilnunge tyndran onælþ butan þar
Non alicubi concupiscentiae foménta succendit nisi ubi
he ær þwyres geþances gegladunga besceawaþ swylce fram
prius prauę cogitationis delectationes aspéxerit. quasi a
us we anydað butan twyn he gescynd weggewitt þænne
uobis repéllimus. sine dubio ille confúsus abscédit ; Tunc
soþlice wel be him demað halige þænne hi god lease
enim bene de sé iúdicant sancti quando éos deus fallacia
deofla costunga deþ understandan on eagum flæsclicra
demonum temptamenta facit intellegere ; In oculis carnalium
deoful· egeslic ys on eagum gecorenra oga his wac ys
diabolus terribilis est in oculis electorum terror eius uilis est ;
deoful soðlice næddre ys slipor þæs gif heafde þæt ys
Diabolus enim serpens est lúbricus cuius si cápiti id est
forman mislære na byþ wiðstanden eall on innemystum heort(an)
primae suggestioni non resistitur. totus in intérna cordis.
þænne na byð ongyten byð asliden þænne ongean þæne þe
dum non sentítur inlábitur ; Tunc contra eum quem
he ah deoful teartliclur wett þænne hyne mægene
póssidet diabolus acrius séquit. quando se uirtute
mid godcundum fram him ut to anydenne onenæwð deoful
diuina ab éo expelléndum cognóscit ; Diabolus
þænne he swican ænigne secð ær gecynd anra-
quando decípe(re) quemquam quérit prius naturam uniús-
gehwylces begymð 7 þanon he hyne tobefealt hwanon
cuiúsque adtendit. et inde sé ádplicat unde
he gecwemne mann to synne besceawige næfre
aptum hominem ad peccatum aspéxerit ; Numquam
soþlice deoful ongean mann rihtwisne winnan geswicð
enim diabolus aduersus hominem iustum pugnáre cessat
oþþe soþlice gedrefednyssa heortan him astyrað oþþe saru
aut enim tribulationes cordis illi exágitat[1] *aut dolores*
lichuman awehþ æghwylc soþlice wiþerræde rihtwis þolige
corporis suscitat ; Quaélibet enim aduersuc iustus patiatur.

[1] *uel* exagerat.

of godes witodlice geþafunge þolaþ gif þæt sylfe
ex dei utique permissu patitur; Quod si hoc ipsum
eadmodlice to godes wuldre gerecþ þes na byþ asyndrud
humiliter ad dei gloriam réferat. iste non separatur
fram gode ac byþ togeþeod þar we syngiað þar grædignysse
a deo sed coniúngitur; Ibi peccamus ubi cupiditatem
to willan we gebigeaþ þa þe soþlice wæccende unclæne
ad uoluntatem deflectimus; Quos enim uigilantes inmundi
gastas geseoð eac ne hi na oferswiðaþ teartlice slæpende
spiritus uident étiam nec súperant ácriter dormentes
oferwinnaþ oft soþlice þa we on dæge þenceaþ on nihtum
inpugnant; Sepe enim quae in die cogitamus. in noctibus
we eft oncnawaþ oft soþlice þa on þam geþanca
recognoscimus; Sepe enim éa in quibus cogitationum
ura andgyt we ræceað sumum geþances onbecyme
nostrarum sensum porrigimus. quódam mentis. excéssu
onwreondum þænne we restað we geseoð se þe mid nihtlicre
reuelántem dum requiescimus uidémus; Qui nocturna
besmitenysse byð besmiten þeah þe 7 gif wiðutan gemynde
pullutione pullúitur quamuis etsi extra memoriam
fullicra geþanca hyne sylfne undergyte besmitenne
turpium cogitationum sé se persentiat inquinátum.
swa þeah þæt þæt he wære costud gyltes his sylle 7 ofstede
tamen hoc ut temptaretur culpae suae tribuat statimque
his unclænnysse mid wopum he adrige eþelice we oferswiþað
suam inmunditiam flétibus térgat; Facile uincimus
feond þæne we geseoð þæne we soþlice na geseoð earfoðlice
hostem quem uidémus. quem autem non uidémus difficile
fram us we anydaþ anra gehwylc costunga mod
a nobis expéllimus; Unusquisque temptationi animum
gearwian scyl beon afandudne soðlice hit gedafenaþ rihtwisne
preparáre debet; Temptari autem oportet iustum.
ac on fandunge wites na on fandunge galnysse afandung
sed temptatione plagae. non temptatione luxúriae; Temptatio
þreaþ þe na ofslyhþ se þe nys afandud hwæt wat he
árguit te non intérficit; Qui non est temptátus quid scít?
wer on manegum afunden he þohte fela se þe fela
Uir in multis expórtus[1] *excogitauit multa; Qui multa*

---

[1] i. probatus.

leornude he arecð andgyt 7 se þe nys afunden
didicit enarrabit intellectum ? et qui non expertus est
feawa he gecnæwð
pauca recognoscit ;

sæde and swa micele mare byþ ehtnysse
Ciprianus dixit. Quantóque maior fuerit persecutionis
grama swa micele rihtwisre gewyrþ 7 hefigre of ehtnysse
iniúria. tanto iustior fiet et grauior de persecutione
wracu nan her sar ys be onsærelde yfelra
uindicta ; Nullus hic dolor est de incursione malorum
andwerdra þam þe truwa ys towerdra goda ne na
*presentium ? quibus fiducia est futurorum bonorum ; N*eque
soþlice swa micel lyfan fynd mæg þæt na we þe
enim tantum licére inimico potest. ut non qui
god mid ealre heortan 7 sawle 7 mægene lufiað
deum toto corde et anima et uirtute diligimus.
bletsunga his 7 lofu symle 7 æghwar mid wuldre
benedictiones eius et laudes semper et ubique cum gloria
we bodian
predicémus ;

on life yldryna ys gecweden swa swa soþlice gold 7 seolfor
In vita patrum dicitur sicut enim aurum et argentum
afandað fyr swa heortan munuces fandung þar þar rod
probat ignis. sic cór monachi temptatio ; Ubi crux
cristes ofergebroht na swyþrað yfelnyss deofles
christi superindúcitur. non preualebit malitia diaboli ;

sæde naht egeslie ys þar byþ gelufud crist
Eusebius dixit. Nihil terribile est ubi diligitur christus
gehende naht sares ys þar geleafa cristes ys mare ys
prope nihil doloris est ubi fides christi est ; Maior est
se þe us bewerað þænne se þe eht
qui nos defendit quam qui perséquitur ;

LXXVIIII

be worde idelum.
De Uerbo otioso.

drihten segð on godspelle ic secge soþlice eow þæt ælc
Dominus dicit in euangelio. Dico autem uobis quia omne

word idel þæt specaþ menn hi agyldaþ be
uerbum otiósum quod loquuti fuerint homines. réddent de
þam gescead on dæge domes anra gehwylc soþlice of wordum
éo rationem in die iudicii; Unusquisque enim ex uerbis
his byþ gerihtwisud oþþe of wordum his byþ genyþerud
suis iustificábitur aut ex uerbis suis condémpnabitur;

se apostol sæde nænig eow beswice mid idelum
Paulus apostolus dixit. Némo uos sedúcat inánibus
wordum unnyte soþlice 7 idele byspellu forbuh
uerbis; Inéptus autem et inánes fabulas deuíta;

sæde for wordum welera hryre togenealæcþ
Salomon dixit. Propter uerba labiorum ruina appróximat
yfelra
malorum.

sæde geþanc criste underþeodd swa warnaþ
Hioronimus dixit. Mens christo dédita sic cáuet
lassan swa eac þa maran witende eac swylce for worde
minóra quómodo et maióra! sciens étiam pro uerbo
idelum to agyldenne beon gescead
otióso reddéndam esse rationem

sæde idel witodlice word ys þæt oþþe
Gregorius dixit. Otiosum quippe uerbum est quod aut
note rihtnysse oþþe gesceade rihtre neode þolaþ
utilitate rectitudinis aut ratione iustae necessitatis cáret;
swa swa unwar spæc on gedwyld þurhtyhþ swa ungesceadlic
Sicut incauta loquutio in errórem pértrahit. ita indiscretum
swigea þænc se þe beon gelæred mihte on gedwylde
silentium hunc qui erudíri póterat in errore
forlæt
derelínquit;

sæde beluc earan þine þæt þu na gehyre yfel
Isidorus dixit. Claude aures tuas ne audias malum
forfleoh unwære wordu idel spæc raþe besmit geþanc
fuge incáuta uerba. uánus sermo cito pólluet mentem
eþelice byþ gedon þæt lustlice byþ gehyred naht of muþe
fácile fácitur quod libenter audítur; Nihil ex óre
þinum þæt gelettan mæge forðstæppe naht þæt na framaþ
tuo quod impedíre póssit procédat; Nihil quod non éxpedit
mid swege stefne uppabrece þæt forþstæppe of welerum þæt
sono uocis erumpat; Hoc procédat ex labiis. quod

earan na besmite gehyrendes spæc idel ideles ingehydes
aures non pulluat audientis. sermo uánus uánae conscientiae
gebicnigend ys swylc spæc byþ ætywed swylce eac mod
index est; Qualis sermo osténditur. talis et animus
byþ afandud forsuwa word þæt na getimbraþ hlystendne
conprobatur; Rétice uerbum quod non aedíficat audientem
se þe idele wordu na gewylt to derigendum raþe gewit
Qui otiósa uerba non réprimit. ad noxia[1] *cito tránsit;*
lytlum wexsað leahtras 7 þænne lytle we na warniaþ
Paulátim créscunt uitia. et dum parua non cauémus
7 on micelum we beoð forðaslidene 7 on specanne 7 on
et in magnis prolabimur; Et in loquéndo et in
to suwigenne gleaw beo þu todæl hwæt þu specc hwæt
tacéndo peritus ésto; Discérne quid loquáris quid
þu suwige tunge þin þe na forspille toforanascte tungan
táceas; Lingua tua té non perdat. obpóne linguę
þinre clusan swigean
tuae claustra silentii;

LXXX.

be sceortnysse þyses lifes.
De Brevitate huius Uitę.

drihten segð on godspelle se þe ytt me eac he leofaþ
Dominus dicit in euangelio. Qui mandúcat me et ipse uiuit
for me
propter me;

se apostol sæde hwæt soþlice ys lif ure æþm ys
Iacobus apostolus dixit. Quę enim est uita nostra? uápor est
to gehwædum ætywende
ad modicum parens.

se apostol sæde þæt soþlice þæt on andwerdum
Paulus apostolus dixit. Id enim quod in presenti
sceortlic oþþe hwilendlic ys winn god gewinn gegrip
mementáneum est; Cérta bonum certámen? adprehende
lif ece on þam þu geclypud eart
uitam aeternam in quo uocatus es;

sæde ne gylp þu on mergen nytende hwæt ofer-
Salomon dixit. Ne gloriéris in crástinum. ignórans quod super-

---

[1] s. opera.

towerd mynte dæg lif swete lengre byþ tima ys to cen-
uentura pariat dies; Uita dulcis lóngior[1] *erit; Tempus*[2] *nas-*
nenne 7 tima to sweltenne nænig ys se þe æfre˙ lybbe 7
cendi. et tempus moriéndi; Némo est qui semper uiuat. et
se þe þyses þincges hæbbe truwan
qui huius réi habeat fiduciam;

sæde ælc yfel oþþe forþi leofaþ þæt he si geþread
Augustinus dixit. Omnis malus aut ideo uiuit ut corrigatur.
oþþe forþi he leofað þæt þurh hyne gode beon begymede
aut ideo uiuit ut per illum boni exerceantur;

sæde mennisces lifes sceortnyss genyþerung
Hieronimus dixit. Humanę uitę bréuitas dampnatio
gylta ys sceort þyses lifes gesælþ gehwæde ys þissere
delictorum est; Bréuis huius uitae felicitas módica est; Huius
worulde wuldor gewitendlic ys tyddre tidlic miht sege
sacculi gloria cadúca est fragilis temporális potentia; Dic
hwar synd cyningas hwar ealdras hwar wealdendras hwar
ubi sunt reges? ubi principes? ubi imperatores? ubi
welige þinga hwar mihtige worulde gewislice swylce sceadu
locuplétes rerum? ubi potentes sacculi? cérte quasi umbra
gewitan swylce swefen fordwinan hi synd sohte 7 hi na
transierunt uélut somnium euanuérunt queràntur. et non
synd welan oð frecednysse beoð gelædde manega for
sunt; Diuitię usque ad periculum ducunt multi propter
ehtum durfon manegum deað cendan welan mid
ópes periclitauerunt. multis mortem generauerunt diuitię; Toto
eallum mode ge hata ge nyþera þæt þæt lufaþ middaneard
animo et ódi et dámna quod diligit mundus;
beo þu dead middanearde 7 middaneard þe forhoga þa
Esto mortuus mundo. et mundus tibi; Contempne quae
æfter deaþe habban þu na miht
post mortem habere non pótes;

sæde swa micel soþlice on þisum life ys alyfed
Isidorus dixit. Tantum enim in hac uita est licitum
wyrcean god on þam witodlice na eallunga weorc ys
operari bonum. in illa[3] *namque non iam operatio ex-*
geanbydud ac lean gecarnunga se þe lifes andwerdes lencge
pectatur? sed tributio meritorum; Qui uitę presentis longitudinem

---

[1] *uel* gloriosior.   [2] s. est.   [3] uita.

na be his fæce ac be his ende besceawað hu sy earm 7
non de suo spatio. sed de eius fine considerat. quam sit misera et
sceort genóh nytlice asmeað webb soþlice byþ gefylled mid þrædum
bréuis satis utiliter pénsat; Tela enim consummatur filis.
7 lif mannes byþ uppahafen on dagum syndrigum þu þe lif
et *uita hominis extóllitur diebus singulis; Qui uitam*
lang secst to þam efst life for þam cristen part þæt
longam quéris. ad eam ténde[1] *uitam pro qua christianus és.* id
ys ece þæt ys soþlice lif liflic witodlice þis lif deadlic
est aeternum. hęc est enim uita uitális. nam *ista uita mortális*
ys sweltan gedafenað mann on flæsce middanearde. þæt
est; *Mori oportet hominem in carne mundo.* ne
he na swelte on sawle criste þænne gehwylc lybban ys gelyfed
moriatur in anima christo; Tunc quisque uiuere créditur
gif æfter woruld sweltende þæt sylfe demde on heortan
si secundum saeculum móriens quod solum decreuit corde
gegladað be yldincge lifes þyses ælingnysse þolaþ rihtwis forþi
delectetur; De móra uitę istíus tédium pátitur iustus éo
þe to gewilnedum eþele late becymð carfullice scyl
quod ad desideratam patriam tárde perueniat; Sollicite debet
anra gehwylc lybban 7 symle ende oþþe gemære lifes his be-
unusquisque uiuere et semper términum uitę suę con-
sceawian þæt he þissere worulde swæsnyssa warnige towerdes
siderare! ut huius saeculi. blandítias cáueat; Uenturi
forþsiþes tid us ungewis ys 7 þænne sweltan gehwylc hyno
éxitus hora nobis incérta est. et dum móri quísque sé
na wenð he byð genumen þanon efste anra gehwylc þæt he na
non éstimat tóllitur. únde festinet unusquisque ne
on unrihtwisnyssum his sy gegripen 7 samod sy geendud lif
in iniquitatibus suis rapiatur. simúlque fíniatur uita
mid gylte deoful þa he lybbende onælþ to leahtrum færunga
cum culpa; Diabolus quos uiuentes incéndit ad uitia. subito
sweltende teon hogað to tintregum þeah þe soþlice ænig
morientes pertráhere nititur ad torménta; Quámuis enim quisque
on þysum life si rihtwis swa þeah þænne he of lichaman þysum
in hac uita sit iustus támen dum de corpore isto
utgæþ ondrædc þæt he na wyrþe susle sy nan ys
egráditur pertiméscat ne dignus supplicio sit; Nullus est

---

[1] i. festina.

soðlice mann butan synne ne ænig mæg be godes or-
enim   homo   sine   peccato. nec quisquam pótest de dei se-
sorh beon dome þænne eac be idelstum wordum to agyldenne
curus esse iudicio. cum et de otiósis uerbis reddenda
sy gescead ende rihtwisra selustne geclypung smylte
sit ratio; Finem iustorum óbtimum uocatio tranquilla
    befæste   þæt of þam beon undergytene haligra habban
comméndat. ut ex éo intelligantur sanctorum habére
midwununge engla æfter quam fram þysum lichaman butan
consortium angelorum. ex quó ab hoc corpore sine
dreccunge stiþre beon genumene naht ys lang naht ys æpryte
uexatione dúra tolluntur[1]*; Nihil est díu nihil est lóngum*
þæt na on sceortum sy geendud unmihtelic ys þæt þu mann
quod non in breui finiatur; Inpossibile est ut homo
sy 7 þu na onbyrige angsumnyssa nænig þe on þyssere worulde
sis et non gústes angústias; Némo qui in hoc saeculo
na sargige nan ys se on þysum life gesett na orþige
non dóleat. nemo est qui in hac uita pósitus non suspíret.
mid yfclum calle fulle synd
malis omnia plena sunt;
            sæde ne timan eorþlice eallunga getellaþ
Cipriánus dixit. Nec tempora terréna iam cónputant
þa þe ecnysse be gode hopiaþ
qui aeternitatem de deo spérant.

LXXXI.

be rædingum.
De Lectione.

drihten segð on godspelle se þe ræde understande menn
Dominus dicit in euangelio. Qui legit intellegat; Homini
soþlice þam micel geseald ys micel byþ soht fram him
autem cúi multum datum est multum quéretur ab éo;
        se apostol sæde begym rædincge lare nelle þu
Paulus apostolus dixit. Attende lectioni doctrine. noli
forgymeleasian gyfe seo on þe ys ælc gewrit godcundlice
negligere gratiam quae in te est; Omnis Scriptura diuinitus

---

[1] i. trahuntur.

ongeblawen nytlic ys word cristes eardige on æow genihtsumlice
inspiráta utilis est uerbum Christi habitet in uobis abundanter ;
se apostol sæde witende witodlice god 7 na dondum
Iacobus apostolus dixit. Scienti igitur bonum. et non facienti
synn hit ys him
peccatum est illi.

sæde æfter gcornfulnysse æfterfyligð wisdom
Salomon dixit. Post indústriam séquitur sapientia ;
sæde fed þine sawle mid rædincgum god-
Augustinus dixit. Nútri animam tuam lectionibus di-
cundum hi gearwiaþ soþlice þe mysan gastlice
uinis. parabat enim tibi mensam spiritalem.

sæde se þe singallice onwunað rædincge on and-
Hieronimus dixit. Qui assidue insistit lectioni in pre-
werdum witodlice he swincð ac æfter þam he geblissaþ þænne
sente quidem laborat sed postea gratulabitur. cum
he ongynþ be biterum sædum stafa swæte wæstmas pluccian
ceperit de amáris seminibus litterarum dulce fructus cárpere ;
snoter rædere warna symle ofertæle andgyt þæt
Prudens lector. cáue semper superstitiosiam[1] *intellegentiam ut*
na to þinum andgyte togetemprige gewritu ac gewrite
non ad tuum sensum attémperes scripturas sec scripturę
togeþeode andgyt þin þæt þu ongyte hwæt æfterfylige þa
iungat sensum tuum ut intellegas quid sequatur ; Illa
hicgean we leornian on eorþan þæra us cyþ þurhwunige
studeamus discere in terris quorum nobis notitia perseuéret
on heofenum eadig ys se þe godcundum gewritum rædende
in coelis ; Beatus est qui diuinas scripturas legens
wordu awent on weorcu 7 bare rode cristes bar folgaþ
uerba uertit in opera. et nudam[2] *crucem christi nudus*[3] *séquitur*
mid clænum handum 7 mid hwitum breoste þearfan hine
puris manibus et cándido pectore pauperem se
on gaste 7 æhtum wuldrige
spiritu et opibus gloriatur ;

sæde witan witodlice ænigum þæt he nele don
Gregorius dixit. Scire étenim cúiquam quod non uúlt fácere.
wite ma þænne mæg ys swa micclum soþlice ænig oh
poéna mágis quam uirtus est ; Quánto enim quis in

---

[1] i. uanam. [2] apertam. [3] i. manifestus.

gewrite haligum framaþ swa micelum þæt sylfe gewrit
scriptura sácra proficit. tanto hęc eádem scriptura
mid him sylfum swa micelum on haligre spæce framunge
apud ipsum; Tanto in sácro eloquio profectum
þu gemest swa micelum swa þu mid him sylf þu framast
inuenies. quanto apud illum ipse proficeris;
þyder soþlice gast rædendes onyt þyder eac godcunde spæca
Quo enim spiritus legentis tendit. illúc et diuina eloquia
beoð uppahafene;
exaltantur

       sæde. se þe wyle mid gode symle beon gelomlice
Isidorus dixit Qui uult cum deo semper esse frequenter
he scyl gebiddan gelomlice eac rædan witodlice þænne we gebiddaþ
debet orare frequenter et légere; Nam cum orámus
we mid gode we specaþ þænne we soþlice rædaþ god mid
cum deo lóquimur cum uero légimus deus no-
us spycð ælc framung of rædincge 7 smeaunge forþ-
biscum lóquitur; Omnis profectus ex lectione et meditátione pro-
stæpþ þa we soþlice nytan of rædincge we leorniaþ þa we
cedit; Quę enim nescímus. lectione discimus; Quae
witodlice leornudan on smeaungum we gehealdaþ twyfealde
autem didícimus meditationibus conseruamus; Geminum
tobrincð gyfe rædincg haligra gewrita oþþe forþi
cónfert donum lectio sanctarum scripturarum. siue quia
andgyt geþances lærþ oþþe forþi fram middaneardes idel-
intellectum mentis érudit. séu quod a mundi uani-
nyssum ætbrodenne mann to lafe godes gelæt swa micelum
tatibus abstractum hominem ad amorem dei perdúcit; Tánto
idel hopa deadlicnysse þyssere us wacað swa micele ma
uana spes mortalitatis huius nobis uilescit. quánto amplius
rædende hopa ece scinð rædere geornfull ma
legendo spes aeterna claruerit; Lector strénuus potius
to gefyllenne þe he ræd þænne to witenne hræd ys
ad implendum quę légit quam ad sciendum prómptus est;
læsse soþlice witc ys nytan hwæt þu gyrne þænne þa þe
Minor enim poéna est nescire quid ádpetas quam ea quę
þu canst na gefyllan swa soþlice rædende witan we gewilniað
nóueris non implére; Sicut enim legendo scire concupiscimus.
swa witende 7 rihte we leornudon gefyllan we scylan nænig
sic sciendo rectáque didícimus implére debemus; Némo

mæg andgyt gewrites halges oncnawan butan to rædenne
potest sensum scripturę sacrę cognóscere nisi legendi
hiwcuðnysse swa micele ænig ma on halgum spæcum singal
familiaritáte; Quánto quisque mágis in sácris elóquiis assíduus
byþ swa micelum of þam genihtsumran andgyt nimþ
fuerit. tanto ex éis uberiórem intellegentiam capit;
swa micele ma on sumne cræft astihþ mann swa micele
Quánto ámplius in quamlibet ártem conscendit homo. tantó-
ma to menn cræft se nyþerastihþ sume habbað
magis ad hominem ars ipsa descendit; Quidam habent
andgytes orþanc ac hi forgymeleasiaþ rædincge biggencge
intellegentiae ingenium sed néglegunt lectionis studium.
7 þæt rædende witan magon forgymeleasigende forhogiaþ
et quod legendo scíre potúerint neglegendo contémpnunt;
þeah þe andgytes stuntnyss sy gelome swa þeah rædincg
Quámuis sensus ebitúdo[1] *sit fréquens támen lectio*
andgyt gearwaþ swa se þe læt ys to onfonne for
intellectum ádhibet; Sicut qui tárdus est ad capiendum pro
gymene godes biggencges mede onfehþ swa se þe forgyfen
intentione boni studii premium récipit ita qui préstitum[2]
him fram gode inngeþanc andgytes forgymeleasaþ genyþerunge
sibi a deo ingenium intellegentiae néglegit. condempnationis
scyldig wunaþ forþy gyfe þe he onfencg forsyhþ 7 þurh
reus existit. quia donum quod accipit déspicit. et per
asolcennysse forlæt sume godes dome gyfe inngehydes
desidiam derelinquit; Quidam dei iudicio donum scientię
þæt hi forgymeleasiaþ onfoþ þæt hi heardlicur be þingum
quod néglegunt accipiunt. ut dúrius de rebus
betæhtum beon witnude. lætran soþlice forþi þæt hi witan
créditis puniantur; Tardióres autem ideo quod scire
gewilniað earfoþlice hi findaþ. þæt gehendum biggencge ge-
cúpiunt difficúlter inueniunt. ut proximo exercitio la-
swinces mæste mede habban edleanes gyfu butan
boris. maximum premium habeant retributionis; Donum sine
fylstendre gyfe godes þeah þe heo sy onasend earum to heortan
adiuuánte gratia dei quámuis infundatur auribus! ad cor
næfre nyþerastihþ wel manega on scearpnysse andgytes
numquam descendit; Pleríque in acumine intellegentiae
liðlice wuniaþ ac to specenne mid wanspede beoþ genyrwede
uiuáces existunt. sed loquendi inópia angustantur.

---

[1] i. stultitia.   [2] i. concessum.

sume soþlice on ægþrum þeoþ wel manega inngehyd on-
quidam uero in utrisque póllent; Plerique scientiam ac-
fangen gewrita na to godes wuldre ac hyra lof
ceptam scripturarum non ad dei gloriam sed suam laudem
hi brucaþ þænne of þam inngehyde beoð uppahafene þar
utuntur. dum ex ipsa scientia extolluntur. ibi
hi syngiaþ þar synna afeormian hi sccoldan symle soþlice
péccant. ubi peccata mundáre debúerant; Semper enim
ofermodige rædaþ 7 næfre hi findaþ godcundre lage in-
supérbi légunt et numquam inueniunt; Diuinę legis pene-
færeldu eadmodum 7 wel to gode ingangendum geopeniaþ.
trália humilibus et bene ad deum intrantibus pátent.
þwyrum soþlice 7 ofermodigum beoþ belocene þeah þe
prauis autem atque supérbis clauduntur; Quámuis
godcunde spæca on rædincge andeawum opene syn. on
diuina eloquia in lectione arrogantibus apérta sint. in
þenunge soþlice belocene 7 digle synd spæc godes geleaf-
mysterio autem clausa atque occulta sunt; Sermo dei fide-
fullum leoht ys wyþerwerdum soþlice 7 ofermodigum sumum
libus lux est réprobis autem ac supérbis quodam
gemete þystrað 7 þanon hi beoþ onlihte þanon þas
mode tenebréscit. et únde illi inluminantur. inde isti
beoþ ablende nateshwon lage understynt se þe flæsclice wordu
cęcantur; Nequáquam legem intellegit qui carnaliter uerba
lage þurhyrnþ ac se þe þa on andgyte inran understandincge
legis percurrit. sed is qui éam sensu interióris intelligentię
onfehþ þa þe stæf lage begymaþ his diglu þurhfaran
pércepit; Qui litteram legis adtendunt eius occulta penetráre
na magan forþi ys forboden cristenum hiwunga rædan sceopa
non póssunt; Ideo prohibetur christianis figménta legere poetárum.
forþi þurh gelustfullunga idelra bigspella geþanc hi awecceaþ
quia per oblectamenta inánium fabulárum mentem éxcitant
to atendincgum galnysse forþi bec halige mid anfealdre spæce
ad incentiua libídinum; Ideo libri sancti simplici sermone
gewritene synd. þæt na on wisdome wordes ac on ywincge
conscripti sunt. ut non in sapientia uerbi. sed in ostensione
gastes menn to geleafan beon gelædde on rædincge na wordu
spiritus homines ad fidem perducantur; In lectione non uerba
ac soðfæstnyss ys to lufigenne þænne ys nytlic to lærenne
sed ueritas est amanda; Cum sit utilis ad instruendum

rædincg gegearwudre soþlice gegaderunge maran andgyt
   lectio.   adhíbita   autem   conlatione maiórem intellegentiam
heo gearwað betere ys soþlice tobringan þænne rædan þæt
    prébet; Melius est enim   conférre quam légere; Quod
soþlice deorc ys oþþe twynol tobringende raþe byþ besceawud
  enim obscúrum est aut dúbium. conferendo cíto perspiciétur;
swa swa læran gewunaþ gegaderung swa geflit towyrpþ
   Sicut instrúere sólet   conlatio. ita contentio destruit;
mid weorce æmta rædincge rædincg soþlice lærþ hwæt þu warnige.
 Cum opere uáca lectioni. lectio   enim docet quod   cáueas.
rædincg ætywð þæt þu begyme miccium þu þyhst þænne
  lectio ostendit quid adténdas;   Multum   próficis   cum
þu rædst gif þu swa þeah dest þæt þu rædst loca þæt þu na
   legis. si   támen   facias quod legis; Uide   ne
þæt þu rædende besceawast libbende forhogige
  quod   legendo   perspicis. uiuendo contémpnas;

sæde selust soþlice rædere ys se cwyda and-
  Hilarius dixit. óbtimus enim   lector est qui dictórum intelle-
gyt gyrnþ of cwydum swyþor þænne se þe ongynne ꝛ
gentiam expetit ex   dictis   pótius quam qui inpónat[1]. *et*
se þe gerecð ma þænne se þe ongebringð ne na soþlice
 qui retúlerit mágis quam   qui   intúlerit;   Nec   enim
hicge þæt beon gesewen mid sagum begytan þæt ær
conétur   id   vidéri   dictis   obtinére quod ánte
rædincge geþristlæcð to understandenne
lectionem presúmpserit intellegendum

sæde swa soþlice of flæsclicum mettum byþ gefedd
  Basilius dixit. sicut enim ex carnalibus éscis   álitur
flæsc. swa of godcundum spæcum inra mann byþ festrud ꝛ
cáro[2]. *ita ex   diuinis   elóquiis intérior homo   nutritur ac*
byð gefedd
páscitur;

[1] i. incipiat.   [2] homo exterior.

HIC PAUCA INCIPIUNT DE VITIIS ET PECCATIS.

cdwit.
Apóstrapha de Muliere nequam.

ælc wite unrotuyss heortan ys 7 ælc yfelnyss mán
Omnis plága tristitia cordis est. et omnis malitia nequitia
wifes ys 7 ælc wite 7 na wite lif dwolan 7 ælc
muliéris est ; Et omnis plága et non plaga uita uecórdis et omnis
mán 7 na mán wifes 7 ælc oferhelung 7 na
nequitia. et non nequitia muliéris. et omnis obdúctus et non
oferhelung hatigendra 7 ælc wræc 7 na wræc
obductus odientium. et omnis uindicta et non uindicta
hatigendra nys heafud wyrse ofer heafud næddram 7
odientium; Non est caput néquius super caput cólubri et
nys yrre ofer yrre wifes midwunian leon 7
non est ira super iram muliéris ; Commorári leóni et
dracan gelicað þænne eardian mid wife manfullum
dracóni placebit. quam habitáre cum muliére néquam ;
man wifes awent ansyn hyne 7 hit ablent andwlitan
Nequitia muliéris inmútat faciem eius. et obcecábit uultum
hyre swylce bera 7 swylce sæcc heo ætywð tomiddes
suum tamquam ursus. et quasi sáccum ostendit in medio
nehstena 7 gehyrende heo asicð æthwega sceort ælc
proximorum. et audiens suspirabit módicum ; Bréuis omnis
yfelnyss ofer yfelnysse wifes hlot sinfulra fealþ ofer hy
malitia super malitiam muliéris. sórs peccatorum cádit super illam ;
uppstige sandfull on fótum forealdudes swa wif tungwod
Ascensus arenósus in pédibus ueteráni. sic mulier linguáta
menn stillum na beseoh þu on wifes hiw 7 na gewilna þu
homini quiéto ; Ne respicias in muliéris speciem et non concupíscas

wif on hiwe wifes yrre 7 unarwyrðnyss 7 gescyndnyss
muliérem in spécie; Muliéris íra et irreuerentia et confusio
micel wif gif heo ealdorscype hæbbe wyþerwerd ys were
magna; Mulier si primátum habeat. contraria est uiro
hyre heorte eadmod 7 ansyn unrot 7 wite deaþes wif mannfull
suo; Cór humile et facies tristis et plága mortis mulier néquam;
hand unhal 7 cneowu tosolpene wif seo þe na eadigað
Manus débilis et génua dissolúta mulier quae non beatíficat
wer hyre fram wife anginn geworden ys synne 7 þurh
uirum suum; A muliére initium factum est peccati. et per
þa ealle sweltaþ na syle þu wæteres þines utryne oþþe
illam omnes moriuntur; Non dés áque tue éxitum uel
lytel ne wife yfelum ripe fore to yrnenne gif heo na
modicum. nec muliéri néquam[1] *ueniam*[2] *prodeúndi. si non*
gæþ to handa þinre heo gescynt þe on gesyhþe
ambuláuerit ad manum tuam. confúndit té in conspectu
feonda fram flæscum þinum aceorf hi þæt he na symle
inimicorum. a carnibus tuis abscíde illam ne semper
þe mispenige
té abutátur.

Item De Muliere Bona et Mala.

wifes godes eadig wer getel soþlice geara hyra
Muliéris bóne beatus uir. númerus enim annorúm illorum
twyfeald wif strang geglada þ wer hyre 7 gear lifes his
dúplex; Mulier fortis obléctat uirum suum. et annos uitae illíus
on sibbe gefylþ dæl god wif god on dæle godum ondræd-
in páce implébit. Párs bona mulier bona. in párte bona. timen-
endra god byþ gescald were for godum dædum weliges soþlice
tium deum dábitur uiro pro factis bonis; Díuitis autem
7 þearfan heorte god on eallum timan anwlita hyra
et pauperis cor bonum. in omni tempore uultus illorum
bliþe fram þrim ondred heorte min 7 on feorþan ansyn min
hílares. A tribus timuit cor meum et in quarto facies méa
ondræt lade ceastre 7 gegaderunge folces 7 teonan
métuit? delatúram ciuitatis. et collectionem populi? et calumniam
leasne ofer deadne calle hefige sar heortan 7 heof
mendácem. super mortem omnia grávia; Dolor cordis et luctus

---

[1] i. male. [2] i. uenam.

DE VITIIS ET PECCATIS. 225

wif   niþfull   on   wife   niþfullum 7 ungeleaffulre swingel
mulier zelotýpica ; In muliére zelotýpica et   infidéli. flagellum
tungan eallum gemænsumigende swa swa oxena geoc þæt
linguae omnibus   commúnicans ;   Sicut   bóum iúgum quod
byð gestyrud eallswa eac wif manfull se þe healt hi swylce
mouetur. ita et mulier néquam qui ténet illam quasi
se þe   gegripe   næddran oþþe þrowend wif druncen yrre
qui apprehéndat   scorpiónem ;   Mulier ebriósa ira
micel 7   teona   7 fylþ hyre na byþ oferhelud unriht-
magna et contumélia. et turpitúdo eius non contegetur ; Forni-
hæmed wifes on uppahafcnysse cagena 7 on bræwum hyre
catio muliéris in extollentia oculorum. et in pálpebris illius
byþ oncnawen on dehter na understandendre fæstna heortnysse
agnoscitur ; In filia non   aduerténte sé firma custodiam.
þæt heo na fundenum inntinga mispenige hi fram ælcere
ne   inuenta   occasione abutátur sé ; Ab   omni
unarwurðnysse on eagum warna 7 na wundra þeah þe
irreuerentia   oculis   cáue. et ne miréris si   té
heo forgymeleasige swa swa wegferende þyrstende to wylle muþ
neglexerit ;   Sicut   uiátor   siciens ad fontem ós
geopenaþ 7 fram ælcum wætere gehenduste drincþ eallswa
aperiet et ab omni aqua proxima bibet.   sic
ongean ælce flane he geopenaþ cocer oþ þæt he ateorige
contra omnem sagittam aperiet fáretram donec deficiat ;
gyfu wifes geornfulles gegladaþ wer hyre 7 ban hys
Gratia muliéris seducae delectabit uirum suum. et ossa illius
heo smyrað   lar   hyre sylen godes wif andgytfull 7
inpinguabit ; Disciplina illius datum dei. mulier sensáta et
stille nys awendincg gelæredre sawle gyfu ofer gyfe
tácita non est inmutatio erudítae animae ; Gratia super gratiam
    wif halig 7 gehealdsum ælc soþlice gehealdsumnyss
mulier sancta et pudoráta ; Omnis[1] *autem   inpuderatio*
    nys wyrþe forhæbbendre sawle swa swa sunne uppgangende
non est digna continentis animae ; Sicut sol   óriens
on middenearde on heahstum godes eallswa wifes godes
mundo   in altissimis dei.   sic   muliéris bónae
hiw on   gyrlan huses hyre leoht scinende ofer
species in ornamentum domus eius ; Lucerna splendens super

---

[1] ulla u*el* aliqua.

Q

candelstæf haligne 7 hiw ansyn ofer staþolfæstne
candélabrum   sanctum   et   species   faciei   super   stábilem;

sweras synd gyldene ofer cimstanas sylfrene 7 set trume
Columnae[1] *aureae super   báses   argénteas et pedes firmi*

ofer set staþolfæstes wifes grundweallas ece ofer
super plántas   stabilis   mulieris; Fundamenta aeterna super

stan trumne 7 bebodu godes on heortan wifes haliges
petram solidam. et mandata dei in   corde muliéris sanctae;

on twam geunrotsud ys heorte min 7 on þriddan yrsung
In duóbus contristum est cór meum! et in tertio iracundia

me tocymð wer feohtende ateorigende þurh wanspede 7 wer
mihi aduénit uir bellator deficiens per inópiam. et uir

andgytfull forhogd 7 se þe ofergræp fram rihtwisnysso
sensátus contemptus. et qui transgréditur a   iustitia

to synne god gearwude hyne to swurde twa hiw
ad peccatum. deus parauit eum ad rómfiam; Dúae species

earfuþe 7 frecenfulle me ætywdon earfoþlice byþ unscrydd
difficiles et periculósae mihi apparuérunt! difficile éxuitur

ceapigende fram gymeleaste 7 na byþ gerihtwisud tæppere fram
negótiens a neglegentia. et non iustificabitur cáupo a

synnum welera
peccatis labiórum.

be forestihtinge.
De Predestinatione Electorum et Reprobórum.

twyfeald ys forestihtung sam þe gecorenra to reste sam þe
Gemina est predestinatio. siue electorum ad requiem. siue

wiþercorenra to deaþe ægþer mid godcundum ys gedon
reprobórum ad mortem. utráque diuino   ágitur

dome þæt symle gecorene upplice innemyste fyligean
iudicio! ut semper electos superna et interióra séqui

heo do 7 symle wiþercorene þæt untrume 7 yttran
faciat. semperque réprobos ut infirma et exterióra

geblissigan forlætende geþafige swa swa nat mann gemære
delectentur deserendo permittat; Sicut ignórat homo términum

leohtes 7 þystra oþþe æniges þinges hwyle ende sy callswa
lucis et tenebrarum! uel ullius réi qui finis sit. ita

[1] S. SUNt.

DE VITIIS ET PECCATIS.

fullicur nat hwylc ær his ende leohte rihtwisnysse
plenius néscit quis ante suum finem luce iustitiae
sy forecumen oþþe hwylc synfull mid þystrum oþ
preueniatur uel quis peccatorum tenebris usque in
his ende si aþystrud oþþe hwylc æfter slide þystra
suum terminum obscuretur. aut quis post lapsum tenebrarum
gecyrred arise to leohte ealle þas gode geopeniað mann
conuersus resurgat ad lucem. cuncta haec deo patent. hominem
soþlice bemiþaþ þeah þe rihtwisra drohtnung on þisum life
uero látent. Quámuis iustorum conuersatio in hac uita
afandigendlic sy ungewis swa þeah mannum ys to hwylcum syn
probabilis sit. incertum támen hominibus est. ad quem sint
ende forestihtude ac ealle beoþ gehealdene þam towerdum
finem predestináti sed omnia reseruántur futuro
dome wunderlic dihtung ys upplices todales þurh
examini; Mira dispositio est supérnae distributionis per
þa her rihtwis ma ys gerihtwisud arleas ma ys befyled
quem hic iustus amplius iustificatur impius amplius sordidátur;
yfel to gode hwilon byþ gecyrred god to yfele hwilon
Malus ad bonum aliquando conuértitur. bonus ad malum aliquando
byþ ongeangebiged wyle gehwylc beon god 7 he na mæg wyle
refléctitur; Uúlt quis ésse bonus et non uálet. uult
oþer beon yfel 7 him na byþ geþafud forwurþan byþ geseald
álter ésse malus et non permittitur interire; Datur
þam se þe wyle beon god oþer ne he nele ne him byþ geseald
ei qui uúlt esse bonus. alius nec uúlt. nec ei datur.
þæt he sy god þes ys acenned on gedwylde 7 he swylt se
ut sit bonus; Iste náscitur in erróre et móritur. ille
on gode on þam he ongan oþ ende he þurhwunaþ swa lange
in bono quo coepit usque in finem perdúrat; Támdiu
þes stent oþ þæt he fealle se lange yfele lybbende on ende
iste stat quóusque cádat. ille diu male uiuendo in fine
byþ gehæled 7 besceawud byþ gecyrred wyle framian on gode
saluatur. respectúsque conuértitur. Uúlt prodesse in bono
rihtwis ne he na mæg wyle derian yfel 7 he mæg þes
iustus nec preualet uult nocére malus et uálet; Iste
wyle gode geæmtian 7 mid worulde he byþ gelet se mid
uult deo uacáre et saeculo impeditur. ille ne-
cearum beon befealden gewilnaþ ne him na byþ geþafud
gotiis implicári cúpit nec permittitur;

Q 2

wealt   yfel gode   god byþ genyþerud for arleasum arleas
Dominátur malus bono. bonus dampnatur pro impio.   impius
byð gewurþud   toforan   rihtwisum 7 on þyssere swa micelre
  honoratur   pre   iusto ;   et in   hac   tanta
deorcnysse   na   mæg   mann godcunde þurhsmeagean diht-
obscuritate non uálet homo diuinam   perscrutare[1] *dis-*
nunge 7 digle   forestihtunge understandan endebyrdnysse
positionem et occultum predestinationis perpendere   ordinem.

be gemetum.
De Modis Peccatorum.

   twam   gemetum   synn   byþ gefremmed þæt ys oþþe
  Duóbus módis   peccatum cómmittitur.   id est aut
mid grædignysse oþþe mid forhtuuge eges þænne oþþe wyle
  cupiditate   aut   métu   timoris dum   uel uúlt
begytan þæt he gewilnaþ oþþe he ondræt. þæt he na onbeyrne
 adipisci quod cúpit. uel   timet   ne   incurrat
þæt he ondræt feower gemetum byþ gefremmed   synn
quod metuit ; Quáttuor modis committitur   peccatum
on heortan feower byþ gefullfremmed on weorc byþ togesend
in corde. quattuor perpetratur   in opere ; admittitur
on heortan   mislare   deofla mid gegladunge flæsces
in corde   suggestione démonum. delectatione carnis.
mid geþwærunge geþauces mid bewerunge   uppahafennysse
 consensione   mentis.   defensione   elationis ;
byþ gefremmed mid weorce hwilon dearnunga hwilon openlice
Committitur   opere   nunc   laténter   nunc   pálam.
hwilon on gewunan hwilon on ortruwunge þysum eornostlice
nunc consuetudine. nunc   desperatione ; Istis   ergo
stæpum 7 heortan byþ agylt 7 weorce yfelnyss byþ
grádibus et córde   delinquitur et opere   malitia per-
gefremmed þrim gemetum synn byþ gedon þæt ys
petrátur ; Tribus módis peccatum géritur. hoc est
nytenysse untrumnysse geornfullnysse nytenysse witodlice
ignorantia infirmitate. indústria ; Ignorántiae námque
gemete synguðe on neorxna wonge   swa se apóstol sæde wer
 modo peccauit in paradyso   iua sicut apostolus ait. uir

---

[1] i. inuestigare.

DE VITIIS ET PECCATIS.   229

nys   beswicen   wif   soþlice   beswicen   on   forgægednysse
non est   seductus   mulier   autem   seducta   in   preuaricatione
wæs   eornostlice   syngude   mid nytenysse   soþlice
fuit ;   Ergo   peccauit   éua   ignorantia   adam   uero
mid geornfullnysse   forþi þe   he næs   beswicen   ac   witende
industria.   quia   non est   seductus   sed   sciens

7 snoter   he syngude   se   soþlice   byþ beswicen   hwæt
prudensque   peccauit ;   Qui   uero   seducitur.   quid
he geþwærige   gesewenlice   he nat   of   untrumnysse   soðlice
consentiat   uidénter   ignorat ; De   infirmitate   autem
            agylte   þa he   æt   ege   axigendre   þinene
petrus   deliquit. quando   ad   metum interrogantis   ancillae
crist   wiþsoc   7   æfter   synne   he biterlicust   weop
christum   negauit   et   post   peccatum amarissime   fleuit ;
hefelicur   ys   on untrumnysse   þænne   on nytenysse   ænigne
Grauius   est   infirmitate   quam   ignorantia   quemquam
agyltan   7 hefelicur   on geornfullnysse   þænne   on untrumnysse
delinquere. grauiusque   industria   quam   infirmitate[1]
syngian   on geornfullnysse   witodlice   syngaþ   se mid biggencge
peccare ;   Industria   namque   peccat.   qui   studio
7 mid freodome geþances   yfel   deþ   on untrumnysse   soþlice
ac deliberatione   mentis   malum   agit.   infirmitate[2] *autem*
se þe   mid fylle   oþþe   mid nyþerhryre   agylt   maufullicur
qui   casu   uel   precipitatione   delinquit ;   Nequius
soþlice   7 of   geornfullnysse   syngiaþ   þa   na   þæt an   na   wel
autem   et de   industria   peccant   qui   non solum   non bene
lybbað   ac   gyt   7   wel lybbende   gif   hi magon   fram
uiuunt   sed   adhuc   et   bene uiuentes   si   possunt   a
soðfæstnysse   gehwyrfað   synd   soðlice   þa þe   nytendlice   syngiað
ueritate   deuertunt ; Sunt   enim   qui   ignoránter   peccant.
7 synd   þa þe   witendlice   7 synd   eac   þa þe   for   nytenysse
et sunt   qui   scientes.   et sunt etiam   qui   pro   ignorantię
mid beladunge   witan   nellaþ   þæt hi hwon   gyltige   beon hæfde
execusatione   scire   nolunt.   ut minus   culpabiles habeantur.
þa   swa þeah hi sylfe   na   beweriaþ   ac   ma   hi beswicað
qui   tamen   se ipsos   non   muniunt.   sed magis   decipiunt ;
nytan   anfealdlice   to   nytenysse   belimpð   nellan   soðlice
Nescire   simpliciter   ad   ignorantiam   pertinet.   noluisse   uero

[1] s. peccat.   [2] s. peccat.

witan to toþundenre ofermodignysse willan witodlice
scire ad contumácem superbiam ; Voluntatem quippe
agenes hlafordes willan nytan hwæt ys elles þænne wyllan
proprii domini uélle nescíre. quid est aliud. quam uélle
hlaford ofermodigende forhogian nænig witodlice be
dominum superbiéndo contémnere ? Nemo igitur de
nytenysse hyne beladige forþi god na þæt an þa demð
ignorantia se excúset. quia deus non solum éos iudicat
þa fram onenawinege hyra beoþ ongeancyrrede ac eac swylce
qui a cognitione sua reuertuntur sed étiam
þa þa þe nytan geseþendum þam sylfum drihtne þurh
illos qui nésciunt testánte eódem domino per
witigan ic tostrede he cwyð monn fram ansyne corþan
prophetam. disperdam inquit. hominem a facie terrae ?
7 þa þe synd framawende fram bæce drihtnes 7 þa þe na
et éos qui auertántur á térgo domini et qui non
sohtan drihten ne he na asmeadan hyne swa
quęsiérunt dominum nec inuestigauérunt eum. ut
se sealm cwyþ utasend yrre þin on þeoda þa þe na
psalmus ait ? effunde iram tuam in gentes quae té non
onenoowon
nouérunt

De Grauibus Peccatis et Leuibus.

mænige lif butan leahtre habban magon butan synne hi
Multi uitam sine crimine habére possunt sine peccato
na magon witodlice þeah he on þyssere worulde mid micelre
non possunt ; Nám quamuis in hoc saéculo magna
rihtwisnysse gehwylc beorhtnysse scine næfre swa þeah
iustitiae quisque claritate respléndeat numquam támen
to clænum synna fylþum þolaþ Iohanne apostolo
ad púrum peccatorum sordibus caret. Iohanne apostolo
geseþendum se segð gif we secgað þæt we synne
attestánte qui dicit si dixérimus quia peccatum
nabbað sylfe us we beswicaþ 7 soþfæstnyss on
non habémus. ipsi nos sedúcimus. et ueritas in
us nys sume synd gelice synnum ac gif
nobis non est ; Quaedam sunt similia peccatis sed si
hi godum mode gewyrþan hit na synd synna swylce ic swa cweþe
bono animo fiant non sunt peccata ut pote-

DE VITIIS ET PECCATIS.

miht gif deo na hi to wrecenne mid grædignysse ac ma
stas si non sé ulciscendi cupiditate. sed magis
to þreagenne mid biggenge wrece unscyldigne eft synd
corrigendi studio ulciscátur in réum; Item sunt
synna leohte þa fram anginnendum mid dæghamlice
*peccata léuia quę ab incipientib*us *cotidiána*
dædbot afeormode þa swa þeah fram fulfremedum werum
stisfactione purgantur. quae támen a perfectis uiris
swylce micele leahtras synd forbogene hwæt soþlice menn
uélut magna crímina euitantur; Quid autem homines
be micelum scyldum don scylon þænne eac swylce fulfremede
de mágnis sceléribus ágere debent. quando étiam perfecti
leohte gehwycle gyltas swylce hefeguste heofiað na þæt an
léuia quaéque delicta quasi grauíssima lúgent; Non solum
hefige ac leohte synd to warnigenne synna fela soðlice
gráuia sed léuia sunt cauénda peccata; Multa enim
leohte ane hefige gefremmaþ ealswa gewuniað of lytlum 7
léuia únum grande efficiunt sicut sóleat paruis et
læstum dropum ormæte flodas wexan getellfull
minimis guttis immensa flumina créscere; Numerósitas
soðlice on an gegæderud yþigende gefremþ genihtsumnysse
enim in únum coacta exundantem éfficit cópiam;
synna þa unwisum leohte synd fulfremedum werum
*Peccata quae insipientib*us *léuia sunt perfectis uiris*
hefige beoð getealde swa micele soþlice mare ys oncnawen beon
grauia deputantur; Tanto enim maius cognóscitur esse
synn swa micele mare swa se þe syngaþ byþ hæfd wyxst
peccatum quánto máior qui peccat habetur; Créscit
soþlice gyltes heap æfter endebyrdnysse geearnunga 7 oft
enim delicti cumulus iuxta ordinem meritorum. et saepe
þæt on læssum na byþ oncnawen mid marum byþ ætwiten
quod in minóribus non agnóscitur maioribus imputatur

beoð gedone
Quomodo Peccata Geruntur.

beoð afundene læssan synna þæt hi heardlicur beon geslagene
Experiuntur minóra peccata. ut dúrius feriantur
for micelum scyldum þa þe be lytlum beon gestyrede
pro magnis sceléribus qui de paruis córrigi

noldon   nid dome   soþlice   godcundum   on   scylde   wyrsan
noluērunt;   Iudicio   autem   diuino   in   rēatu   nequiōre

beoþ   aslidene   þa þe   unwriþan   hyra   dæda   læssan
labiuntur   qui   distringere sua   facta   minōra

forhogiað   mænige of leahtre   feallaþ   on   leahter   þa þe
contēmpnunt;   Multi   crimine   cōrruunt   in   crīmen   qui

godes oncnawinege hæbbende   ege   his   forgymeleasiaþ   7
dei   cognitionem habentes   timorem eius   nēglegunt   et

þæne þe hi cuþan þurh inngehyd þurh   dæde   hi na   arwurþiað
quem   nouērunt per scientiam. per   actionem non uenerantur;

7 forþi   hi synd ablende   mid godcundum   dome   to witnigenne
Ideoque caecantur   diuino   iudicio   punienda

forgyltan   7   on   wite   gefremede   manes   mán   wyrse
committere. et   in poenam   commissi   facinoris fácinus deterius

geiccan   oft   synn   oþre synne intinga   ys   seo þænne
áddere;   Saepe peccatum alterius peccati causa est. quod cum

byþ gefremmed   oþer of hyre sylfe   swylce hyre cnoss   byþ upp-
committetur.   aliud ex   ipso   quasi sua   sōboles ori-

sprungen swa hit gewurþan gewunaþ beon acenned galnysse of
tur.   sicut   fieri   sōlet   nāsci   libídinem ex

ormætre wombe oferfylle   of wite soþlice synne   synn   byþ
nimia uentris inglūuie; Poēna uero   peccati peccatum am-

forlæten   þænne   for geearnunge gehwylcere   synne   gode
mittitur. quándo pro merito   cuiúsque   peccati deo

forlætendum on oþre synne byþ faren wyrsan of þære   ma
deserente in aliud peccatum   itur deterius de quō   amplius

se   forlæt   byð befyled eornostlice forestæppende   synn
qui ammiserit sordidótur; Ergo   precédens   peccatum

intinga ys æfterfyligendre synne æfterfyligende soþlice   synn
causa est sequentis   peccati sequens   uero   peccatum

wite   ys   forestæppendes   gyltes   forestæppende   witodlice
poēna est precedentis   delicti; Precedentia   itaque

synna   æfterfyligendra synð   leahtra   intinga   þæt   þa þe
peccata sequentium   sunt criminum   causa.   ut   illa quae

æfterfyliaþ syn forestæppendra wite forestæppendra   synna
secuntur   sint precedentium poēna; Precedentium   peccatorum

wite   þæt   ys geclypud   ahyrdineg   cumende   of   godcundre
poēna ipsa   uocatur   induratio. ueniens   de   diuina

rihtwisnysse þanon ys þæt   segð   witega   þu ahyrdest heortan
iustitia.   hinc est quod ait   prophéta. indurasti   cor

ure þæt we na ondredan þe   na soþlice swa hwylce swa
nostrum   ne   timerémus te; Neque enim   quicunque
rihtwise synd fram gode beoþ genydde þæt hi yfele wyrþan ac
iusti   sunt   a   deo impelluntur. ut   male fiant.   sed
þænne hi yfele eallunga hi beoþ ahyrde þæt hi wyrsan wunian
 dum   mali   iam   indurantur.   ut   deterióres existant
eallswa se apostol segð þæt hi soþfæstnysse godes na onfencgon
sicut et apostolus dicit. quoniam ueritatem dei non receperunt
þæt hale wurdon onsende him gast   god gedwyldes deþ
 ut salui fierent. immisit illis spiritum deus erróris; Facit
eornostlice god sume syngian ac on þam eallunga swylce
     ergo   deus quósdam peccáre. sed in quibus iam   talia
synna forestæppaþ þæt rihtwisum dome   his hi gearnian on
peccata precésserint. ut iusto iudicio eius mereantur in
wyrse faran swylce witodlice synna forestæppendum oþrum
detérius ire; Tália quippe peccata precedentibus   aliis
synnum beoþ aslidene on   wite   þæt wite synna
peccatis   labuntur   in poénam! quam poenam peccata
gearniaþ   sume   of yrre godes cumaþ synna þa be
merentur; Quáedam de íra dei ueniunt peccata. quae pro
gearnunge oþra   beoþ wiðmetene synna   þanon eac
 merito   aliórum compensantur peccatorum. únde et
se witega efne cwyð þu yrre eart 7 we syngudon on þam
propheta. ecce inquit tu iratus és et nos peccáuimus in ipsis
we weron symle swylce he cwæde forþi we symle on synnum
fúimus semper tanquam si diceret. quia semper in peccatis
wæron yrre þu eart þæt we wyrs syngudon enim soþlice sy
fúimus. iratus   es   ut deterius peccarémus; Quid enim sit
yrre godes geearnian hwæt soþlice forþgeclypian snoter rædere
 iram dei meréri! quid uero prouocáre. prudens lector
scyl witan hefigre witodlice yrre ys þæt byþ forþgeclypud
debet scire; Gráuior námque ira est quae prouocatur.
þænne þæt þe byþ geearnud witodlice we geearniaþ þænne
quam éa quae meretur.   nam   meremur quando
we nytende syngiað we forðclypiað þænne we witan god   don
ignorando peccamus. prouocamus quando scimus bonum fácere
ne we nellað   nu yrre godes þa hwile þe we lybbað.
nec uólumus; Nunc iram dei   dum   uiuimus
forbugan we magon uton ondrædan eornostlice þæt na cumendum
  uitáre possumus. timeamus   ergo   ne   ueniénte

þam egesan domes   beon ongyten   mæge   beon forbogen
illo terróre iudicii   sentiri   póssit.   uitári
na mæg
non póssit;

De Duplicatione Peccaminum.

maran gyltes ys openlice þænne diglice syngian twy-
Maióres culpae est maniféste quam occúlte peccáre; Du-
fealdlice soðlice scyldig ys se þe openlice agylt forþi ge
pliciter enim reus est qui apérte delínquit. quia et
he deð ge he lærð be swylcum se witega segð 7 synna hyra
agit et docet. de tálibus isáias dicit. et peccata sua
swylce   bodudan   ne hi na bedigludan mænige soðlice
quasi sodóma predicauérunt nec abscondérunt; Multi enim
openlice agyltende butan ænigre gehealdsumnysse hyra manu
publice delinquentes sine ullo pudóre sua flagitia
bodiað   ne hi na ænigre brucað gyltes sceame sum
predicant. nec ulla utuntur scéleris uerecundia; Quaédam
soðlice eallunga rihtwisnysse dæl ys unrihtwisnysse hyra
enim iam iustitiae portio est iniquitatem suam
menn behydan 7 on him sylfum be synnum agenum sceamian
homini abscóndere et in semet ipso de peccatis propriis erubéscere;
synne fullfremman leahter ys synne bodian hream ys
Peccatum perpetráre crímen est. peccatum predicáre clamor est.
be þam eac swylce segð se apostol 7 hream sy afyrred fram
de quo étiam dicit apostolus et clamor auferatur a
eow mid ealre yfelnysse þæt ys mid þam synnum of þam
uobis. cum omni malitia id est cum ipsis peccatis; Ex éo
sylfum þe gehwylc synne þe he dep behyd gebicnaþ hyne
ipso quo quisque peccatum quod agit abscóndit! indicat sé
to demenne forþi hi na forsceamudon butan be ingehydes gylte
iudicandum quia non erubéscerent nisi de consciéntie réatu;
eornostlice 7 of þam sylfum þe gehwylc be dæde his forsceamað
Ergo et hoc ipso quod quisque de facto suo erubéscit
he him sylfum eallunga dema bið
ipse sibi iam iúdex fít.

be gefyllednysse
Item de Expletione Peccatorum.

elleshwæt ys na syngian mid lufe freondscypes godes elleshwæt
Aliud est non peccare amóre dilectionis dei. aliud
mid ege susles se þe soþlice for lufe soþre lufe godes na
timóre supplicii; Qui enim amore caritatis dei non
syngaþ he aþracað ælc yfel beclypende rihtwisnysse god
peccat. horréscit omne malum amplectendo iustitiae bonum.
ne hyne geglædaþ synn þeah þe gyltes unwitnung sy
Nec eum deléctat peccatum étiámsi sceleris impúnitas pro-
behaten
mittatur.

se þe soþlice mid sylfum wite susles on him leahtras gewylt
Qui uero sola poéna supplicii in sé uitia réprimit.
þeah he na gefylle weorc synne leofaþ swa þeah on him
quámuis non éxpleat opus peccati. uiuit támen in éo
willa to syngienne 7 sargað him unalyfed þæt lagu forbeodan
uolentas peccandi dolétque sibi inlícitum. quod lex prohibére
ys oncnawen se eornostlice mede godes weorces onfehþ se
dinóscitur; Ille ergo mercedem boni operis percipit qui
lufigende rihtwisnysse deð na se þe þa mid sylfum ege
amando iustitiam facit. non is qui ea solo metu
wita genydd gehealt sume 7 lufiað synne ge
poenárum inuítus custódit; Quidam et diligunt peccatum et
doð sume lufiað þæt an 7 na doð 7 fela soþlice
fáciunt quidam diligunt tantum et non faciunt. plerique uero
doþ þæt an 7 na lufiað wel fela synne na doð
faciunt tantum et non diligunt; Nonnulli peccatum non faciunt?
7 swa þeah rihtwisnysse hi hatiað hefelicur soþlice syngaþ se
et tamen iustitiam odiunt; Gráuius autem péccat qui
na þæt an synne lufað ac eac deð þænne se þe na deð 7
non solum peccatum diligit sed et fácit quam qui non facit et
lufað 7 hefelicur gemang þam þe lufað 7 na deþ þænne
diligit. grauiúsque intérdum qui diligit. et non facit quam
se þe deð 7 hatað ealra hefegust ys na þæt an don ac eac
qui facit et odit. grauíssimum est non solum fácere sed et

lufian synne witodlice synd sume þa þe þarrihte
diligere peccatum; Nam sunt quidam qui confestim

adrogenum mane beoþ gescynde 7 synd þa na þæt an na
peracto flagitio confunduntur. et sunt qui non solum non

besargiað hi don yfel ac eac swylce of þam yfele weorc
dolent sé gessisse malum. sed étiam de ipso malo opere

gylpað 7 swa to wiðmetinege yfeles yfel byþ wyrse
gloriantur. sicque ad comparationem mali malum fit detérius.

þænne be leahtrum geblissigende beoþ uppahafene on wyrse be
dum de uitiis gratulantes extolluntur in péius. de

þylcum segð þa geblissiað þænne hi yfele doð 7
tálibus ait salomón. qui laetantur cum male fécerint et

hi gefægniað on þingum wyrstum
exultant in rébus pessimis;

GLOSSARY.

The glossary only contains words not in Anglo-Saxon dictionaries, or found with but few references.

Æ follows A, þ follows T.

Compounds are placed under the prefix, except in the case of ge in the past participle, when the infinitive is given without ge.

s. stands for strong, *w.* for weak; the other abbreviations are the usual ones.

ABARIAN—ASMEAN.

A.

ābarian, *w. v.* to lay bare, disclose, reveal : abarian *denudare* 195/2.

ābered, *adj.* crafty, cunning : abered *callidus* 92/12, 209/2.

ābūtanberingan, *w. v.* to surround : abutanberingede *circumdati* 103/11.

ācōfrian, *w. v.* to recover : acofriað *exalant* 40/12.

ācwencan, *w. v.* to quench, extinguish : acwencð *extinguit* 56/14; acwenton *extinxerunt* 112/10.

ādlian, *w. v.* to ail, to languish : adlað *languet* 41/3.

ādrīgan, *w. v.* to dry up : adrigð *exsiccat* 167/11.

ādȳdan, *w. v.* to mortify : ys adydd *mortificatur* 47/5.

āfandigendlic, *adj.* what may be tried or proved, probable : afandigendlic *probabilis* 227/6.

āfandung, *s. f.* a trying : afandunge *probationem* 7/9.

āfeormung, *s. f.* a cleansing : afeormunge *mundationem* 28/9.

āfūlud, *p. p.* rotted, rotten : afulud *putrefactus* 85/5.

āgan, *v.* to have, possess : agað *possident* 158/17 ; ge agað *possidebitis* 7/12 : ge agan *possideatis* 24/7.

āhyrdincg, *s. f.* a hardening : ahyrdincg *induratio* 232/19.

ālihtan, *w. v.* to lighten : aliht *leuigat* 11/2.

āncsumnyss, *s. f.* difficulty, trouble, perplexity : ancsumnyssum *angustiis* 79/3.

andēaw, *adj.* arrogant : andeaw *arrogans* 151/17; andeawum *arrogantibus* 221/8.

andgytfull, *adj.* sensible : andgytfulle *sensatos* 105/12.

andig, *adj.* envious : se andiga *inuidus* 11/5.

ānrǣdlice, *adv.* constantly, earnestly : anrædlice *perseueranter* 130/16 ; anrædlice *instanter* 175/17.

ānrǣdnyss, *s. f.* earnestness : anrædnysse *instantia* 30/11.

ānwilnyss, *s. f.* obstinacy : anwilnysse *obstinationis* 122/10.

anwlata, *w. m.* the countenance : anwlatan *frontis* 172/5.

anxsumnyss, *s. f.* anxiety : anxsumnysse *anxietate* 3/5.

āscunigend, *pres. p.* detestable : ascunigendre *detestabili* 137/7.

āscyrian, *w. v.* to deprive of : ascyra *fraudes* 157/5.

āsēoðan, *s. v.* to boil out, purify by boiling : aseð *exquoquit* 165/6.

āsīcan, *v.* to draw a deep breath, sigh : asihð *suspirat* 28/17, 158/4 ; asicð *suspirabit* 223/12.

āslīdan, *s. v.* to slip away : byð asliden *delabitur* 98/4 ; we beoð aslidene *dilabimur* 101/10.

āsmēan, *w. v.* to look for, demand : asmeað *requirit* 42/16.

āsolcen, *p. p.* idle: asolcen *remissus* 79/5.

āstreht, *p. p.* upright, haughty: astrehtne *erectam* 83/18.

āstyntan, *w. v.* to make dull, to blunt: astyntað *obtundunt* 56/13; byð astynt *retunditur* 152/11.

āstyrred, *p. p.* starred, starry: astyrredne *stellatum* 180/3.

ātendend, *s. m.* an inflamer, inciter: atendendum *accensore* 208/4.

ātendincg, *s. f.* an incentive, a provoking: atendincgum *incentiua* 221/17.

ātihtan, *w. v.* to stretch, extend, turn, direct: he atiht *adtendit* 67/2; atiht *extende* 2/6; byð atiht *tenditur* 53/7.

ātiht, *p. p.* intense, intent, attentive: atiht *intenta* 36/16; atihte *intenta* 103/19; atihtum *adtonitis* 78/13.

ātihtincg, *s. f.* intention, aim: atihtincg *intentio* 29/10, 35/14; atihtincge *intentionem* 28/13.

ātillan, *w. v.* to touch, reach: atilð *adtingit* 100/15.

awegānȳdan, *w. v.* to drive away, repel: aweganyt *repellit* 28/13; aweganydað *repellunt* 21/6.

awegnȳdan, *w. v.* to repel: awegnyt *repellit* 13/10.

āwendincg, *s. f.* overthrowing, ruin: awendincg *subversio* 188/4.

āwinsian, *w. v.* to weigh, consider: awinsað *pensat* 60/6; byð awinsud *pensatur* 42/17.

Æ.

ǣbyligþ, *s. f.* an offence: æbyligþe *offensionem* 116/14.

ǣlingnyss, *s. f.* weariness: ælingnysse *tedium* 216/9.

ǣne, *adv.* once: æne *semel* 161/12.

ǣpsenyss (æwsenyss), *s. f.* dishonour: æpsenyss *dedecus* 174/9.

ǣtbeon, *v.* to be present: ætsyn *adsint* 20/19.

ǣtfeorrian, *w. v.* to take from: ætfeorra *auferas* 160/7.

ǣthabban, *w. v.* to hold back, restrain: æthabban *retinere* 57/7 and 8.

ǣthealdan, *s. v.* to keep back, reserve: ætheold *reseruauit* 109/18.

ǣþmian, *w. v.* to boil, be greatly moved: æþmeað *exestuant* 112/11.

ǣþrȳte, *adj.* long: æþryte *longum* 217/6.

ǣwfæst, *adj.* religious, pious: æwfæste *religiosi* 158/10.

ǣwfæstnyss, *s. f.* piety: æwfæstnyss *religiositas* 65/9.

B.

bedu, *s. f.* the demanding, asking: bedu *postulatio* 170/13.

begȳmend, *s. m.* a ruler: begymend *rector* 122/19.

beheōfian, *w. v.* to bewail, lament for: beheofian *plangere* 44/5; beheofude *plangenda* 44/5.

belǣwincg, *s. f.* betrayal: belæwincge *proditionis, traiectionis* 90/12.

belīman, *w. v.* to glue together: belime *conglutinet* 96/1.

belimp, *s. n.* an event: belimpu *casus* 111/3.

bēobrēad, *s. n.* bee-bread: beobread (hunigcamb) *fauum* 50/9.

bepǣcan, *w. v.* to cheat, deceive, deprive of: bepæcst *defraudas* 109/8; we beoð bepæhte *decipimur* 136/12.

berenhulu, *s. f.* barley-husk: berenhula *tipsanas* 95/19.

besargian, *w. v.* to grieve, lament: besargian *dolere* 165/10; to besargienne *dolenda* 49/1; besarega *dole* 12/1.

besencan, *w. v.* sink, to cause to fall: besenceað *praecipitabunt* 96/3; beoð besencte *emerguntur* 139/12.

besēon, *s. v.* to look upon, regard: besawene *respecti* 46/15.

beswǣtan, *w. v.* to sweat: beswæt *desudat* 111/14.

bewerian, *w. v.* to defend, to indulge in (?): bewera *effundas* 169/17; beweraþ *defendit* 104/7.

bewerung, *s. f.* a fortification: bewerunge *munitio* 35/20; bewerung *protectio* 194/11.

bewylewian, *w. v.* to roll down: bewylewud *deuolutus* 107/14.

bicnigend, *s. m.* a discloser: bicnigend *index* 135/14.

bicseop, *s. m.* a president, director: bisceopes *praesulis* 120/16.

blōwend, *adj.* flourishing: blowende *floridam* 167/10.

bōgian, *w. v.* to boast: bogaŏ *iactat* 152/2.
brōþerrǣden, *s. f.* fraternity: broþerrædenne *fraternitatis* 1/7, 14/3.
brȳsan, *w. v.* to bruise, to season: brysdde *condiantur* 20/20.
bulluc, *s. m.* a bullock: bulluce *uitulum* 169/15.
byrgincg, *s. f.* a taste, tasting: byrgincg *gustus* 57/2.

C.

campdōm, *s. m.* warfare: campdome *militiae* 207/16; campdome *militia* 109/5.
candelstæf, *s. m.* a candle-stick: candelstæf *candelabrum* 226/1.
carfull, *adj.* anxious, zealous, intelligent: carfull *studiosus* 206/5; mid carfulre *solerti* 121/2.
ceaf, *s. n.* chaff: ceafa *paleas* 57/7.
cealc, *s. m.* a pebble, chalk: cealce *calculo* 110/14.
cēastfull, *adj.* full of contention, tumultuous: ceastfull *tumultuosa* 105/5.
cēast, *s. f.* strife, contention: ceasta *lites* 134/12.
ceorfincgīsen, *s. n.* a branding iron: ceorfincgisene *cauterio* 43/2.
butan cēpe *gratis* 131/11.
cildclāþ, *s. n.* a child-cloth, a swaddling cloth: cild-claþum *pannis* 87/7.
cīŏ, *s. m.* growth, increase: ciŏ *incrementum* 5/18.
cimstān, *s. m.* the base of a pillar: cimstanas *bases* 226/2.
cnafa, *w. m.* a boy: cnafan *parvulo* 172/19.
cnēatung, *s. f.* a dispute, debate: cneatungum *disputationibus* 74/20.
cniht, *s. m.* soldier: cnihte *militi* 109/10.
cnītian, *w. v.* to dispute: cnitaŏ *disputat* 57/12.
cnoss, *s. m.* a companion: cnoss *soboles* 232/9.
cops, *s. m.* a fetter: copsas *conpedes* 96/16.
cræftwyrc, *s. n.* workmanship: cræftwyrce *artificio* 109/5.
cwēn, *s. f.* a queen: cwen *regina* 84/13.

cwyde, *s. m.* a will: cwyde *testamento* 146/13.
cwyldbǣre, *adj.* deadly, dangerous: cwyldbære *pestifere* 92/14; cwyldbære *perniciosum* 192/17; cwyldbære *perniciosas* 168/15.
cwyldbǣrlice, *adv.* pestilentially: cwyldbærlice *pestifere* 39/7.
cwylmmincg, *s. f.* death: cwylmmincge *mortificationem* 161/3.
cyng, *s.m.* king: cynga *regum* 78/12.
cȳplice, *adj.* purchasable: cyplice *uenalem* 98/17.
cyrtelice, *adv.* finely: cyrtelice *subtiliter* 140/7.

D.

dǣlnimincg, *s. f.* a participation: dælnimincge *participationem* 6/7.
demm, *s. m.* loss: demme *damno* 208/9.
dēofolscīn, *s. n.* a demon: deofolscinnu *demonia* 35/17.
deorcfull, *adj.* dark: deorcfull *tenebrosum* 187/14; dcorcfull *tenebrosa* 186/8.
deorcnyss, *s. f.* darkness: deorcnysse *obscuritate* 228/3.
deorfan, *s. v.* to perish: durfon *periclitauerunt* 215/13.
dihtnian, *s. v.* to arrange: dihtniaŏ *disponunt* 17/4.
dreccung, *s. f.* affliction, tribulation: dreccunge *uexatione* 217/6.
dropa, *s. m.* a disease, cholera: dropan *coleram* 170/2; dropena *colerarum* 56/4.
se druncena, *s. m.* the drunkard: se druncena *ebriosus* 107/8.
dwola, *w. m.* a fool, a madman: dwolan *uecordis* 223/4.
dyrfan, *w. v.* to perish: beoŏ gedyrfede *periclitentur* 115/20.

E.

ēage, *s. n.* (?), the eye: eages *oculi* 43/16.
ēage yfel, *w. n.* the evil eye: eage yfel *oculus malus* 102/15.
ealdorscype, *s. m.* supremacy, sovereignty: ealdorscype *principatum* 4/5.
eardungstōw, *s. f.* a dwelling-place: eardungstow *tabernaculum* 62/9.

earfodlice, *adj.* difficult: earfodlice *difficile* 33/4.
ēastdǣl, *s. m.* the east: eastdæle *oriente* 181/6.
edgyldan, *s. v.* to remunerate: edgylt *remuncrat* 162/11.
edgyldend, *s. m.* a remunerator; edgyldend *remunerator* 127/17.
edhiwian, *w. v.* to shape, conform, reform: beon geedhiwode *conformari* 58/3; beoð geedhiwode *reformamini* 58/4.
edlǣcan, *w. v.* to repeat, renew: geedlęht *iteratum* 48/18.
edwītfull, *adj.* disgraceful, shameful: edwitful *ignominiosus* 173/15.
efenlǣcend, *s. m.* an imitator: efenlǣcend *imitator* 13/11.
efenþrowung, *s. f.* compassion; efenþrowunge *compassione* 147/8.
efenyrfeweard, *s. m.* a co-heir: efenyrfeweardum *coheredibus* 30/8.
elhþeodignyss, *s. f.* a wandering, travelling: elhþeodignysse *peregrinationis* 29/1.
elleshwanune, *adv.* from elsewhere: elleshwanune *aliunde* 33/2.
embegang, *s. m.* exercise: embegange *exercitium* 61/19.
embstem, *adv.* by turns: embstem *uicissim* 140/17.
emhabban, *w. v.* to detain: byð emhæfed *detinetur* 168/18.
estfulnyss, *s. f.* devotion, zeal: estfulnyss *deuotio* 29/11.
ettulnyss, *s. f.* greediness, gluttony: ettulnysse *acdacitatis* 55/6.
etincg, *s. f.* eating: etincge *edendo* 170/5.
ēðhylde, *adj.* satisfied, contented: eðhylde *contentus* 133/3.
ex, *s. f.* an axis: ex *axis* 97/4.

F.

fandere, *s. m.* a tempter, a trier: fandere *temptator* 206/4.
fannian, *w. v.* to fan: fanna þu *uentiles* 186/17.
fæcfull, *adj.* spacious: fæcfull *spatiosa* 185/15.
folaspecolnyss, *s. f.* talkativeness, loquacity: felaspecolnyss *loquacitas* 170/18; felaspeculnysse *loquacitatem* 79/9.
fēol, *s. f.* a file: feole *lima* 150/5.
festrian, *w. v.* to foster, to nourish: byþ festrud *nutritur* 222/15.
fleardian, *w. v.* to wander, to go astray, to err: fleardað *errat* 113/16.
flōd, *s. m.* a flood, a river: flodas *flumina* 231/10.
flogettan, *w. v.* to fluctuate: flogettan *fluctuare* 205/19.
flot, *s. n.* a river: flot *fluuius* 179/15.
flugol, *adj.* swift, fleeting; flugol *fugitiua* 198/8.
fōda, *w. m.* food: mid fodan *pabulo* 53/1; foda *incrementum* 56/17.
fol(c)lic, *adj.* public: fol(c)licre *publicum* 9/12.
fordēman, *w. v.* to distinguish, decide: fordeme *discutiat* 125/15.
fordimmian, *w. v.* to make very dim, darken: byð fordimmode *fuscatur* 24/19; bið fordímmod *obscurabitur* 99/19.
fordwīnan, *s. v.* to dwindle away, to vanish: fordwinan *euanuerunt* 215/11.
forealdian, *w. v.* to become old: forealdudes *ueterani* 223/12.
forebrēost, *s. n.* the fore-breast, breast, chest: forebreostu *præcordia* 97/3.
foregyrnan, *w. v.* to show before: foregyrnað *prærogant* 203/17.
foresceawung, *s. f.* contemplation: foresceawunge *contemplatione* 28/14.
foresmēan, *w. v.* to premeditate: foresmea *præmeditare* 200/20.
forestiht, *adj.* fore-appointed, predestined: forestiht *præfinu* (?) 42/15.
forestihtung, *s. f.* fore-appointment, predestination: forestihtunge *prædestinatione* 226/12.
forflēon, *s. v.* to flee away from: forfleoð *refugiunt* 152/13.
forgǣgan, *w. v.* to pass by, omit: forgægean *prætcrire* 68/5; forgæg þu *transeas* 81/13; forgæge *prætereas*.
forgǣgednyss, *s. f.* transgression, prevarication: forgægednysse *preuaricatione* 229/1.

forgǣgincg, *s. f.* a fault, an excess: forgægincgum *excessibus* 115/9.

forgelustfullung, *s. f.* pleasure, delight: forgelustfullunge *oblectamento* 63/4.

forgytincg, *s. f.* forgetfulness; forgytincge *obliuione* 174/13.

forhogung, *s. f.* contempt: forhogunge *contemptum* 203/13.

forlicgend, *s. m.* a fornicator: forlicgend *fornicator* 98/10.

forsceamian, *w. v.* to be greatly ashamed: forsceamigean *erubescere* 40/9; we forsceamiað *erubescimus* 49/10; forsceamige *erubescat* 19/18.

forsewen, *p. p.* despised: forsewene *despecti* 162/18.

forslǣwan, *w. v.* to be irksome: forslæwe *pigeat* 202/4.

forspanincg, *s. f.* enticement, allurement: forspanincga *inlecebras* 87/4.

fortredincg, *s. f.* a treading down, crushing: fortredincg *contritio* 95/10.

forðfering, *s. f.* a going forth, dying: forðferinge *defunctionis* 65/8.

forðgeclypian, *w. v.* to call forth, provoke: forðgeclypian *prouocare* 105/15.

forðhrēosan, *s. v.* to rush forth: forðhryst *proruit* 101/13.

forþloten, *p. p.* prone, inclined: forþloten *pronus* 29/9, 10.

fotcops, *s. m.* a fetter: fotcopsas *conpedes* 190/6.

fracudlice, *adv.* deceitfully, fraudulently: fracudlice *fraudulenter* 194/1.

framāscæcan, *s. v.* to shake off: framascæcð *discusserit* 164/2.

framceorfan, *s. v.* to cut off: framceorfan *abscidere* 43/20.

framdōn, *v.* to put off, stop, interrupt: framdo *suspendat* 131/8.

framgewītan, *s. v.* to depart from the truth: framgewitan *apostatare* 83/2.

framian, *w. v.* to be of advantage, to avail, profit, make progress: framian *prodesse* 17/11, *proficere* 100/14; framast *profices* 7/4; framað *prodest* 7/1, *proficit* 20/8, *expedit* 31/15; framað *ualet* 31/13; framiað *proficiunt* 162/7; framedon *profuerunt* 153/10; framigende *profituram* 109/2.

frēodom, *s. m.* freedom, deliberation(?): mid freodome *deliberatione* 229/11.

fūlian, *w. v.* to become foul, to putrefy: fuligendum *putrescentibus* 45/7.

fūllice, *adv.* foully, disgracefully: fullice *turpiter* 106/13.

fyl, *s. m.* a belching: fyl *ructus* 52/6; tobrocen fyl 7 alocen fyl *conuulsus* 52/6.

fyll, *s. m.* a precipice: fyllas *precipitia* 107/14.

fȳlð, *s. f.* filth, impurity; fylð *putredo* 38/19.

fyndel, *s. m.* inventing, devising, invention; fyndele *inuentionem* 108/12.

fyrian, *w. v.* to cut: fyrian *proscindere* 124/5.

G.

gafel, *s. n.* a debt: gafele *debito* 109/12.

gālful, *adj.* lustful, luxurious: galful *luxuriosa* 105/5. galfulle *luxuriosam* 177/2.

gamenian, *w. v.* to joke, to play: gamenian *iocari* (*ludere*), 172/19.

gǣdertang, *adj.* continuous, united: gædertange *continuam* 1/4.

gǣdertangnyss, *s. f.* a continuation: gædertangnysse *continuatione* 52/15.

gēancyme, *s. m.* a coming against, meeting: geancyme *occursu* 188/6.

gēar, *s. m.* a year: gearas *anni* 64/19.

gebīrran, *w. v.* to desire eagerly (?), enjoy (?), have (?): gebærað *gestiunt* 181/12.

gebēor, *s. m.* a guest: gebeor *conuiuam* 158/11; gebeoras *conuiue* 191/13.

gebeorc, *s. n.* (?) a barking: of gebeorce *latratu* 119/15.

gebylgan, *w. v.* to make angry, offend: gebylgdum *offenso* 198/13.

gecliht, *p. p.* gathered together, contracted: gecliht *collecta* 99/2.

geedcucian, *w. v.* to revive: geedcucað *reuiuescit* 45/8.

geedlǣcan, *w. v.* to repeat: geedlæcð *repetit* 45/17; geedlæc *iteres* 79/10.

R

geefenlǣcean, *w. r.* to imitate; geefenlæceað *imitantur* 53/16; geefenleceað *imitantur* 84/11.

geefenlǣcestre, *w. f.* an imitator: geefenlæcestre *imitatrix* 71/11.

geelpēodan, *w. r.* to change, make strange, deprive of reason: geelþeodað *alienat* 106/18.

gefleard, *s. n.* an error; gefleardes *erroris* 66/17.

gefremmincg, *s. f.* an effect: gefremmincge *effectum* 33/9.

gefystlian, *w. r.* to beat with fists, buffet: gefystlude *colafizati* 7/14.

gehealdsum, *adj.* chaste: gehealdsum *pudorata* 225/16.

gehende, *adj.* near, allied: gehende *socia* 104/5.

gehlȳwan, *w. r.* to cover, shelter, keep warm, cherish, refresh: gehlywð *refrigerabit* 170/7, 174/3; gehlywe *foveat* 144/5; gehlywende *refovenda* 61/10.

gehwǣdnyss, *s. f.* fineness, keenness, subtilty: gehwædnysse *subtilitatem* 150/4.

gehypian, *w. r.* to cherish: gehypiggende *refovenda* 61/10.

gelōgian, *w. r.* to place together, collect: gelogigende *componendo* 158/9.

gelōmlǣcing, *s. f.* a frequenting: gelomlæcincge *frequentiam* 62/16.

gelustfullung, *s. f.* delight, pleasure: gelustfullung *delectatio* 3/10.

gelytlung, *s. f.* a lessening, diminishing: gelytlung *indigentia* 57/1.

gemǣclic, *adj.* conjugal: mid gemæclicum *coniugali* 182/16.

gemǣnsumian, *w. r.* to communicate, contaminate: gemænsumiað *communicant (contaminant)* 102/17.

gemœst, *p. p.* fat, fattened: gemæstum *saginatum* 169/15.

gemerian, *w. r.* to groan: gemerian *gemere* 34/3.

gemidleahtrian, to corrupt: si gemidleahtrud *conuitietur* 200/6.

genyþerigendlic, *adj.* that should be condemned, damnable: genyþerigendlice *damnabilia* 162/18.

gēoguðhād, *s. m.* youth, boyhood: geogudhade *pueritia* 189/17.

gēoglicnyss, *s. f.* youth: geoglicnysse *iuuentutis* 124/3.

geornfullnyss, *s. f.* desire: geornfullnysse *industria* (intentionally) 228/17; mid geornfulluysse *industria* 229/3.

georwēnan, *w. r.* to despair: georwenan *desperare* 48/16.

gĕp, *adj.* wise, astute: gep *astutus* 94/17, 23/2.

gerād, *s. n.* manner: swa gerades *eiusmodi*, þus gerade *huiusmodi* 52/9.

gerestian, *w. v.* to rest: gerestian *requiescere* 11/19.

gescenct, *s. f.* a drinking, draught: gescenct *potatum* 105/16.

gesewenlic, *adj.* visible: gesewenlicne *visibilem* 61/4.

gesewenlice, *adv.* visibly: gesewenlice *uidenter* 229/5.

gespecendlic, *adj.* that should be spoken: gespecendlice *proferenda* 123/2.

gestredd, *p. p.* sprinkled: gestredd *conditum* 97/12.

geswincfullnyss, *s. f.* a labour, trouble: geswincfulnys *laboriosum* 60/11.

geteorigendlic, *adj.* failing, imperfect, defective: geteorigendlice *defectiva* 181/4.

geþeahtere, *s. m.* a counsellor: geþeahteras *consiliarii* 199/12.

geunhǣlan, *w. r.* to weaken, debilitate: geunhælan *debilitent* 51/10.

gewyscincg, *s. f.* adoption: gewyscincge *adoptionis* 64/13.

glǣtlic, *adj.* pleasing, pleasant, acceptable: glætlic *placabilis* 78/10.

glentrian, *w. r.* to swallow: he glentrige *gluttiat* 107/8.

goldhordian, *w. r.* to gather treasure; goldhordian *thesaurizare* 173/12.

grennian, *w. v.* to grin, show the teeth: grenniendum *dissolutis* 172/16.

gronung (grornung?), *s. f.* sadness: gronunge *maerorem* 20/1.

grunian, *w. v.* to chew the cud, ruminate: grunað *ruminat* 54/15.

gylpincg, *s. f.* glory: gylpincge *gloria* 144/11.

gȳmend, *s. m.* a governor: gymend *gubernator* 117/7.

gyndleccincg, *s.f.* a wetting through, moistening, watering: gyndleccing *iriguum* 27/7.

gyrla, *w. m.* apparel: gyrla *habitus* 43/5.

gyrning, *s. f.* a yearning, a desire: gyrning *ambitio* 59/12; gyruinge *ambitione* 53/18.

gystian, *w. v.* to lodge, to be a guest: to gystigenne *hospitandi* 153/15.

H.

hálbǽre, *adv.* wholesome, salutary: halbære *salutaris* 206/14; halbærne *salutarem* 195/11.

hálwendlice, *adv.* salutarily: halwendlice *salubriter* 39/6.

hæfe, *s. m.* leaven: hæfe *fermento* 75/3.

hœgesteald, *s. m.* a bachelor, a young soldier: hægesteald oðð e geongcempa *tiro* 205/9.

héafudhrǽgel, *n.* a head-dress, a long garment worn by the priest (?): heafudhrægel *poderem* 74/2.

hegian, *w. v.* to hedge: hega *sepi* 80/3.

héofing, *s. f.* a lament, a lamenting, a mourning: heofinga *lamenta* 29/12; heofincge *luctum* 26/9.

heordrǽden, *s.f.* watch, care: heordrædene *custodiam* 177/31; heordrædenne *custodia* 100/10.

híredcúð, *adj.* domestic, familiar (?): hiredcuð *familiarem* 203/13.

híredwist *s. f.* familiarity: hiredwiste *familiaritatem* 203/12.

hiðfull, *adj.* hateful: hiðfulle *odiosi* 3/4.

léase hiwung, *s. f.* hypocrisy, pretence: lease hiwunge *hypochrisin* 129/12.

hlænsian, *w. v.* to make lean: si gehlænsud *maceretur* 53/8.

hlehterlic, *adj.* ridiculous: hlehterlic *ridiculum* 38/7.

hléotan, *s. v.* to get by lot, obtain: gehlet *sortita est* 147/4.

hlystend, *s. m.* a hearer, listener: hlystend *auditor* 126/1.

hohfull, *adj.* thoughtful, prudent, sad: hohfull *luctuosus* 43/5.

hōpa, *s. m.* hope: hopa *spes* 47/2, 65/1.

horu, *s. n.* filth, uncleanness: horwu *sordes* 69/14.

hrenian, *w. v.* to smell of, to be redolent: hrenige, *redolcat, fragret* 106/5.

hunig-camb, *s.f.* honey-comb: hunigcamb *fauum* 50/9.

hwætlice, *adv.* swiftly: hwætlice *uelociter* 101/16.

hwealp, *s. m.* a whelp, a cub: bwealpum *foetibus* 95/5.

hwelian, *w. v.* to waste away, pine: hwelað *contabescit* 76/19; hweliað *tabescunt* 77/2; hwela *tabescus* 77/8.

hwīlende, *adj.* temporary: hwilende *temporarius* 172/7; hwilendre *momentaneam* 49/9.

hyan, *w. v.* to raise on high: byð gehyd *sublimatur* 181/16.

hȳhð, *s.f.* height: hyhð *celsitudo* 4/20, 180/15.

hȳpel, *s. m.* a heap: hypel *aceruum* 95/17.

hyrwincg, *s.f.* blasphemy: hyrwincga *blasphemia* 137/12.

hypegung, *s. f.* advantage: hypegunge *commoda* 12/6.

I.

infǽreld, *s. n.* the interior, inward part: infæreldu *penetralia* 221/6.

ingelaðian, *w. v.* to invite: ingelaþiað *inuitant* 115/5.

inlaþigend, *s. m.* an inviter: inlaþigendum *inuitatori* 170/12.

innagān, *v.* to enter: innageodest *ingressus es* 205/11.

innemyst, *adj.* inmost: innemyste *interiora* 19/14.

innung, *s. f.* a dwelling: innunge *mansionem* 11/8.

inra, *adj.* inner, inward: se inra *internus* 44/15; iuran *interni* 185/7; inran *interiora* 44/10, 56/8.

L.

lād, *s.f.* an accusation, charge(?): lade *delaturam* 224/18.

lagoflōd, *s. m.* sea, ocean, deluge: lagoflod *diluuium* 200/6.

lahbreca, *w. m.* a law breaker, an impious man: lahbrecan *sacrilego* 9/10.

lahbrecend, *adj.* impious, profane: lahbrecendum *sacrilego* 9/9.

lahlic, *adj.* lawful: lahlicre *legitima* 46/2.

land, *s. n.* land: land *arua* 118/14; landu *arua* 51/17.

langfernyss, *s. f.* length, long duration: langfernysse *longinquitate* 29/1.

langmōdlice, *adv.* with long-suffering: langmodlice *longanimiter* 5/2.

langmōdnyss, *s. f.* long-suffering: langmodnysse *longanimitatem* 10/17.

latemyst, *adj.* latest, last: on latemystum *in nouissimo* 105/8.

lapung, *s. f.* an assembly, church: lapunge *aecclesia* 124/9.

leahter, *s. m.* laughter: leahter *risum* 171/12.

lencgan, to make longer, defer, delay: byð gelencged *differtur* 130/9.

lengtogra, *adj.* drawn out farther, longer, broader, greater: lengtogran *prolixiora* 161/18.

leornan, *w. v.* to learn: leornde *didicit* 80/17.

M.

mānfullice, *adv.* wickedly: manfullice *nequiter* 19/14.

mārian, *w. v.* to make greater, to increase: byð gemarud *ampliatur* 40/16.

mæg, virtue: mæg *virtus* 4/19, 12/17.

mægsterdom, *s. m.* the office of a master or teacher: mægsterdomes *magisterii* 120/9.

mæssepreosthād, *s. m.* the priesthood, the office of a mass-priest: mæssepreosthad *sacerdotium* 108/3.

mǣþ, *s. f.* the rank, condition, person: mæþe *personam* 181/12; mæþa *personę* 185/3.

mēdwyrhta, *w. m.* one who works for wages, a hireling: medwyrhta *mercennarius* 123/13.

meta, meat: meta *esca* 153/7.

midyrfenuma, *w. m.* a coheir: midyrfenuma *coheres* 148/4.

mislār, *s. f.* ill-teaching, evil suggestion: mislara *suggestiones* 33/20.

mispenian, *w. v.* to misuse, abuse: mispenige *abutatur* 224/10.

myntan, *w. v.* to bring forth: myntan *parial* 215/1.

N.

nǣft, *s. f.* need, want, poverty: næfte *inopiam* 157/3; næfte *inopia* 157/7, 198/8.

nǣftig, *adj.* poor: næftigne *inopem* 190/1.

nearulice, *adv.* weakly: nearulice *enerniter* 122/2.

nēdbehefe, *adj.* necessary: nedbehefe *necessarium* 44/13; nedbehefe *necessaria* 8/4.

nyþerhryre, *s. m.* a downfall, precipitation: mid nyþerhryre *precipitatione* 229/12.

O.

ōden, *s. f.* a threshing-floor: odene *areae* 109/3.

ofāceorfan, *s. v.* to cut off: ofaceorf *amputa* 201/6.

ofāscǣcan, *s. v.* to shake off, to excuse: ofascæceð *excusat* 143/5.

ofāsceacan, *s. v.* to shake off: ofasceace *excusserit* 101/4.

ofergenihtsumian, *w. v.* to superabound: ofergenihtsumude *superabundauit* 131/15.

oferheling, *s. f.* a covering: oferhelincge *tegumentum* 144/1.

oferhelung, *s. f.* a covering, veiling, concealing: oferhelung *obductus* 223/5.

ofermicelnyss, *s. f.* excess: ofermicelnysse *excessus* 50/13.

ofermugan, *v.* to have greater power: ofermæg *prenalet* 97/19.

oferprūt, *adj.* haughty, excessively proud: oferprut *superba* 183/12; oferprute *contumaces* 38/13.

ofersȳman, *w. v.* to overload: byð ofersymed *obruatur*.

ofertæl, *adj.* superstitious: ofertæle *superstitiosam* 218/10.

ofertogenyss, *s. f.* the condition of being covered: ofertogenysse *obductionis* 179/6.

oferwenod, *adj.* insolent, presumptous: oferwenodne (lichaman) *insolens (corpus)* 52/14.

ofeweard, *adj.* higher, upper: ofeweard *superius* 27/6.

ofsettincg, *s. f.* pressure: ofsettincge *oppressum* 143/5.

ofstede, *adv.* immediately: ofstede *statim* 193/12.

omian, *w. v.* to belch out: omað *eruginabit* 196/5.

onāsendan, *w. v.* to send into, impart: onasendan *infundere* 168/15.

onǣht, *adj.* poor, without property or possessions: onæhtum *inopibus* 53/10.

onbesceawung, *s. f.* a looking into, inspection, examination: onbesceawunge *inspectionem* 66/10.

onblāwan, *s. v.* to inflate, puff up, inspire: onblǣwð *inflat* 82/10; ongeblawen *inspirata* 218/1.

ondōn, *v.* to put on, to clothe in: ondeð *induet* 83/6.

oneardian, *w. v.* to inhabit: byð oneardud *inhabitabitur* 188/14.

onfǣreld, *s. n.* an attack, assault, incursion: onfærelde *incursione* 212/5.

ongēanfealdan, *s. v.* to fold back, to roll back: byð ongeanfealden *revolvitur* 148/11.

ongēanlecgean, *w. v.* to lay back, lay up, store up: ongeanlecgean *reponere* 156/6.

ongēanwiþerian, *w. v.* to oppose: ongeanwiþeriað *obstrepunt* 33/20.

ongebringan, *w. v.* to bring on: ongebrincst *inducis* 25/15; ongebrincð *intulerit* 12/1; ongebrohte *inlatas* 40/9.

ongecoplice, *adv.* unsuitably: ongecoplice *inportune* 80/14.

ongewinn, *s. n.* assault: ongewinn *inpugnationem* 33/17.

onginnan, *s. v.* to try, attempt: ongynne *temptat* 133/2.

ongyrnan, *w. v.* to impose, inflict on: ongyrnð *inrogat* 10/4.

onorþung, *s. f.* a breathing in, inspiration: onorðunge *inspirationis* 112/12.

onscunung, *s. f.* abomination, execration: onscunung *exsecramentum* 66/16.

onsegednyss, *s. f.* a sacrifice: onsegednyssa *victime* 166/3.

onspornend, *adj.* unstumbling: onspornendum *inoffenso* 187/8.

onstandend, *adj.* urgent, importunate: onstandendum *instanti* 111/14.

ontiht, *adj.* intense, eager, attentive: ontihtum *intente* 27/2.

ontihtincg, *s. f.* attention, application, aim, intention, instigation: ontihtincge *intentionem* 27/1, 49/2; ontihtincge *instinctu* 139/11.

onþǣslic, *adj.* unsuitable, unseasonable: onþæslice *inportunas* 33/20.

ortruwian, *w. v.* to despair: ortruwian *desperare* 129/16.

ōst, *s. m.* a knot, a knob: on oste *nodo* 103/9.

P.

pic, *s. n.* pitch: pic *picem* 83/5.

pīle, *w. f.* a mortar: pil(an) *pil(a)* 95/18.

plūmfeðer, *s. f.* down: plumfeðera *plumarum* 144/4.

pricel, *s. m.* a prickle, sharp point, prick: pricelas *aculei* 87/12.

pricinn, to prick: pricaþ *pingit* 188/13; gepricud *stimulatus* 79/8.

princ, a prick: prince *ictu* 43/16.

prūt, *adj.* proud, arrogant: prute *sublimes* 152/18.

prūtlice, *adv.* proudly: prutlice *superbe* 178/4.

prȳt *s. f.* pride, pomp: pryte *elatione* 152/15; mid pryte *tumore* 71/13.

prȳte, *w. f.* pride: pryte *elatio* 152/18.

puner, *s. m.* a pounder, a pestle: punere *pilo* 95/19.

punian, *w. v.* to pound, to beat: þeah þu punige *si contuderis* 95/118; punigendum *feriente* 95/19.

R.

racentēah, *s. f.* a chain, a fetter: racenteah *catena* 43/2.

racete, *w. f.* a chain, fetter: racetan *catenas* 59/6.

rǣd, *s. m.* a plan, mode, way: rædas *conpendia* 100/14.

rǣdbora, *w. m.* a counsellor: rædbora *consiliarius* 200/1.

rǣdend, *s. m.* an interpreter, an explainer, a diviner: rædendes *coniectoris* 75/12.

recels, *s. n.* incense: recelses *timiamatis* 57/9.

restendǣg, *s. m.* a day of rest, sabbath: restendæge *sabbato* 30/6.

rēþian, *w. v.* to rage: reþiaþ *saeniunt* 118/19.

rihtincg, *s. f.* correction, reproof, setting right: rihtincg *rectitudo* 149/6.

rip, *s. f.* favour, indulgence: riþe *neniam vel unam* 224/7.

rūmgyfulnyss, *s. f.* liberality, bounty, profusion: rumgyfulnysse *largitate* 56/5.

S.

sacu, *s. f.* reproof: sace *objurgatione* 115/16.

sam ge—sam ge, whether—or: sam ge—sam ge *sive—sive* 169/12.

sam þe—sam þe, whether—or: sam þe—sam þe *sive—sive* 189/14.

samodwyrcend, *s. m.* a co-worker: samodwyrcendes *cooperantis* 118/6.

sǣdlic, belonging to seed, the seed (?), nursery (?): sædlic *semen, seminarium* 106/10.

sceamu, *s. f.* confusion: sceamu *confusio* 96/18.

sceand, *s. f.* shame, confusion: sceand *confusio* 174/8.

scearpþancfullice, *adv.* efficaciously: scearp þancfullice *efficaciter* 206/14.

scearpþanclice, *adv.* efficaciously: scearpþanclice *efficaciter* 125/7.

scencean, *w. v.* to give drink: scencean *propinare* 106/7.

sceōgian, *w. v.* to shoe: sceogiað *calciate* 116/17.

sceortlic, *adj.* momentary: sceortlic *hwilendlic* 214/16.

scer, *s. f.* a ploughshare: scer *vomer* 124/5.

sēocnyss, *s. f.* sickness: seocnyss *egrotatio* 161/19.

siclian, *w. v.* to be in danger (?): byð gesiclud *periclitatur* 101/15.

slāwyrm, *s. m.* serpent: slawyrm *regulus* 105/9.

slǣwþ, *s. f.* sloth, slowness, torpor: slæwþe *torporem* 92/17; slæwþe *torpore* 61/18; slæwþe *inertia* 67/2.

slipor, *adj.* slippery: slipor *lubricus* 210/9.

slota, *w. m.* a mouthful: slota *bucella* 153/12.

smēan, *w. v.* to seek, to require: beoð gesmeade *requiruntur* 109/13.

smedmen, *adj.* of fine flour: smedmen *similagineus* 154/1.

smercian, *w. v.* to smirk, to smile: smercigende *subridendo* 172/17.

smyltnyss, *s. f.* tranquillity: smyltnysse *tranquillitate* 15/17.

sorhlēas, *adj.* without care: sorhlease *securi* 73/8.

spær, *adj.* spare, scanty: spær *parcus* 52/6.

spærlice, *adv.* sparingly, scantily: spærlice *parce* 156/9.

specolnyss, *s. f.* talkativeness, loquacity: specolnyss *loquacitas* 170/15.

spennyss, *s. f.* strength, vigour: spennysse *viriditatem* 3/18.

spornincg, *s. f.* a stumbling-block, obstacle: sporningce *offendiculum* 134/5.

stæpmǣlum, *adv.* step by step: stæpmælum *gradatim* 101/13.

stede, *s. m.* natural state, secure condition: stede *statum* 106/7.

stēor, *s. n.* (?) reproof, reproach: steor *correptio* 114/8.

stīðnyss, *s. f.* severity: stiðnyss *districtio* 123/9.

stulor, *adj.* secret: stulre *furtivae* 110/11.

stuntness, *s. f.* foolishness, folly: stuntnesse *stultitia* 19/13.

stuntspæc, *adj.* talking foolishly, babbling: stuntspæcne *stultiloquum* 97/10.

stȳran, *w. v.* to punish, chastise: gestyred *castigatus* 114/14; styrendum *castiganti* 114/15.

styrnlice, *adv.* sternly: styrnlice *rigide* 78/18.

swelgend, *s. m.* a gulf, an abyss: swelgend *vorago* 117/9.

swician, *w. v.* to blaspheme: swica þu *blasphemes* 164/16.

swicung, *s. f.* an offence, a stumbling-block: swicung *scandalum* 14/12; swicunga *scandala* 134/2.

swiftlice, *adv.* swiftly: swiftlice *celeriter* 88/19.

swigen, *w. m.* silence: swigen *silentium* 82/1.

swȳðlicor, *adj.* more abundant: swyþlicor *abundantius* 135/8.

syfernyss, *s. f.* cleanness, purity: syfernysse *sinceritatis* 42/16.

syxagfeald, *adj.* containing sixty, sixty-fold: syxagfeald *sexagenarius* 69/17.

T.

tǣcan, *w. v.* to hand over: byð getǣht *traditur* 103/19.

tǣlend, *s. m.* a mocker, a scoffer: tælend *derisor* 171/13; tælend *derisorem* 171/13; tælendra *detrahentium* 12/14.

tæppere, *s. m.* a vintner, tradesman: tæppere *caupo* 226/10.

temprian, *w. v.* to moderate: tempredon *temperaverunt* 107/12.

tēonian, *w. v.* to slander: teonað *caluminiatur* 156/14.

teter, an eruption on the skin: teter *inpetiginem* 99/10.

tigele, *w. f.* a tile: tigelan *testam* 96/19.

tinclian, *w. v.* to tickle: tinclað *titillat* 52/5; tincligendre *titillanti* 88/9.

tōāmearcian, *w. v.* to mark out, assign: toamearcyað *adsignant* 29/5.

tōblāwan, *w. v.* to puff up: byð toblǣdd *inflatur* 82/10.

tōbrytincg, *s. f.* a breaking to pieces: contrition: tobrytincge *contritionem* 82/12.

tōdǣlan, *w. v.* to divide, separate, distinguish: todælan *distare* 120/17.

tōefstan, *w. v.* to hasten to: toefstan *concurrere* 143/1.

tōferian, *w. v.* to carry different ways, scatter, put off: we synd toferede *differimur* 35/10.

tōgædrefealdan, *s. v.* to fold together: togæderefealt *conplicat* 96/1.

tōgæderetēon, *s. v.* to draw together, contract: togæderetugan *contraxerunt* 107/11.

tōgæderewilian, *w. v.* to join together: togæderwilað *copulat* 11/8.

tōlāfe beon, *v.* to be left, remain: tolafe ys *restat* 124/14.

tōlēosan, *s. v.* to loosen, break: tolyst *solvit* 124/11.

tōsendan, *w. v.* to send out; tosend *diffundet* 105/9.

tōslūpan, *s. v.* to loosen, dissolve, relax: byð toslopen *laxatur* 92/17, *dissolvitur* 200/9.

tōslūpincg, *s. f.* a dissolving: toslupincg *dissolutio* 68/8.

tōstrēdan, *w. v.* to scatter: tostrede *disperdam* 230/7.

tōþēnian, *w. v.* to attend upon, serve: teþenað *administrat* 102/9.

tōþunden, *p. p.* swollen, puffed up: toþundenne *tumentem* 83/17.

trahtnian, to treat: trahtna *tracta* 200/4.

trymmincg, *s. f.* the firmament: trymmincge *firmamentum* 174/7.

tungfull, *adj.* talkative: tungfull *linguosus* 81/9.

tungwōd, *adj.* eloquent, talkative: tungwod *linguatu* 223/4.

on twā tedǣlan, *w. v.* to divide in two: on twa tedæled *bipertita* 140/13.

twuwu, *adv.* twice: twuwu *bis* 80/11.

twyferlǣcean, *w. v.* to dissociate: twyferlæceð *dissociant* 6/8.

twyhiwian, *w. v.* to dissimulate: twyhiwað *dissimulat* 44/8.

twȳnol, *adj.* doubtful: twynol *dubia* 46/1.

twyrǣdnyss, *s. f.* discord: twyrædnysse *discordiae* 10/2.

twyseht, *adj.* disunited, at discord: twysehte *discordes* 192/13.

twysehtnyss, *s. f.* dissension: twysehtnysse *dissensionem* 6/12.

tȳan, *w. v.* to instruct: we beoð getyde *instruimur* 31/5.

tyddre, *adj.* fragile: tyddre *fragilis* 215/8.

tyndre, *w. f.* tinder, fuel, inducement: tyndre *fomentum* 206/17; tyndram *fomenta* 210/3.

Þ.

þærrihte, *adv.* immediately: þærrihte *confestim* 236/1.

wel þæslic, *adj.* very worthy: wel þæslic *condignu* 125/5.

þæslice, *adv.* worthily: þæslice *digne* 46/1.

þearflicnyss, *s. f.* poverty: þearflicnysse *paupertatem* 179/8; þearflicnysse *paupertate* 148/2.

þēogincg, *s. f.* advance, progress, growth : þeogincg *profectus* 132/17 ; þeogincg *profectus* 203/8 ; þeogincgum *profectibus* 210/1.

þēon, *s. v.* to flourish, excel : þeoþ *pollent* 221/1.

þēowetlic, *adj.* servile, slavish : mid þeowetlicum *seruili* 63/13.

þīnen, *s. f.* a maid servant : þiuene *ancillae* 229/6.

þiwan, *v.* to threaten : þiwe *commineris* 114/10.

þiwracu, *s. f.* a threat : þiwracum *minis* 63/8.

þolibyrdnyss, *s. f.* endurance : þolibyrdnysse *tolerantiam* 3/8.

þolobyrde, *adj.* patient : þolobyrde 13/12 ; þolebyrde *patiens* 13/14.

þolomōd, *adj.* patient : þolomod *patiens* 8/12.

þoterian, *w. v.* to weep : þoteriað *flebitis* 167/13.

þrǣstan, *w. r.* to torment, to cleanse (?) : byð geþræst *purguetur* 208/4.

þrēagincg, *s. f.* correction : þreagincge *correctionis* 48/16.

þristnyss, *s. f.* rashness, boldness : þristnysse *temeritate* 139/3 ; þristnysse *audaciam* 40/5.

þrowend, *s. m.* a serpent, a scorpion : þrowend *scorpionem* 86/11.

þurhbeorht, *adj.* transparent, clear : þurhbeorht *perspicuus* 22/17.

þurhfǣre, *adj.* that can be gone through, penetrable : þurhfærum *penetrabilibus* 39/2.

þurhlǣran, *w. v.* to persuade : þurhlærd *persuadet* 38/12.

þurhsmēagan, *w. v.* to search thoroughly : þurhsmeagean *perscrutari* 32/11 ; þursmeageað *perscrutantur* 121/3.

þurhtēon, *w. v.* to accomplish : we þurhteon *impertiamus* 101/11.

þwyrnyss, *s. f.* perverseness, depravity : þwyruysse *pravitate* 32/3.

þyle, *s. m.* a speaker, an orator : þyle *orator* 119/3.

U.

unalȳfendlice, *adj.* unlawfully, without permission : unalyfendlice *inlicite* 141/4.

underboran, *s. v.* to bear, support : underborende *supportantes* 24/1.

underhnīgan, *s. v.* to bend under, sink under, submit to, succumb to : underhnihð *succumbit* 12/9.

undersmūgan, *s. v.* to creep under : undersmyhð *subripit* 89/8.

underþenian, to serve under : underþenaþ *subministrat* 5/6.

underwexan, *s. v.* to grow under : underwexað *succrescunt* 104/8.

underwreþung, *s. f.* support, sustentation : underwreþung *sustentatio* 56/10.

undōmlīce, *adj.* unwisely, indiscretely : undomlice *indiscrete* 202/15.

unendebyrdlīce, *adv.* disorderly : unendebyrdlice *inordinate* 101/14, 191/3.

unforebyrdig, *adj.* impatient : unforebyrdig *impatiens* 8/13.

ungefyllendlic, *adj.* that cannot be filled, insatiable : ungefyllendlic *insatiabilis* 50/8.

ungelǣccendlic, unreprovable : ungolæccendlic *inreprehensibilis* 119/11.

ungerydnyss, *s. f.* noise, tumult : uugerydnyss *tumultus* 82/2.

ungeswicendlīce, *adv.* unceasingly : ungeswicendlice *indesinenter* 28/7.

ungeþwǣrian, *w. v.* to be inconsistent with, to be opposed to : ungeþwæregað *discordat* 143/3.

ungewened, *adj.* unexpected, unforseen : ungewenedum *improviso* 181/13.

unhǣlþ, *s. f.* ill-health, weakness, debility : uuhælþe *debilitatem* 107/11.

unhīredwist, *s. f.* unfamiliarity : unhiredwist *infamiliaritas* 203/13.

unlust, *s. m.* evil pleasure, evil desire : unlusta *desideriorum (uoluptatum)* 106/10.

unmǣne, *adj.* free from : unmæne *inmunis* 67/20, 179/10.

unscrȳdan, *w. v.* to deprive of clothes, deprive of, free from : byþ unscrydd *exuitur* 226/9.

unwemming, *s. f.* incorruptibility : unwemmincge *incorruptionem* 41/10.

unwerlīce, *adv.* incautiously : unwerlice *incaute* 149/8.

unwittol, *adj.* ignorant: unwittol *inscius* 80/12.

unwrīþan, *s. v.* to draw out: unwriþan *distringere* 232/2.

uppferian, *w. v.* to carry up, to raise: byð uppferud *eleuatur (circumfertur)* 130/7.

ūtacymen, *s. m.* a stranger, a foreigner: utacymenum *extraneis* 3/14; utacymene *adueuas* 137/16.

ūtadrǣfan, *w. v.* to drive out, destroy: utadræfde *exterminauit* 105/15.

ūtascūfan, *s. v.* to shove out, to shut out: byð utasceofene *excluduntur* 184/12.

ūtgelǣdan, *w. v.* to draw out, produce: utgelæt *deducit* 188/12.

ūtlendisc, *adj.* strange, foreign: utlendiscum *extraneo* 193/16.

ūtryne, *s. m.* an exit: utryne *exitum* 224/6.

ūtscūfan, *s. v.* to shut out, exclude: utscufað *excludunt* 112/8.

ūtscytling, *s. m.* a stranger, foreigner: utscytlinge *extraneo* 200/4.

W.

wacian, *w. v.* to watch: wacigenne (wacigendne?) *uigilantem* 116/9.

wanhālnyss, *s. f.* infirmity, weakness: wanhalnysse *imbecillitatem* 97/15; wanhalnysse *debilitate* 38/7.

wæccea, *w. m.* a watching, a vigil: wæccean *uigiliae* 52/9; wæcceum *uigiliis* 55/10.

wæg, *s. m.* a balance, scales: on wæge *statera* 97/7.

weder, *s. m.* a breeze: wedere *auram* 70/3.

wegferend, *s. m.* a wayfarer, a traveller: wegferend *uiator* 187/6; wegferende *uiator* 225/10.

weggewītan, *s. v.* to depart: weggewitt *abscedit* 210/5.

weldǣd, *s. f.* a benefit: weldæda *beneficia* 16/8.

welwyllednyss, *s. f.* good-will, benevolence: welwyllednyss *beniuolentia* 160/6.

wendend, *adj.* movable, revolving: wendende *uersatilis* 97/4.

wendincg, *s. f.* a turning, change: wendincg *permutatio* 63/20.

weorcfull, *adj.* laborious: weorcfull *gestuosam* 169/1.

weredlǣcan, *w. v.* to make sweet, to speak sweetly: byð geweredlæhþ *indulcatur (dulcit loquitur)* 196/5.

widmǣrsung, *s. f.* disgrace: widmærsung *infamatio* 96/11.

widnian, *w. v.* to punish: widnigendne *punientem* 38/3.

wiglere, *s. m.* a soothsayer: wigleres *arioli* 75/12.

wilddēor, *s. n.* a wild beast: wilde deor *bestias* 202/9.

wilddēoren, *adj.* fierce: wilddeorenum *feralibus* 99/7.

wīnberie, *w. f.* a grape: winberian *uuae* 154/2.

wīnclyster, *s. n.* a cluster or bunch of grapes: winclyster *botrus* 154/2.

wīnwringa, *w. m.* a wine-press: winwringan *torcularis* 109/3.

wiþercoren, *adj.* rejected, wicked: wiþercorenra *reproborum* 228/14.

wiþerian, *w. v.* to irritate, provoke, exasperate: wiþerian *exasperare* 61/12; wiþerast *exacerbaberis* 188/11.

wiþerrǣd, *adj.* opposed, adverse: wiþerræde *aduersa* 12, 7.

wiþersacerd, *s. m.* a blasphemer: wiþersacerdra *blasphemantium* 209/5.

wiðersacung, *s. f.* blasphemy: wiþersacung *blasphemia* 102/16.

wiðerwerdnyss, *s. f.* calamity, adversity: wiðerwerdnyssum *aduersis* 12/12.

wiþerwennincg, *s. f.* controversy: wiþerwennincge *controuersia* 146/15.

wiþerwinna, *w. m.* an opponent, an adversary: wiþerwinnan *conluctatorem* 151/4.

wiðmetincg, *s. f.* comparison: wiðmetincge *conparatione* 103/9.

wiðsacincg, *s. f.* renuntiation: wiðsacincg *abrenuntiatio* 60/14; wiðsacincge *abrenuntiatione* 60/15.

wlitefull, *adj.* beautiful: wlitefull *decorus* 21/8.

wōd, *adj.* blasphemous: wodne *blasphemum* 9/16.

woffian, *w. v.* to blaspheme: woffigende (woffigendue?) *blasphemantem* 9/9.

worian, *w. v.* to wander: worige *crret* 186/4.

wrecend, *s. m.* an avenger: wrecend *ultorem* 39/13.

wregend, *s. m.* an accuser: wregend *accusator* 39/14.

wrenc, *s. m.* kind manner: wrence *arte* 136/18.

wriþa, *w. m.* a thong, torture: wriþa *tortura* 190/6; mid wriþan *loramento* 200/8.

wulderfull, *adj.* glorious: wulderfull *gloriosus* 178/15; wuldorfull *gloriosus* 180/6.

wunian, *w. v.* to whisper, murmur (?): wunigende *susurrans* 196/9.

wyln, a fountain, a stream: wylne *fonte* 18/3.

ic wysce þæt, would that: ic wysce þæt *utinam* 25/1.

Y.

yrfewyrdnyss, *s. f.* he'rship, inheritance: yrfewyrdnysse *hereditatem* 24/7.

yrðlincg, *s. m.* a husbandman, farmer: yrðlincge *agricolę* 88/5.

yst, *s. m.* a storm, tempest: on yste *tempestate* 15/18.

ӯtemyst, *adj.* last: ytemyst *ultimus* 19/21; ytemystum *extremis* 41/15.

ӯttra, *adj.* outer, outward, exterior: yttran *exteriora* 222/16.

www.ingramcontent.com/pod-product-compliance
Lightning Source LLC
Chambersburg PA
CBHW032143230426
43672CB00011B/2431